ZHENGMIANZHANCHAN

YUANGUOMINDANGJIANGLINGKANGRIZHANZHENGQINLI

# 正面战场

# 七七事变

原国民党将领抗日战争亲历记

戴守义　秦德纯等著

中国文史出版社

# 目　录

1

# 前　言

　　抗日战争是中国人民一百年来第一次彻底打败帝国主义侵略的民族解放战争，是反法西斯第二次世界大战的重要组成部分，在中国和世界的历史进程中都占有重要地位。为取得抗日战争的胜利，全国军民浴血战斗，英勇牺牲，为国家、为民族立下了不朽的功勋。为了全面反映抗日战争的概貌，为史学工作者提供研究资料，特将全国政协和各地政协征集的原国民党将领回忆抗日战争的文章，经过审慎的选择和核实，汇编成《正面战场·原国民党将领抗日战争亲历记》丛书。本书是丛书中之一部。

　　日本帝国主义者怀着灭亡中国、称霸世界的野心，于上世纪三十年代初发动了侵华战争。它首先是制造九一八事变，侵占我国东北三省，建立伪满洲国；继而又占据热河，窥伺察哈尔、绥远和河北以及平津两市；最后则孤注一掷，向平津和整个华北发动大规模的进攻，企图以武力吞并整个中国。

　　一九三七年七月七日深夜，日本侵略军向我宛平县守军开火，遭到我第二十九军的坚决还击，这就是震惊世界的七七卢沟桥事变。卢沟桥反侵略的枪声，吹响了中华民族抗日的战斗号角，由此展开了伟大的抗日民族解放战争。抗日战争的成败，关系民族的存续和国家的兴亡。处

1

此国难当头之际，凡我炎黄子孙，莫不对日本帝国主义的侵略行径义愤填膺，同仇敌忾，共赴国难。为了团结一切抗日力量，打败日本侵略者，国共两党更各捐前嫌，实现第二次合作，共同抗日。于是，全国军民前赴后继，历尽艰辛，奋战八载，终于取得了抗日战争的最后胜利。

七七事变后，北方战场上的国民党军队广大官兵基于爱国主义的义愤，担负起保卫国土的神圣职责。虽然武器装备低劣，但是他们英勇地与武器精良、陆空联合作战的日本侵略军展开了殊死的搏斗，以他们的鲜血和对国家、对民族的忠诚，谱写了壮丽的诗篇。但由于当时国民政府统帅部对抗战的准备不足，指挥失当，仓促应战，以致败退千里。继平津之后，保定、沧州、石家庄、张家口、太原等名城相继失守，大片国土沦于敌手。

七七事变发生前夕，第二十九军军长兼冀察政务委员会委员长宋哲元，本想保持冀察地区的既成局面，竭力与日方曲意周旋。因鲸吞中国是日本的既定国策，所以它多方制造借口，以启衅端。纵使宋哲元如何忍辱负重，也不能避免七七事变的爆发。平津是华北的门户，敌人势必从这里下手。当日军在卢沟桥遭到第二十九军的坚决回击后，感到其有限的兵力不足以取平津。于是，以和谈为烟幕，施行缓兵之计，从东北、朝鲜和日本国内增调日军进关，准备大举进攻。在此危急关头，宋哲元对战和仍然举棋不定。当日军大举进犯时，他始决心抗战，并于七月二十七日发出自卫守土的通电。

七月底，平津战事日趋紧张。二十六日，日军攻占廊坊，我军亦进攻丰台日军兵营。同日，日军袭击我北平广安门驻军。二十七日，日军以一个半师团的兵力，并有三团炮兵、百余辆战车、十几架飞机协同作战，进犯南苑。第二十九军驻南苑部队在佟麟阁副军长和赵登禹师长的指挥下奋起抵抗。副军长佟麟阁、师长赵登禹壮烈殉国。二十九日，北平陷落。同日下午，第三十八师在副师长李文田率领下，向天津火车站、海光寺等处日军兵营进攻，斩获颇众，但又遭到日机的轰炸扫射，伤亡很大，奉命撤至静海、减河沿岸防守。三十日，天津失守。至此华北门户洞开，日军分四路向平绥路东西两段、平汉路北段和津浦路北段推进，北方战场的抗战即进入第二个阶段。

平绥线东段主战场是南口一线。八月初，汤恩伯第十三军从平地泉开到南口，这是投入战斗较早的中央军。统帅部要求汤无论如何要守住十天至半个月。南口居庸关一线之战是山地战，背依长城，前扼雄关，易守难攻。日军机械化部队优势在此受到限制，战斗十分激烈。龙虎台等处的战斗，更是杀得风云变色，日月无光。南口是察省门户，保住南口，便能阻敌沿平绥路西犯。由于刘汝明部未能早取张北，西线日军经神威台南下，直扑张家口西南之孔家庄，由南面进攻张家口。八月二十六日，怀来、张家口失守。九月，大同、归绥陷落。

平汉路北段，当时设有防线三道。第一线为房山、固安等地区，由孙连仲第二十六路军和万福麟第五十三军防守；第二线为安新、漕河、满城，由关麟征第五十二军防守；第三线为正定，由商震第二十集团军和独立第四十六旅防守。房山守军防御得宜，下级军官和战士作战勇敢机智，白天战斗不利，便在晚间奇袭敌营。日军由固安强渡永定河，迂回至高碑店，我守军向涿州、涞水、易县转移。九月中旬第五十三军由任丘撤退，十月初撤到邢台。该部吕正操第六九一团，根据中共中央北方局的指示，在任丘、容城、清苑、高阳一带开展游击战，抗日青年纷纷来投，为数甚众。日军占领徐水后，即向保定进攻。冯钦哉第十四军团不力战而放弃满城，十多万大军争相南逃，保定旋踵陷落。第五十二军撤至鹤壁，在漳河抵挡一阵就驰往彰德。商震部宋肯堂第一四一师，在正定背水（滹沱河）布阵，坚决抵抗日军。此时，国民政府统帅部命其他部队向娘子关转移，仅留商震第三十二军在平汉路正面坚持抵抗，经数天战斗，不支而退。十月十三日，石家庄陷落，日军遂占领平汉路北段。

八月，第二十九军扩编为第一集团军。他们从平津等地撤出后，即

3

南下防守津浦路北段静海、唐官屯、德州等要地，另一部分部队在津浦路和平汉路之间进行游击战争。九月中旬，庞炳勋军与刘多荃军在沧州以北激战五日，终以大雨连绵，工事被淹，始逐渐后退，继续抵抗。十一月十一日，日军攻占大名，守军退至卫河南岸。十二日，日军攻陷惠民，十三日又攻陷济阳。韩复榘第三集团军不战而退到黄河南岸阵地。

本书的内容旨在反映七七事变及中国军民在抗战初期平津地区、平绥路、平汉路北段和津浦路北段抗战的经过。真实的亲历者，惨烈的血与火，读来令人心潮激荡，感慨万千。

由于时间仓促和编辑水平所限，难免有疏漏和错误之处，敬希各界人士和读者予以批评指正。

编　者

# 第 一 章

# 七七事变和驻平部队的抵抗

# 七七事变前北平丰台驻军
# 与日军冲突经过

戴守义※

自长城抗战结束,《塘沽协定》和《何梅协定》签订后,蒋介石政府的中央军和党政人员即由平津冀察等地撤走。日本在平津的驻屯军随派一个混成营,包括步兵四连,骑兵约一排,山炮兵约一连,进占丰台车站的东端,扼住平汉、平津两线;并组织汉奸白坚武等骚扰平津,有时还炮击北平。平津一带,人心惶惶。

一九三五年九月下旬,第二十九军军长宋哲元令原驻张家口的第二十九军第三十七师移驻北平附近,担任保卫工作。第三十七师师部驻西苑。我此时任第三十七师第一一〇旅(旅长何基沣)第二二〇团团长,驻西苑。同年九十月间,宋哲元到北平就卫戍总司令职。第三十七师师长冯治安派何基沣旅之吉星文团驻宛平县城,负责保卫其周围地区;嗣又令我团抽出一营派往丰台,保卫丰台车站,维护南北交通。我即派第二营营长张华亭率领部队开驻丰台车站,以车站为中心,部署防卫,并

---

※ 作者当时系第二十九军第三十七师第一一〇旅第二二〇团团长。

建要点工事。

日军派驻丰台之混成营驻在丰台车站东侧，与我军相去约四百米，最初情势尚属平静。及北平卫成总司令撤销，宋哲元以第二十九军军长改任冀察绥靖主任和冀察政务委员会委员长。河北省成立四个保安旅，日人推荐石友三为河北省保安司令，宋不得已委石为冀北保安司令，让他指挥训练两个保安旅。冀北保安司令部及其指挥训练的一个旅，均驻平北约二十里的清河镇迤西的楼式营房。日军利用北宁路陆续调集一旅以上的关东军驻守平津一带。

一九三六年夏秋，丰台情况逐渐紧张，日军驻丰台之混成营不时对我驻丰台车站之张华亭营挑衅。日军士兵始则身佩利刃，三五成群，到丰台车站闲逛，遇我士兵较少时，他们就向我士兵摩肩撞臂，拳打脚踢，我士兵气急还手，便造成斗殴事件。我张营长通知日军营长必须制止日军士兵这种挑衅行为。孰知他不惟不加制止，反而变本加厉，在演习时向我步哨线作冲锋态势，进而进入我步哨线百米以内。他们见我士兵严守阵地，屹然不动，始渐撤回。一九三六年六月间，日军全营出动演习，其散兵线冲入我步哨线，其翼侧有数骑亦侵入我步哨线。我步哨长和哨兵加以拦阻，几乎动武，日军无理，终于撤回。日军营长通知我张营长说，他们的军马跑到我们队伍来了，应速送回，否则即以武力相对。张营长查无此事，向我报告。我告诉他说："丰台是我神圣国土，车站是交通要点，保卫国土是我们的天职，维护交通亦责无旁贷。日军胆敢进犯，坚决回击，务必固守阵地，寸步不让。"张营长即通告日营长说，无日军马跑来，并指出这是日方故造借口，无事生非。日驻屯军司令部要求我驻丰台之部队撤走，我军严词拒绝。日军扬言要驱逐我驻丰台部队。我再到丰台车站向张营官兵重申："保国卫民，是我们的天职，敌如来犯，我即反击。"遂下令速就各连驻地，做好据点工事，严阵以待。是年十月，日混成营向我张营猛攻，先以猛烈炮火破坏我工事，压制我守兵。继之，拼命进逼，我军浴血应战，杀声震天，战事异

4

常激烈。冯治安师长令我率我团第一、第三两营速到丰台策应张营作战。我以跑步赶到丰台，即以第一营之两连（另两连为预备队）向敌左翼包抄，以第三营向敌右翼包围攻击。敌军见形势于己不利，逐步撤回原防，我因战事终止，亦退回西苑。闻驻平日军司令要求我军撤离丰台，并向其道歉。宋哲元鉴于双方既均停止战斗，不愿事态扩大，为缓和当时形势，便在北平东城外交大楼（当时为冀察政务委员会所在地）宴请日方在北平的旅长、团长和驻丰台的混成营长。我方参加的有师长冯治安和我等人。在就餐前，日本旅团长中有一人跟我说："丰台冲突事出误会，不过你们不应该开枪反击。"我回答说："我们驻丰台的部队守土有责，你们部队全面展开，步炮联合向我军猛攻，我军为了自卫和护站，予以还击是正义的。"对方说："我们都是朋友，以后不要再起冲突了。"我对他说："日人来到我国，应该遵守国际公法，不应该到处驻兵，自由行动，无事生非。如果日军再来侵犯，我军必将猛烈还击，绝不退让寸步。"话说到此，宋哲元起立让席就餐。餐毕，我即回西苑团部，没参加宋等与日军旅团长的会谈。事后闻日军要求将第三十七师驻丰台的一个营调回，易以冀北保安司令石友三部一个营。宋哲元答应了日军的要求，即派冀北保安旅陈光然团的一个营到丰台接防，而把第三十七师张营调回西苑。

5

# 七七事变前夕的"新鸿门宴"

董升堂※

    七七事变前，日本华北驻屯军司令田代皖一郎和特务机关长松室孝良，总是幻想通过冀察政务委员会委员长与陆军第二十九军军长宋哲元，软化第二十九军的军官和士兵，不战而屈我军，首先吞并华北，再进而灭亡我全中国。但第二十九军多数军官和全体士兵，都不愿奴颜事敌。因而事变前夕在北平中南海怀仁堂联欢席间演了一幕"新鸿门宴"。经过情形是这样的：

    第二十九军军部事先通知驻北平附近的部队，凡团长以上的军官，于六月六日上午十时到中南海怀仁堂集合。我们按照时间到了怀仁堂后，才知道是与日军驻北平附近部队连长以上的军官，举行联欢宴会。我方出席的有冀察政务委员会委员长、陆军第二十九军军长宋哲元，副军长、北平市市长秦德纯，第三十七师师长、河北省主席冯治安，第三十七师第一一〇旅旅长何基沣，第三十八师第一一四旅旅长董升堂，独立第二十六旅旅长李致远，第一一四旅第二二七团团长杨干三等。日方

---

    ※  作者当时系第二十九军第三十八师第一一四旅旅长。

出席的有日本华北驻屯军特务机关长松室孝良，顾问松岛、樱井和日军驻北平附近部队的连长以上的军官。

联欢会开始，首先由宋哲元讲话。其次由松室孝良讲话，大意是说，中日是同族同文的国家，应该力求亲善。继而在一起照相，每一个中国军官旁边安插着一个日本人。接着宴会开始，每席是三四个日本人坐客位，四五位中国军官坐主位。酒过三巡，日军顾问松岛起立，始而舞蹈，继而舞刀。我方军官们目睹情况紧张，都义愤填膺，想与日方一拼。副军长秦德纯附耳告我说："事急矣，你是打拳呢，还是耍刀?"我说："先打拳，后耍刀。"我就跳到席位的中间打了一套八卦拳。李致远也打了一套国术。何基沣跳上桌子高唱黄族歌："黄族应享黄海权，亚人应种亚洲田；青年青年切莫同种自相残，坐教欧美着先鞭。不怕死，不爱钱，丈夫绝不受人怜……"我们随着激昂的歌声也拿出刀来，准备舞刀。接着日本人把宋哲元、秦德纯等一一高举起来。我们也把松室孝良、松岛等一一高举起来。一时席间空气万分紧张，如临大敌，有一触即发之势。最后，仍由宋哲元和松室孝良相继讲了些什么中日应该亲善和联欢结果圆满等鬼话，但我第二十九军军官们都是雄赳赳，气昂昂，心怀愤怒地走出了怀仁堂。

当时冀察当局对日本帝国主义存着什么样的幻想，我们不得而知；只知他们给部队下的命令，既要极力备战，又要尽力避战，表现得自相矛盾。但我们大多数军官和全体士兵是充满了对日本帝国主义的仇恨的。

# 中南海怀仁堂之宴

李致远※

　　一九三六年，爱国热情高涨的第二十九军官兵，与驻北平的日本华北驻屯军时有摩擦，战争随时都有一触即发的可能性。日军曾在喜峰口、罗文峪几次和第二十九军交过锋，尝过被大刀队斩杀的滋味，也不敢过分压迫我们，只是得寸进尺地多方面作试探性的进攻。在政治上则更是采用软硬兼施的阴谋手法。第二十九军的官兵虽在当局的压制下，个个仍是摩拳擦掌，跃跃欲试。宋哲元在这种情况下，只有秉承蒋介石的意旨，尽量压抑我们的爱国热情，不敢和日本人过早演成僵局。因此以请客联欢等形式表示"中日亲善"，缓和当时的紧张局势。

　　六月的一天，冀察绥靖公署在北平中南海怀仁堂举行盛大宴会，招待日本华北驻屯军驻北平部队连长以上的军官，由第二十九军驻北平部队团长以上的军官作陪。还邀请当时在北平的北洋军阀余孽和所谓社会名流如吴佩孚、张怀芝等人参加。日方出席的有驻北平部队的边村旅团长等三十多人。筵席间每桌上有三四个日本人。宋哲元和边村、松岛、

---

　　※　作者当时系第二十九军第三十八师独立第二十六旅旅长。

樱井、秦德纯、冯治安等与那些社会名流共坐两席，其余的中日双方的军官，共坐八席。在两张主座席的两边，设了两张空桌子，备上下菜之用。酒到半酣的时候，一个日本军官跳到空桌子上，唱了一首我们听不懂的日本歌曲，进行挑战。接着又有两个日本军官跳上桌子唱歌。这时，何基沣旅长临机应变，立即上桌唱了一首黄族歌，以示应战。又有日军官唱日本歌，李文田副师长也立即上去唱了一段嗓音粗壮的京戏黑头腔。随后日方又出来两人，一人上桌唱歌，一人桌下舞蹈。当他们歌舞完毕后，河北省主席冯治安到我们桌前来小声说："谁出去打套拳？"意在不能输给日本人。这时董升堂上去，打了一套西北军所流行的拳术。日本人又以一人打一人唱来作答。当时我有些心情激动，立即在酒席前打了一套在学生时代所学到的花拳，表示中国军人不可欺，引起席间中日主客们的注意。

当我归座的时候，好几个日本人都到我跟前来敬酒碰杯，表示亲善。接着又有日本人用他们的"倭刀"，在席间挥舞一阵。我实在按捺不住心头的怒火，立即招呼我的传令兵坐我的小汽车到永增厂，去取我定做的用最好的钢打成的"柳叶刀"。这时日方已舞过两三起"倭刀"了。董升堂也实在耐不住火气，不知从哪儿找来一把西北军所习用的大刀片来，在席前劈了一趟刀法。恰好我的新"柳叶刀"也取到，我立即换上传令兵的布鞋，拿过刀来劈了一趟十多岁时学来的"滚堂刀"，以压倒对方的骄横。我入座以后，又有几个日本人围着我敬酒碰杯，还给我戴高帽称我"李武术家"。酒杯用的是小饭碗，酒是中国花雕和日本啤酒。我到厕所中吐干净酒之后，回来再喝。我想：反正不能在日本人面前丢人，顶多也不过是一死而已！这时日本人不劈刀了，松岛将武装带捆到头上，前头打一个结，赤膊上了桌子。把大酒壶放在头顶上，将点燃的纸烟，口叼三支，鼻孔中塞上两支，两个耳朵中各插一支，肚脐眼上按一支，他弄得几处可以同时冒烟，又可以同时不出烟。看到他们出洋相，耍花招，我们就没人和他们比试了。他们又提出来要笔墨纸张写大字，日本人写一张，我们也写一张。我想写字用不着我们比啦，有吴佩孚那样的名流就能占上风了。日本人写的大笔汉字虽然不错，但总比不上我们那吴佩孚的醉笔，他当众挥毫写出一个大条幅，一笔写一行大字，真是龙飞凤舞，气势磅礴。

这时，日本人将宋哲元抬到酒席前，喊着号子举了一阵子，又有几个日人把秦德纯也举了一阵。我们中国方面的旅团长们，不约而同地把日本边村旅团长拽出来，也照样把他举起来。彼此使个眼色，把边村脱手往上甩，然后在下边接着。另有一些人也把松岛举起来。冯治安怕出岔子，叫我们放下来。此刻席间确是有一触即发之险！宋哲元看势不好，立即在席间讲了几句话，边村也讲了几句话，表示今天的联欢会很好，应当"互相亲善"。

散会后，宋哲元和边村到后面一个房间去了。日本军官都先后退席，只有松岛留下，叫我同他"转转去"。我对松岛说："我们的长官还有事，必须等着。"宋哲元送边村走后，松岛还在等着我，拉着我说："转转去，不要害怕！"我说："我不知道什么是害怕。"我忘记谁跟我说了一句："你就跟他转转去吧！"于是我随松岛走出怀仁堂，松岛叫我上车，我看不是我的车，心想反正不能"孬"给他们，就上了车。我的传令兵问我："车跟着吧？"我以为在中南海内路上转转就回来了，就说："你在这里等等吧，我们去转转就来。"谁知日本人的汽车开出了中南海。我身上带着一把短剑，是专门定做的折叠钢刀，很锋利。我想万一他们要害死我，我也要拼他一个够本。不知转到哪里，车子停下来。我下车后，又来了一辆汽车。下车的人是我认识的徐廷援，他会说日本话，是日本士官学校出身，过去做过我们的军事教官。看到有徐廷援，我的心气更壮起来。走进一个院落，才知道是一所日本妓院。有八个穿着日本便服的日本人在里面。松岛向他们介绍我："这是中国的李武术家。"他们硬要我再练一套拳术供他们观赏。我说："喝多了，已不能练了！"他们就都围着长桌坐下喝起酒来，日本妓女陪酒，还劝我喝日本酒，直到深夜十二点后，我才辞出来。

当时日军方面，知道用硬的方法来对付第二十九军是要付出很大代价的，因而采用卑鄙下流的软化办法，来从思想上政治上分化第二十九军。另一方面利用大小汉奸来包围第二十九军的上层人物。那时第二十九军有些上层人物生活腐化，思想动摇，政治暧昧；而下级军官则生活朴素，埋头苦干，准备交锋。由于这些矛盾，日本人便利用一切可乘之机，对第二十九军的军官进行分化、拉拢、收买和软化工作。

今天我回忆松岛为什么要在宴会后拉我"转转去"呢？显然他是想拉我到亲日派汉奸方面去。后来又有一次我在南苑驻防时，松岛去飞机场送人之后，又指名找我晤谈。我当时是找一个日本士官出身的黎广时副团长共同和松岛见面的。松岛又约我"到城里去玩玩"，我谢绝了，没去。由此可见他对我的工作是下了功夫的。为什么我到南苑驻防，他如此熟悉？为什么他能直接到我的住处找我？从这些小事中，可以想见日本人对中国军队内部情况是如何熟悉。

# 七七卢沟桥事变经过

秦德纯[※]

## 七七事变前日本侵略的阴谋

日本军阀于民国二十六年[①]七月七日夜，借口日军在卢沟桥附近演习之一中队，在整队回防时，突被驻卢沟桥二十九军部队射击，因而走失士兵一名，指被二十九军官兵劫持进入卢沟桥城[②]，要求率队入城检查。经我方峻拒后，至翌日拂晓前，日方调集其丰台驻军，向我卢沟桥城进犯；我方为维护领土完整及主权独立遂奋起应战，掀起中日全面战争之序幕。

此一持续八年之久的战争，表面上虽源于一偶发事件，实质上，日人早已处心积虑，进行侵略阴谋。溯自日本明治维新后，接受西方科学文明，革新内政，发展工业，军事装备趋于现代化，国势蒸蒸日上。嗣

---

※ 作者当时系第二十九军副军长兼北平市市长，大陆解放后去台湾。
① 即公元一九三七年，以下凡此不再另注。
② 即宛平县城，现该县行政区已撤销，归北京市丰台区管辖。

经日俄、中日两次战争胜利，日本武人，骄纵跋扈，不可一世，遂积极向外扩张。其侵略目标，一为北进占据满蒙，以阻遏苏俄之东进与南下；一为南进征服中国以驱除欧美势力于中国及亚洲之外，完成亚洲为亚洲人之亚洲，实际上即为日本人之亚洲，借以称霸世界。但无论日本之北进或南进，均以进占满蒙及中国大陆为第一步骤。

民国二十年"九一八"，是日本侵略我国的行动开始，侵占我东北辽、吉、黑三省。民国二十一年进据热河省，民国二十二年春，又挥兵南下，进窥我长城沿线之古北口、喜峰口、冷口各要隘。在以上各地激战近三月，经谈判于是年五月三十日，中日双方签订所谓《塘沽协定》。此时我平津及华北察、绥、晋、冀、鲁各省已陷于岌岌可危之势。

## 蒋委员长授命忍辱负重

民国二十四年夏秋之交，我奉蒋委员长自庐山来电嘱令前往，遵即遄赴庐山，报告华北态势，并请示机宜。当时奉蒋委员长指示："日本是实行侵略的国家，其侵略目标，现在华北。但我国统一未久，国防准备尚未完成，未便即时与日本全面作战，因此拟将维持华北责任，交由宋明轩①军长负责。务须忍辱负重，委曲求全，以便中央迅速完成国防。将来宋军长在北方维持的时间越久，即对国家之贡献越大。只要在不妨碍国家主权领土完整大原则下，妥密应付，中央定予支持。此事仅可密告宋军长，勿向任何人道及为要。"旋即返报宋将军，缜密进行，之后与日方表面上之酬酢往还，较前增多。此时国内外人士不明真相，本爱国爱友之心情，函电纷驰，责难颇多，既不能向其说明真相，只有苦心孤诣，忍辱求全，以待事实之证明。主持其事者的精神痛苦确达极点。

---

① 即宋哲元。

经过一年余之艰苦折冲，我中央正在完成统一，充实国防，本着和平未到绝望时期，绝不轻言放弃和平之旨，尽量虚与委蛇。因将北平军事委员分会撤销，何应钦将军调回南京，并将中央之黄杰、关麟征两师调离平津，另调驻察哈尔境。宋哲元将军移防平津，并任命宋将军为冀察政务委员会委员长，兼北平绥靖主任。日方又肆其挑拨离间之手段，极尽威胁利诱之能事，以分化我中央与地方之团结，希望不费一兵一卒，造成华北特殊化之地位，使在形式上虽隶属中央，而实际则完全受日方之操纵指使。迭经交涉，其和平侵占之狡计迄未得逞。其不得不以武力侵占之企图，已箭在弦上，待机发动。

## 七七前夕华北之军政态势

在七七事变前约两年的时间内，宋哲元将军以第二十九军军长兼冀察政务委员会委员长及北平绥靖主任，所有冀察两省平津两市之政务及驻军统归宋将军节制指挥。当时因军政关系密切，所以行政长官多由军事首长兼任，如河北省政府主席由冯师长治安兼任；察哈尔省政府主席由刘汝明师长兼任；天津市长曾一度由萧振瀛担任，后由张自忠师长兼任；北平市长由我兼任，时我为第二十九军副军长。事变前由于日阀之蛮横压迫，无理干预，我政府以正在积极准备国防，不愿过早惹起大战，因将中央部队黄杰、关麟征两师由华北南调，防务完全交由二十九军负责，以二十九军一个军之力量分布于二省二市，又处于国防最前线，兵力颇感单薄。当时该军共有四个师，其分布情形：冯治安的第三十七师分布在北平南苑、西苑、丰台、保定一带；张自忠的第三十八师分布在天津、大沽、沧县、廊坊一带；刘汝明的第一四三师分布在张家口、张北县、怀来县、涿鹿县及蔚县一带；赵登禹的第一三二师分布在河北省南部大名、河间一带。

## 事变前之折冲及丰台中日冲突事件

丰台密迩北平，为交通枢纽，驻有我冯师混成部队一营。日军亦基于《辛丑条约》之规定，在该处驻一大队。曾于民国二十五年秋冬之交某日，我军因出发演习，适日军演习完毕回营，两军在马路上相遇，彼此不肯让路，致起冲突，相持竟日，双方均有伤亡。迭经交涉，终以误会了事。此后日军益趋骄横，屡向宋哲元将军提出华北特殊化之无理要求，同时依附日阀之汉奸潘毓桂、陈觉生等复为虎作伥，从中怂恿极尽威胁之能事，均经宋将军严词拒绝。但宋将军系一纯朴厚重热诚爱国之将领，迭经繁渎，精神苦闷已达极点。曾于民国二十六年二月上旬一日告我曰："日本种种无理要求，皆关系我国主权领土之完整，当然不能接受。而日方复无理取闹，滋扰不休，确实使我痛苦万分。日方系以我为交涉对象，如我暂离平津，由你负责与之周旋，尚有伸缩余地，我且相信你有适当应付办法。因此我想请假数月，暂回山东乐陵原籍，为先父修墓，你意见如何？"我当即表示不同意，并说："此事绝非个人的荣辱苦乐问题，实国家安危存亡所系，中央把责任交给你，不论你是否在平，责任总在你身上，因此我绝不赞成你离开北平。"当时宋将军并未坚持，因把回山东的打算暂时搁置。但到了二月二十日以后，日方交涉益繁，压迫愈甚，宋将军以心情恶劣，决定请假回籍，把交涉责任落在我身上。宋将军临行告我两事："对日交涉，凡有妨害国家主权领土之完整者，一概不予接受；为避免双方冲突，亦不要谢绝。"我就在这不接受与不谢绝两种相反的原则下，忍辱负重委曲求全地应付了四个多月。

自宋将军二月底离平之后，每日均有日方人员前来接洽，平均每天最少一次或两次。如日本之外交官、武官、特务机关人员，是谈外交的；新闻记者、贵族院议员及退役大将等，是来采访消息或考察华北形

15

势的。我虽感觉不胜其扰，但抱定任劳任怨之决心，据理应付，使日方无借口余地。同时日方更利用离间分化手段，将二十九军分为抗日的中央派及和日的地方派。认为我是抗日中央派的中坚分子，千方百计地攻讦诋毁、恐吓威胁必欲去之而后快。而日方收买之汉奸，且专伺察我的言论行动及我方军事部署作为处置依据。当此内奸外敌交相煎迫之下，我只有谨慎沉着，以静制动，深恐一言不慎，一事失当，俾日人有所借口，致陷交涉之困难。当即电陈中央请示机宜，旋奉复示，大意要在不丧权不辱国大原则下，妥慎交涉，中央定予以负责支持。当即遵照此原则相与周旋。到五六月间已达极度紧张阶段，日方使用武力侵略之企图，已成弯弓待发之势。

当事变当日下午，我在市政府邀宴北平文化界负责人胡适之、梅贻琦、张怀九、傅孟真等诸先生二十余人。经报告局势紧张情形，交换应付意见，诸先生亦均开诚布公恳切指示。夜十时许散会后，不到两小时，象征我全民抗战的七七事变，于十一时四十分即在卢沟桥开始爆发。

## 七七事变的经过与我方的应付

七七之夜，约在十一时四十分，我接冀察政务委员会外交委员会主任委员魏宗瀚及负责对日交涉的林耕宇专员电话，谓据日本特务机关长松井说："本日有日军一中队在卢沟桥附近演习。但在整队时，忽有驻卢沟桥之第二十九军部队向其射击，因而走失士兵一名，并见该士兵被迫进入宛平县城。日本军官要求率队进城检查。"我答："卢沟桥是中国领土，日本军队事前未得我方同意在该地演习，已违背国际公法，妨害我国主权，走失士兵我方不能负责，日方更不得进城检查，致起误会。唯姑念两国友谊，可等天亮后，令该地军警代为寻觅，如查有日本士兵，即行送还。"

答复后，夜晚两点，外交委员会又来电话，谓日方对我答复不满，强要派队进城检查，否则日军即包围该城。我即将此经过，以电话告知冯治安师长及驻卢沟桥之吉星文团长，要严密戒备，准备应战。同时并令吉团长，派官长侦探丰台方面的敌人动态。到凌晨三时半，接吉团长电话报告："约有日军步兵一营，附山炮四门及机关枪一连，正由丰台向卢沟桥前进。我方已将城防布置妥当。"我当即又向吉指示："保卫领土是军人天职，对外战争是我军人的荣誉，务即晓谕全团官兵，牺牲奋斗，坚守阵地，即以宛平城与卢沟桥为吾军坟墓，一尺一寸国土，不可轻易让人。"并以此处置通知冯师长。

八日拂晓约五点，日军已在宛平城之东面、东南面及东北面展开包围态势，先要求他的外交人员进城，继又要求武官进城，均经我吉团长与王冷斋专员（行政督察专员）拒绝。日方武力威胁之伎俩已穷，即开始向城内炮轰，并掩护其步兵前进。事前我曾告知吉团长，日军未射击前，我方不先射击；待他们射击而接近我最有效射程距离内（三百至四百米），我们以"快放""齐放"猛烈射击，因此日军伤亡颇重。

## 战争的持续与扩大

在八日对战时，卢沟桥铁桥上原驻我步兵一连防守，双方争夺铁桥，备极惨烈。曾被日军将铁桥南端占领，我军仍固守铁桥北端。彼此对峙至九日拂晓前，我方由长辛店调遣部队，协同我桥北端部队向铁桥南端日军予以夹击。是夜，细雨纷飞，敌人正疏戒备，我官兵精神抖擞，轻装持步枪、手榴弹、大刀，出敌不意，秘密接近桥南端，将该敌悉数歼灭。当其被大刀队砍杀时，他们有的卑躬屈节，跪地求饶，所谓皇军威严，已扫地无余。

经过八日、九日两日的战事，双方均增援部队，战事逐渐扩大。到十日上午，日方特务机关长松井大佐派员向我洽商，认为事出误会，希望停战会商。结果为：（一）双方立即停战；（二）双方各回原防；（三）双方组织视察团监视双方撤兵情形①。日方并要求我以保安部队接替吉团防务。于是我们又增加保安队一团至卢沟桥城内。当时视察日方撤兵情形，仅将其第一线部队撤至预备队之位置，反责我方未撤回原防。我的答复："所谓原防即战前原驻地点，日军原驻天津者，应回天津；原驻丰台者，应回丰台。我军原驻宛平城内，因应战移防城上，我军由城上撤至城下，即为原防。"当场日方亦无话可说。详察日方之要求停战，其目的在向其国内作虚伪宣传，说日本如何受中国军队之迫害残杀，作为调动大军侵略之口实，实为缓兵之计。

七月十六日，宋将军由鲁返平②，主持大计。最初仍拟作地方事件解决，避免事态扩大。但日军大部队已陆续由东北调至天津，势极嚣张，和平解决已不可能。此时，奉中央电令："应乘机围攻东交民巷日大使馆，以消灭其发号施令台。"几经考虑，认为东交民巷各国使馆林立，大举进攻，势将玉石俱焚。且东交民巷防御工事坚固，日军武器已较精良，战事旷日持久，恐将陷北平于紊乱，因之决定进攻丰台。

七月二十五日拂晓，我派步兵一旅，附炮兵一营，向丰台进攻。上午，战事极为顺利。至午刻，我已占领丰台大部，顽敌仅据守丰台东南端一隅，誓死抵抗。午后四时，日方忽由天津调来大部援军，参加反攻，以致功败垂成。

七月二十六日，又与日军在廊坊车站激战，双方伤亡均重。

七月二十八日拂晓，日军调集陆空优势兵力，约计步兵三联队、炮兵一联队、飞机三十余架，向南苑进攻。激战至下午四时，我军伤亡惨重，佟副军长麟阁、赵师长登禹均壮烈殉职；尤堪痛心的是在南苑受训的大学毕业学生，亦参加战斗，伤亡不少。

---

① 据查，第三条内容应为"卢沟桥由河北省保安队石友三部驻守"。
② 宋哲元由鲁返平日期应为七月十九日。

## 移防保定展开全面作战

是日下午，宋将军、张自忠师长及我等，在铁狮子胡同进德社商讨南苑战事。忽郑大章师长（骑兵师）服装不整仓皇来报：佟副军长、赵师长阵亡，我官兵伤亡特重，他所属骑兵伤亡一半，另一半退往固安，日军大有围攻北平之势。我见郑师长态度惊惶，礼貌欠周，就说："彩庭兄（郑号彩庭），我们军人无论遇到任何艰苦情形，态度要稳重，礼貌要周到。"郑亦欣然接受。宋将军即同我们商量尔后的行动方针。决定了两个方案：（一）留四个团防守北平，由我负责指挥；（二）留张自忠师长率所部在平津与日人周旋，宋将军、冯师长同我到永定河南岸布防。正在研究采取何一方案时，适奉蒋委员长电令，命宋将军移驻保定，坐镇指挥。宋将军遂决定将平津防务、政务交张自忠负责，而于七月二十八日晚九点，率同冯师长及德纯等由北平西直门经三家店至长辛店，转赴保定。到长辛店时，围攻卢沟桥之敌炮兵，集中向长辛店车站射击。我们到洋旗外面登火车赴保定。从此伟大的抗日战争，遂全面展开。

宋将军至保定后，奉中央电令，任第一集团军总司令，着将所部开赴津浦铁路北段沧县、青县一带，阻敌南下。此时平汉铁路北段保定及其以北地区涿州、良乡一带，已由孙连仲将军所部防守。宋将军即派我同石敬亭将军赴南京报告经过。抵京后，石至监察院列席会议，有一部分委员对宋将军失守名城，深致不满，认为应予从重惩处，空气颇为紧张。当经蒋委员长说明：宋将军在平津支持危局，任劳任怨，得保全国家领土主权之完整，使中央有两年时间准备国防，这是宋将军对国家的贡献；否则，华北在两年前已非我政府所有。一场风波始烟消云散。蒋公又令我转达宋将军，应特别努力作战，因此次战役，并非一城一地之得失，胜负亦非短暂时间所能决定，务望艰苦支撑，历久不懈，方是制胜要诀。

# 卢沟桥事变始末

王冷斋※

日本帝国主义自一九三一年九一八事变以后，即谋进一步侵略华北。当时南京国民党政府同日本签订《塘沽协定》和《何梅协定》，而日本军阀猖狂推行所谓华北冀、鲁、晋、察、绥五省的特殊化，以达其整个并吞中国之目的。日方曾先后由特务机关长土肥原贤二、松室孝良，大使馆武官高桥垣、今井武夫等在华北活动，造成一连串的破坏事件，现在简述如下。

一、张北事件。一九三三年三月，日军侵扰长城沿线喜峰口一带，经驻察哈尔之第二十九军抵抗，予以重大打击，日方屡思乘机启衅以图报复。一九三五年六月，日军官两人、士兵两名由多伦乘汽车赴张家口，经过张北县北门，守门卫兵按照规定检查，以日人并无入境护照不许通过。日军官竟欲强入，双方发生争执，守兵即将该日军官兵送往第一三二师司令部，由师长赵登禹以电话向北平第二十九军军部请示后放行。但日方以日军官曾被城门守兵及师部人员侮辱为由，竟由驻张家口

---

※ 作者当时系河北省第三区行政督察专员兼宛平县县长。

日本领事桥本向我方提出抗议，并故意将事件扩大，更由天津日本驻屯军代表土肥原和日本大使馆武官高桥垣在北平向第二十九军军长宋哲元提出无理要求。经宋派副军长秦德纯与之谈判，双方交涉多次，结果除撤惩守卫城门之直属团长与拘留日军官之军法处长外，并将张北六县（即张北、宝昌、康保、商都、沽源、兴和）驻军撤出，以地方保安队维持秩序。此外，并撤去察省国民党党部及禁止排日行为，均由南京政府决定后办理。于是察省独立主权亦遭破坏。

二、冀东独立。日本军阀迫订《塘沽协定》，成立所谓非武装地带后，我方在冀东二十二县遂不能驻扎军队。就军事上说，冀东地区已形成特殊化，但行政系统仍归河北省管辖。日军阀对此尚不满足，又在一九三五年九月利用香河县汉奸武桓等收买地方流氓，以自治为名实行暴动，经地方当局制止，事态得归平息。日方计不得逞，就另行勾结冀东行政督察专员殷汝耕，于同年十一月通电宣布冀东二十二县脱离中央实行自治。殷本人不过是一个傀儡，一切军事、政治、经济均由日方操纵，并将这地区内的实业、关税、盐务等任意攫取支配，成为贩毒走私、匪徒出没、威胁平津安全的策源地。

三、华北策动。日本军阀图谋华北五省的特殊化，由土肥原等策动向宋哲元、秦德纯、萧振瀛等提出要求，内容要点为：（一）以宋哲元为领袖组织华北五省自治政府；（二）建筑津石铁路；（三）改订津海关税率，增高欧美货物税，减低日本货物税。以上各项均为宋等拒绝。及冀察政务委员会成立，虽然有亲日分子在内，但许多军政措施亦不能为日方所满意。日军阀更加紧一步谋军事的进占。在发动卢沟桥事变之先，还有丰台增兵事件以为前奏。

四、丰台增兵。一九三六年九月十八日，日军步兵一中队在丰台演习，通过我方军队守卫线，我守卫士兵阻止前进，日军不听，遂起冲突。经双方派员调停后，虽然事态未至扩大即告和平解决，但是日军竟以此次事件作为借口，增兵进驻丰台，继而又以营舍不够居住为由，谋在丰台至卢沟桥中间地带建筑兵营及飞机场。这个地带属宛平县管辖，日方多次向我提出要求。在北平市政府、宛平县政府、北平日本特务机关部及天津日本驻屯军司令部各处，我方先后以北平市市长秦德纯和我为代表，日方先后以高桥垣武官、和知少将、板田上校、松井机关长及滨田辅佐官等为代表，双方谈判不下十余次，都被我方坚决拒绝。日方乃变计从民间着手，以重利诱惑这个地带居民自愿租卖。绝大多数居民都有爱国心，不肯为日方所诱惑，但有少数地主以为土地所有权可以随意买卖，也有为重利所动的。经剀切开导之后，由全体居民具呈县府，加盖手印，切实声明不能将土地出租或出卖，如果日军强占，决以流血相抵抗，众志一致，非常坚决。日方见此项阴谋复不得逞，遂于一九三七年七月七日在卢沟桥发动事变。

七七事变是由日方有预谋的演习而起。自一九三六年九月日军增兵丰台后，时常在附近地带演习，由昼间演习渐至夜间演习，由虚弹射击渐至实弹射击。我方屡次提出抗议，日方均置若罔闻，复经严重交涉，日方始允如有实弹演习之事自当通知我方。但日军小规模部队时常出动，我方为避免发生事端，即令保安队及警察随时注意戒备。一九三七年七月七日夜间，日军又在卢沟桥附近演习，十一时左右忽有枪声数响发于宛平城东门外，城内守军当加以严密注意。十二时后北平市长秦德纯来电话对我说：日本特务机关长松井向我方提出交涉，声称"有日本陆军一中队在卢沟桥演习时，仿佛听见由驻宛平城内的军队发出的枪声，使演习部队一时纷乱，结果失落日兵一名，日本军队今夜要入城搜索"等语，已经我方拒绝，究竟真相如何，迅即查明以便处理。我接到电话后，就通知城内驻军营长金振中切实查询各守兵，经查明我军并无开枪之事，而且每人所带子弹并不短少一枚，更可证明。另一方面，我又令警察在各处搜索，也未发现有所谓失踪日兵的踪迹。我根据这事实向市府报告后，奉命前往日本特务机关部与松井谈判，声明我方并无开枪之事，并拒绝日军进城的要求。我到达日本特务机关部时，见冀察外交委员会主席魏宗瀚、委员孙润宇、专员林耕宇、交通处副处长周永业及日本顾问樱井等都在座。我先声明：枪声方向是在宛平城东门外，我方在这里并无驻军，可知绝不是我方所发，就是城内守兵也查明并无开枪之事，每个守兵所带子弹不少一枚。所谓失落日兵一名，经派警察向各处搜寻也毫无踪影。松井仍强说演习日兵确实有一人失踪，城外搜索无着，必须进城搜索，方可明了究竟。我说："夜间宛平城门已闭，日兵在城外演习，怎么能在城内失踪？就是退一步说，果有失落之事，也绝和我方无关，或者效当年南京日领事藏平自行隐匿的故技，企图作要挟的借口。"松井不承认有此等事。谈判结果，决定第一步先由中日两方面派员同往宛平城调查，等调查情况明了后再商谈处理办法。当时指定调查人员我方为林耕宇、周永业和我三人，日方为樱井顾问、寺平辅佐官和斋藤秘书三人。这时，得到报告说：驻丰台日军一大队五百余人并炮六门，由大队长一木清直率领向卢沟桥出发，事态甚为严重。同时日军联队长牟田口也约我面谈。他说："现在时机紧迫，应即迅速处理。阁下为地方行政长官，应负当地处理的全责，以免延误扩大。"我说："刚才在你们特务机关部所商定的是先调查后处理，现在我所负的只是调查的使命，还谈不到处理。"牟田口再三要求，我仍坚决拒绝。就同林耕宇、周永业两委员并樱井、寺平、斋藤共六人，乘两辆车前往宛平城。当车到达离城约两里的地方，见公路右侧及铁路涵洞一带都被日军占据，枪炮摆列，做战斗准备。我和林耕宇、寺平同乘一车，这时寺平忽请我下车，拿出一张地图向我说："事态已十分严重，现已不及等待调查谈判，只有请你速令城内驻军向西门撤出，日军进至东门城内数十米地带再商解决办法，以免冲突。"我说："此来只负调查使命，在你们机关部原已议定，适才牟田口要求负责处理，我已拒绝。你所提我军撤出、你军进城的无理要求，离题太远，更谈不到。"寺平又说："平日日军演习都可穿城而过，何以今日不能进城？"我再驳斥说："你接事的日子不久（寺平接滨田任不及三个月），或者尚未明了以前情形，我在这里从未允许你们演习部队穿城而过，你所谓先例在何月何日？请给我一个事实的证明。"这时日军指挥官森田联队副胁迫我行至战线，欲以武力恫吓。他们两人这种举动大似绑票。我仍坚持调查原议，斥责他们前后不应该如此矛盾，万一事态扩大，他们二人当负全责。双方相持十余分钟，森田见威胁不成，乃向寺平示意，仍由寺平同我进城调查。

进城后，周永业、樱井和斋藤三人已先到，正在会商调查办法。而城外日军忽向城内开枪，城上守兵以日军无理挑衅，就予以还击。双方射击约一小时始停。我向樱井等日方人员严切质问，并声明日军首先开枪破坏大局，应负酿成事变的责任。樱井等说开枪或出误会，当努力于此事的调解，勿使扩大。这时日军联队长牟田口忽派人送信来，约我同团长吉星文出城谈判，我们以守土有责，不能擅离，当派林耕宇代表和寺平缒城而出，向牟田口面商停火之事；一面并以电话向北平高级机关报告日军首先开枪情况，请向日方交涉制止。林等出城后，历两小时尚无消息。日军又继续向我方射击，并且以迫击炮攻城，命中专员公署，房屋大部被毁，我专署及县府人员幸于十数分钟之前迁往比较安全地点办公，免于遭难。人民房屋也有被毁的，人员有些伤亡。战至下午六时左右，营长金振中①及保安大队副孙培武都负了伤。枪炮声停后，日军旅团长河边正三派人送信前来，仍约我出城商谈，并且要求我方军队退出城外，否则即以大炮攻城。我答复在开战中不便面晤，唯建议双方先行停火，一切由北平高级机关解决，如果日军不肯停止射击，我军不能坐以待毙，当予以强烈回击。这时日军已经占领了平汉线的铁桥及附近龙王庙等处，至夜间战事更为激烈。我军乃以大刀队摸营和敌军实行白刃战，歼敌颇多，卒将龙王庙等处克复。自"七七"夜间日军首先开枪起至八日夜间止，战事时断时续，都是日军先行射击后我军才予以还击，直至我大刀队实行摸营，始变被动为主动。城内外军民同心合力痛击顽敌，使日军受创，以后战事才暂告停止。

九日上午四时，我接到北平电话说：日松井机关长来称失踪日兵业已寻到，现在可以和平解决，双方已商定停战办法三项：一、双方立即

----

① 本人有文章记载，他在七月十一日凌晨战斗中追击敌人时负伤。

停止射击；二、日军撤退至丰台，我军撤向卢沟桥以西；三、城内防务除宛平原有保安队外，并由冀北保安队担任，人数限三百人，定于本日上午九时左右到达接防，并由双方派员监督撤兵。我以为停战协定现已成立，战事当可休止。但上午六时，日军复向城中发炮达七十余发。我当即以电话向北平报告，并请向日方诘问。据日方的答复说，这次炮击是为掩护撤兵。到七时半炮声始停。九时以后尚无保安队进城消息，经查明保安队到大井村（在北平至卢沟桥中间）后，为日军所阻，不得前进，且发生冲突，我军阵亡士兵一名、伤数名，北平方面正在交涉中。直至午后三时双方监视撤兵委员始到达宛平，我方为冀察外交委员会专员林耕宇（林于八日自宛平出城与日军牟田口接洽停战未妥即回北平），冀察绥靖公署高级参谋周思靖，日方为中岛顾问。当即分作两组，甲组为林耕宇和樱井（樱井是日方所派调查委员，于八日晨同到宛平），乙组为周思靖及中岛。双方分途出发，不久即返城报告，监视撤兵完毕。但这时保安队尚未进城，当由周思靖与中岛同往大井村与河边接洽。到六时左右由周带来队兵五十名交我接收。我以双方议定接防保安队人数为三百名，今只到五十名，不够城防分配，当复电北平报告，请向日方交涉。不久接北平电话，谓已与天津日本驻屯军商妥，保安队可全数进城，但所携带的机关枪则须送回北平。七时以后，保安队才全部进城，但不足二百名之数，据说每一挺机关枪由队兵三人押运回平，故人数不足。冀北保安队是石友三所部，也归第二十九军统辖，到后即刻将防务分配完毕。这时日军旅团长河边正三要求允他率徒手幕僚入城慰劳，经我谢绝，日方派外交人员笠井顾问、广濑秘书及爱泽通译官三人携香槟酒来城，故作表示庆祝和平实现之意。笠井等去后，经我方查明，城外铁路涵洞处还有日军隐藏并未撤尽；时已入夜，且有去而复返的，数目不少。在这时候，监视撤兵委员都已返平，仅中岛还在城内正匆匆欲行，我以中岛系监视撤兵委员，现在发觉日兵并未撤尽，这等责任应由他负，当即向他交涉。中岛无法诿卸，允为协助办理未了事件。到了夜间，涵洞内隐藏的日兵果然向城中袭击，幸我军已有准备，以枪弹还枪弹，日军仍不得逞，我急以电话向北平报告日军隐藏及袭击情况，并请示处理办法。北平方面命我于次晨同中岛到平面商。我和中岛遂于十日清晨同车赴平。当车过铁路涵洞附近地方，尚见日军步哨数人持枪作射击姿势，经中岛告以接洽和平任务始得通过。

我于十日上午抵北平后，即至市长秦德纯宅。这时河北省政府主席兼第二十九军第三十七师师长冯治安、冀北保安队旅长程希贤和绥靖公署高级参谋周思靖都在座。不久日顾问樱井、中岛（中岛在进城后和我分途）、笠井和斋藤秘书也来到。我们一起开了联席会议。我首先声明我方已遵照停战条款实行撤兵，但日军在铁路涵洞部分尚未撤尽，而且昨天夜间又向宛平城袭击，日军此等行为显系破坏停战协定，应即迅速撤退方能保持和平，否则一切后果均当由日方负责。斋藤声称日军未曾撤尽的缘故，是因为有阵亡日兵尸骸数具尚未觅得，留下这些少数部队以便搜索。我驳斥他说，搜索尸骸无须许多兵数，而且也不必携带机关枪。斋藤辩称，因恐受你方袭击，不得不多留部队以资警戒。我说，如果真为搜索尸骸，我方可以帮同办理。遂由我方代表提出，双方各派委员若干人组织徒手搜索队向战地各处搜索，日方代表赞成此议。于是商定我方由第二十九军、冀北保安队及专员公署各派委员一人，日方以樱井、中岛及笠井三人为委员共同组织。并由第二十九军及冀北保安队各派士兵十名，日军派士兵二十名，徒手，由六委员率领，在卢沟桥附近各地尽量搜索，搜索时间以二十四小时为限，到时无论发现尸体与否日军都应向丰台撤退。双方同意正预备执行，日方代表樱井等四人忽然离席向外边打电话，经过很久，尚未回来。等我往外边一查，才知道他们竟不辞而别，踪迹俱无。这时各方报告接连而至，谓日军已由天津、古北口、榆关等处陆续开到，且有大炮、坦克等向卢沟桥前进，已将大井村、五里店等处占领；平卢公路也不通行，战事即将再发。仅仅三天期间，日方故弄诡谋、背约弃信至四次之多：第一次，停战协定后，日军又炮击宛平城达七十余发；第二次，日方破坏停战条款阻止我方保安队进城；第三次，我军遵约撤出，日军还隐藏一部未撤，而且向宛平城袭击；第四次，双方议定组织搜索队，日方代表忽然逃席而去，日军又将大井村等处占领。以上一连串的诈谋诡计，都是为了达到缓兵目的。至此，日本侵略者的狼子野心已暴露无遗。

日方由各处调来重兵后，向宛平城进击，和平谈判再被破坏，无法再商谈。这时平卢公路不通，我就取道门头沟绕长辛店返回宛平。自十一日起，日军时以大炮轰击宛平城及其附近一带，城内居民伤亡颇多，团长吉星文亦负伤，就将城内居民向城外比较安全地带疏散。战事由此扩大到八宝山、长辛店、廊坊、杨村、南苑等处。我第二十九军各部分散于各处应敌。日军出动飞机在各处侦察扫射，战事时断时续，由北平至宛平电话也常被敌人破坏，不能通话。当七七事变爆发前，冀察政务委员会委员长兼第二十九军军长宋哲元正请假赴山东乐陵原籍，这时急速回平，路过天津时与日本驻屯军司令香月清司作数度和平的谈判。宋返平后发出通告声明三事：一、第二十九军绝对遵奉中央命令枪口不对内；二、冀察领土主权不能任人侵犯；三、对日交涉仍本和平原则进行。到二十二日和平协议才有眉目，日方要求将对手交战之第三十七师冯治安部调往冀南，所遗防务由第一三二师赵登禹部接替。我方为求得和平，就允其所请。正在进行调防中，日军炮击宛平城、长辛店等处更为猛烈，显然含有威迫作用。二十五日晚，日军一部忽欲从广安门突入北平城，为我守城队兵所阻，计不得逞。二十六日，天津日驻屯军司令香月清司竟向我第二十九军军长宋哲元发出通牒，限第二十九军全部于二十四小时内离开北平，否则即以飞机大炮攻城。我方至此实在忍无可忍，各线遂奋勇反攻，二十七日将丰台车站克复，同时八宝山等处我军也获胜利。二十八日拂晓，日军以大部兵力并飞机、坦克猛扑南苑，激战至下午，我第二十九军副军长佟麟阁、师长赵登禹先后殉国。日军更向北平进攻，冀察当局为避免全城糜烂，就将北平军队撤出，在涿州一带布防抗战。卢沟桥、八宝山等处我军正向丰台胜利前进中，至此也一同转移。当我军转移时，日军飞机连番追逐轰炸扫射，在长辛店、公主坟及大灰厂等处，我军民被炸被射死伤甚多。卢沟桥于七月三十日沦陷。自七月七日起共抵抗二十四天，孤城屹立，士气旺盛。后因孤立无援，终于奉令退出。

# 挥泪告别卢沟桥

洪大中※

一九三七年七月七日卢沟桥事变之际，我适在宛平县任职，事变前后均身临其境。今天，回忆往事，仍感慨万分。现在把当时经历的一些情况写出来，供研究历史者参考。

## 卢沟桥的形势

卢沟桥在北平的西南面，是永定河上由北平通往河北省南部地区的唯一咽喉要道。

日本帝国主义侵我东北后，继续向我华北进逼，到一九三七年卢沟桥事变前夕，日本侵略势力对北平已是一个包围态势：在北面，它制造了百灵庙德王的伪蒙疆自治政府，并侵犯察北。在东面，它制造了通县殷汝耕的伪冀东自治政府、唐山陶尚铭的伪唐山自治政府（势力控制到山海关）等。这些傀儡政府完全听命于日本顾问。日本关东军和天津日

---

※　作者当时系河北省宛平县政府秘书兼第二科科长。

本驻屯军在上述地区内派有日军并组建了伪军,是侵犯和扰乱我冀察地区的前哨部队。在南面,与卢沟桥相距五里的丰台,是平绥、平汉、平奉铁路的枢纽。一九三六年日军制造事端,把中国军队从丰台赶跑,由天津日本驻屯军增派牟田口联队所属一木清直大队驻扎在丰台中国兵营,实行强硬霸占。从此丰台重镇便被日军控制。从当时军事态势看,北平对外的唯一通道只有卢沟桥。卢沟桥成了日军侵占东北、热河、察北、冀东之后的主要侵略目标。

## 宛平设立专员公署

日军控制丰台后,继续进侵,除不断要求在平大公路上(北平—大名)的大井村修建飞机场外,后来又狂妄提出要通过卢沟桥到长辛店举行军事演习。这是借军事演习之名,达到强行占领卢沟桥、长辛店之实,一可扼死北平对外的唯一通道;二可长驱直下,夺取我保定、石家庄广大平原。为此之故,交涉频繁。当时河北省府远在保定,与北平相距三百六十里,难以兼顾。为了便于对外交涉,决定划宛平、大兴、通县、昌平归河北省第三区行政督察专员公署管辖,署址设在宛平县,县治是卢沟桥,有关涉外事宜归北平市政府统一节制,专署于一九三七年一月一日成立,任命北平市政府参事兼宣传室主任王冷斋为督察专员兼宛平县长(王与北平市长秦德纯是保定军官学校二期同学)。王调我任宛平县政府秘书兼第二科科长,主管田赋钱粮;县府第一科主管民政司法,由一位地方上的俞老先生负责民政工作,一位福建籍的林老先生负责司法工作;第三科主管地方财政,由庞各庄人王某任科长;第四科主管建设,由本地人张某任科长;警察局长是个枣强人。我因原来从事新闻工作,不懂仕道,遇事虚心求教,得到地方人士支持,对我帮助很大。王冷斋的分工是应付上层,主要是指北平和冀察当局交办的事项;我应付县府日常工作以及涉及丰台日本军警宪、日本浪人的纠纷。

宛平专署为了办理外交事务，任命卓宣谋为外交秘书。卓曾留学日本，交游广阔，其兄卓定谋乃当时中国实业银行总经理，另一兄卓寀谋亦为官场的显赫人物。王冷斋借助卓的身世，以抬高专署办理外交的身份。专署另设中文秘书一人，处理日常行政工作。专署管辖的各县一般行政工作仍直通省府，所以专署仅设一秘书室，未设其他编制。专署自成立直到七七事变，七个月的时间主要忙于对日外交。

## 一点历史教训

宛平专署成立后，驻丰台日军大队长一木清直少佐首先来专署表示祝贺；接着，日本驻丰台的宪兵队长和日本在丰台的警察署长都相继前来祝贺。从表面看这是普通的礼节性拜访，但事后察觉是有其军事目的的。原来一木清直外出都是骑高头大马，可是这次到五里之遥的宛平城，却徒步而行，岂不怪哉！直到七七事变才弄明白这点。七七之夜，日军第一炮就把专署大厅打垮，原来一木清直下马步行，是走步测量距离。这也说明，日本侵略者的行动，都包含着阴谋诡计。历史的教训必须认真吸取。

## 丰台的毒氛

我于一九三七年一月一日到宛平以后，曾多次去丰台，如代表专署和县府做些回访答谢之事，交涉日本浪人侵犯中国人民权益的事件，顺便也看了看在日军控制下的丰台。当时日本商人、浪人、妓女等已充斥丰台一条街。招牌叫"料理"，实际是白面（海洛因毒品的俗称）馆，低级下流，不亚于汉奸陶尚铭盘踞的唐山一条街。日本浪人经常假装酒醉侵犯中国人民的利益，侵占中国老百姓的财产，调戏侮辱中国妇女。每天有状告日本人的案件，情节之恶劣，令人难以容忍。我同警察局李巡官（日语翻译）到丰台日本警察署和日本宪兵队办过多次交涉，每次日方都说进行调查，但是最后总是没有结果，既不答复，也不处理，任凭罪犯逍遥法外。我方无可奈何，不能依照中国法律对罪犯进行拘捕。反之，日方因事向我方提出无理交涉时，则气势汹汹，不可一世。广大人民对日人罪行恨之入骨。

## 大井村的几个回合

日本千方百计要在大井村建立飞机场，天津日本驻屯军参谋桑岛中佐带着事先绘制的大井村地形图到宛平，立即要我们按图割地，并提出马上圈地打桩，要我们俯首听命，气焰十分嚣张。王冷斋当即对他表示：刚刚到任，前任县长对此没有任何案卷移交，因此需要向上级请示。其次，从图纸上看，被圈面积较大，地面上的居民房屋、树木、河流、道路、桥梁等等，涉及问题非常之多，必须通盘研究，才能答复。桑岛说："你们的上级是同意的。"我们向他要批文，他又拿不出来。原来，当时冀察政务委员会的外交总署对此事不是认真从民族利益着想，而是采取推卸责任的办法，把它推到宛平专署，于是日方就借口"业已得到同意"，到宛平专署只是办手续而已。最后我说："叫中国农民出卖祖宗坟墓，肯定是办不到的（因为北方农村村外就是坟地）。这事我们无权处理。"后来日方又陆续来人纠缠多次，如日本大使馆辅佐官寺平、秘书斋藤等，都到过宛平县，每次均被我们婉言拒绝。我和王冷斋当即立下誓言，不管遇到什么风险，绝不能在我们任内发生出卖祖国一寸土地的事情，绝不在中国历史上留下罪名。

日方从正面交涉，屡次均被我拒绝，于是便在背后搞阴谋诡计。他们勾结当地汉奸和地痞流氓，秘密串联，以欺骗手段夺取大井村农民的土地，直到准备在县政府办理地契过户手续时，我们才发现真正的买主是日本特务机关部。这得感谢第二科科员俞二先生，他经过对卖地农民的细心盘查，发现每次来办过户手续的都是两三家，都卖给同一姓氏，而卖主全是大井村农民。当时并无任何自然灾害，农民无必要出卖全部田产搬迁。这引起俞的很大怀疑，立即把契纸和申请拿给我看，并提出他怀疑的根据。我认为很有道理，叫他暂把地契和申请扣留不发，让他们等待通知再办手续。我们连夜派人到大井村调查，果然有汉奸在活动。当即将为首的抓起来，同时组织人力向农民进行宣讲，要爱国家民族，不要上当受骗；并说，出卖祖宗的庐墓是大逆不道的。与此同时，把当地农民组织起来实行联保制，彼此立约，绝不出卖祖国一寸土地。经过这样安排，日军的阴谋诡计又落了空。

## 松井之宴

三月初，日本特务机关长松井太久郎大佐亲自出马。他下帖请王冷斋、卓宣谋、专署林秘书和我共四人，到东交民巷台基厂二条日本特务机关部午宴。我们接到请帖，明知不怀好意，但我们不能示弱，刀山火海也要去，如果被扣、被杀，将会激起全国更大的抗日浪潮。我们都是抱着牺牲的决心去赴宴的。主人是松井，日本大使馆武官今井武夫、参谋桑岛、辅佐官寺平、秘书斋藤等作陪。我们到达时，松井等在大门庭院列队相迎，稍事寒暄，即入席举杯互祝友好。但为时不久，斋藤即拿出大井村地形图和"协议"文书，要王冷斋当场签字，把纸笔送至席前，松井起立说："为了中日友好，希望专员阁下给予赞助。"王也起立说："松井大佐阁下设宴是为了中日友好，我们前来赴宴也是为了中日友好，我们希望宴席之间只能谈笑言欢，政事留待以后商议。如果现在谈判大井村土地，那就只有退席，即使因此而失去自由，也在所不惜。"王讲到最后非常激动，不觉用手拍了桌子。我正准备暴风雨的到来，不料松井态度突然一百八十度的大转弯，大喊大叫："写条子、写条子的花姑娘的好！"立刻把北平著名的日本艺妓和最红的中国妓女接来，围满了一桌。这种突变，出乎我们意料之外。但这种场合，弹琴说唱已格格不入，只有使人感到厌烦。特别是日本艺妓的弹唱，既听不懂，又要装着用心听的样子，是很难受的。我催王冷斋赶快退席。但这时日本人却拉王冷斋和卓宣谋与妓女跳舞，以缓和刚才的紧张气氛。我和林秘书根本不懂跳舞之道，只作壁上观。正当此时，一个中国妓女突然说钻石戒指掉了，日本人到处查找，翻转沙发，立刻一片混乱。我觉得这是故意捣乱。因为那个喊丢戒指的中国妓女名叫"二妹"，是妓院中的佼佼者，与王似曾相识。日方故意制造这一幕活剧，是作为威胁利诱均无法达到目的的遮羞布。于是我催促王冷斋、卓宣谋向日本人作别，一场斗争暂告结束。

## 查看敌人机场

由于我们坚决不同意在大井村建飞机场，日本人就在五月初在通县开辟了一个简易的飞机场，不是水泥跑道，似乎是用压路机压过的。河北省府命令第三区行政督察专员公署派人调查通县日军飞机场实况，绘图上报。当时专署只有两位秘书，卓宣谋根本不管行政事务，林秘书年老，不宜做外勤工作。王把省府命令交我办理。我想县府只有第四科主管建设，但第四科都是本地人，派他们出差要承担安全责任。因为通县是伪冀东自治政府所在地，是日本的统治区，搞得不好被敌伪发现，可能有生命危险。我考虑之后，觉得只有自己走一趟，或许能得到一些可靠的情况。我在北平市政府宣传室工作时，有同事张崇福因升级问题一气跑到伪冀东自治政府民政厅做事去了。我们两人过去相处较好，我去找他至少不会被出卖，但也没有完全把握，是抱着试试看的心理去的。下了火车，直奔伪民政厅。张崇福把我领到他家，第一句话就说："你好大胆。"我说明来意，他说："我不能同意你去看，我老婆孩子都在这里，不能冒这个风险，因为认识我的人太多了。"他叫我吃罢午饭就走，吃的是窝窝头，看起来他们生活很苦。对我这不速之客，从他的表情上看，他是很紧张，但他还是简单介绍了一些情况。

通县新建的飞机场，设在通县火车站通往县城的大道旁，周围圈有铁丝网，虽然一眼望不到尽头，但地面设施尽收眼底，当时机场尚无飞机停留。由于周围全是开阔地和大道，机场完全暴露，目标很大。我把调查情况绘制成简单草图上报。王冷斋对我安全归来并完成任务，表示欣慰，曾向省府请奖。他告诉我："你不回来，我不敢离开办公室。"

## 震惊世界的七七事变

日本千方百计图谋大井村的目的，意在切断从北平通往卢沟桥的交通要道，控制冀察政治军事中心——北平，实现华北特殊化的美梦，由于我们态度坚决，使日方无法施其计。但日本侵略中国乃其既定国策，不会因大井村未得手而善罢甘休。因此日本在大井村问题上碰壁以后，便故技重演，于一九三七年七月七日向宛平驻军提出，演习时失踪日兵一人，要求进城搜索，想兵不血刃，垂手而得卢沟桥。但事实与日方估计完全相反。我第二十九军守城部队在旅长何基沣的严令指挥下，对日军的无理要求和侵略行动给予坚决回击。日方威胁失败，却点燃了我全国抗战的烈火，敲响了日本帝国主义者的丧钟。

一九三七年七月七日，宛平县的工作人员从清晨就忙着"国大"代表选举。因为七日这天乃正式投票日期，监票人员都已分赴各区乡。根据河北省府的规定，投票处的票箱要原封不动地送至保定省府所在地，而且要求一律当天送到。我从早晨就同各区乡研究投票情况，票箱何时可以送出，何时能够送到。幸好在下午四时，各区乡镇的票箱都已送齐。为了当天送到保定省府，我同铁路局商量，请让五点三十分的南下客车在卢沟桥停一下，以便把十几个票箱送上车，不然就要运到长辛店站，时间已经来不及了。此事得到铁路局的同意，临时停车一分钟，让我们把票箱全部送上车，并派两人随车护送，至于为什么不叫我们在宛平县当众开票，我想其中定有不可告人的秘密。

送走了客车，在我眼前展现出一片开阔地。清风徐来，吹散了午后的暑气，刮得玉米叶子唰唰作响，夕阳照耀在地平线上，缕缕炊烟四起，衬托满天彩云。眼前一幅多么美好的大自然风光！不想就在这天夜里，竟发生了震惊世界的卢沟桥事变！

当日我从城外回到县城，就听公务员小刘说："城外演习的日军还没撤回丰台，并在构筑工事。"我就到驻军第二一九团第一营金振中营长处了解情况，当时中校团附苏桂青在座。苏对此不以为怪，因为这种情况已司空见惯。不过为了防备万一，我同警察局研究，天黑以前把东门关上，我忙了一天，晚饭都不想吃就睡了。

入夜，偶然听到部队集合的哨声和跑步声，县府也声音嘈杂。我忙翻身起床。第一个消息听说日军要攻城。守城部队苏桂青团附和金振中营长请示第一一〇旅旅长何基沣。何命令第二一九团：一、不同意日军进城；二、日军武力侵犯则坚决回击；三、我军守土有责，绝不退让，放弃阵地，军法从事。这样坚决的命令，全城军民都非常振奋。人们高兴地说："可有机会打鬼子了，出出多年被日本帝国主义者欺压的怨气。"人人摩拳擦掌，个个争先恐后，为部队往城墙上运送弹药箱和麻袋泥土，做临时防御工事。城内居民没有人惊慌失措，更没有为了自家安全想出城逃走的，都认为打日本侵略军是大快人心的事，都要为抗日出力。这时大家齐心协力把东、西城门用麻袋泥土堵紧，仅西门留一缝隙，供人出入。家家户户用棉被遮窗，一可防煤油灯灯光外射；二可防止流弹。中国人民的爱国热情，从卢沟桥抗战开始就值得颂扬，值得骄傲。

日军进城不得，势成骑虎，于是把整个大队都从丰台调至宛平城外，列成攻城架势。一面由日本北平特务机关长松井通知北平市长秦德纯，威胁说，事态严重，若不同意进城搜索失踪日军，就要武力解决。秦德纯此时才找王冷斋询问情况。当时王冷斋不在宛平县，因为他身兼北平市政府参事及北平新闻检查所所长，每晚必到新闻检查所办公，所以平时只是上午到宛平县批阅公文，下午一般不到县。王家住北平南长街。王虽保定二期毕业，但风度潇洒，颇有文人气派。其夫人胡××乃名人马相伯之高足，能诗善画，尤善词令昆曲，每当茶余饭后，笛声绕梁，声达户外。当时新闻界称王的家庭为"极乐世界"。七日夜，王在家接到秦德纯电话，叫他立即到宛平现场调查"日军失踪"事件。

七日夜间零时前，王冷斋偕同日军参谋中岛由北平到达宛平。不论在北平还是在宛平城外，与日本特务机关长松井、日军旅团长河边、联队长牟田口等的谈判，均无任何进展。我方坚决保证城内并无失踪日兵，因为不仅守城部队和保安警察查遍户口，根本没有什么失踪日兵，而且从时间计算，按平时习惯，那个时间也不会准许单身日兵进城。但日军坚持要进城搜索，否则即要攻城；并限零时为期，如不开城即炮轰。此时我军业已做好充分准备，并抗议日军的无理要求。八日晨一时左右，日军开始攻城，枪炮齐发，专署县府大厅首当其冲，被炮弹轰塌。幸好工作人员事先撤至老百姓家中办公，王冷斋本人也于谈判决裂之后，驻到守军指挥所旁边，以便随时交换情况。

自从日军首先开枪开炮后，宛平与北平直通电线即被日军切断，宛平无法与第二十九军军部和北平市长秦德纯取得联系。在万分焦急的情况下，我得知宛平与丰台线路尚通，于是冒生命危险潜赴丰台，接通北平与宛平的联系。我在那里隐藏了三昼夜。至十日晨，由于我军八日在何基沣旅长亲自指挥下，收复了平汉铁路大桥和龙王庙，日军畏我全线出击，假惺惺提议谈判解决，我才奉命离开丰台，返回北平参加谈判。

## 潜入丰台　联系平宛

我是八日拂晓前到达丰台的。由于我经常同日本宪兵队、日本警察署及日本驻军校级军官办理外交，面孔熟，所以不便在外走动。到达丰台后，立即找电话总机，他们听说我是为了传递卢沟桥战况而来，立即保证随叫随通。有人说："把这两条线给他作专用线吧，以免走漏消息。"他们的热情给我极大的鼓舞。我也向他们保证，不论在什么情况下绝不后退，愿为抗日牺牲一切，甚至生命。承他们告诉我，丰台商会的人已逃走，房子电话都是现成的，可以利用。于是我就在丰台商会住下来，靠一把椅子，守候在电话旁。

我在丰台拿起电话打到宛平县，公务员小刘接电话，我叫他守在电话旁不要离开，把战况和专员向北平报告的事项及时告诉我，再由我转告北平。他从此就成了不怕死的义务接话员，昼夜守候在电话旁。专署、县府是敌人炮轰的目标，七七之夜，敌人第一炮就打中专署大厅，墙倒屋塌，有继续发生危险的可能。小刘对此毫不在乎，与总机话务员一样，在他们的心灵深处都有一颗爱国抗日的红心。

## 永定河畔捷报传

一九三七年七月八日这天，我传递的电话主要是时断时续的战况。日军的气焰很嚣张，在我们尚无作战准备的情况下，偷偷摸摸地占据了永定河沿岸的龙王庙和平汉铁路桥。这就意味着我宛平城防守军可能腹背受敌。因为日军通过铁路桥，随时可以踏上永定河西岸，迂回至卢沟桥，堵住宛平守城部队的退路，一面分兵进犯长辛店，良乡、涿县一带是平川，无险可守，则大河以北危矣！北平将成为一座死城，我军亦会陷入包围。所以平汉铁路桥和龙王庙在军事上关系极大。但八日这一天日军未向永定河西岸运动，主要是他们后续部队尚未到达，少数日军又怕被我消灭在河滩的开阔地上。这就给我们极为有利的时机。我军于八日黄昏时组成大刀突击队，在何基沣的亲自指挥下，一举夺回平汉铁路桥和龙王庙，完全恢复了永定河东岸的态势，减少了宛平县城侧后的威胁。当小刘告诉我这一喜讯后，我悬挂了整整一天的心才安定下来，马上向北平电告。秦德纯和张樾亭叫我转告前方官兵，表示祝贺和慰问。据小刘说何旅长八日黎明前就到了宛平，挑选突击队，并把第二一七团调到永定河西岸作预备队，警备河防。入夜，第二一九团的突击队手持大刀短枪，在河西岸集结待命。城里的人没有听见枪响，就听说收复了平汉铁路大桥和龙王庙。原来，我突击队是用大刀砍退了日本鬼子，所以听不到枪声。倒是在宛平城上，为了掩护夺回铁路桥，我军的机枪齐鸣，转移了日军的注意力，收到很好的效果。

## 敌人的缓兵之计

我军夺回龙王庙和铁路桥以后，日军确实担心我军全面出击。九日拂晓前，我接到北平电话说："松井特务机关长表示失踪日兵业已归队，一场误会希望和平解决。"但提出三个条件，其中两条是第二十九军部队撤出宛平城到卢沟桥迤西，城防由保安队（石友三部冀北保安队）三百名接替（等于两个连）。此项条件冀察当局业已接受，并称，上午保安队即可到达，等候换防后叫王冷斋和我到北平开会。秦德纯在电话里说，如此解决是给日本人保留一点面子，找个台阶下；对我们也无损大局。叫我通知王冷斋和吉星文团长，做好交接准备。我当即提醒秦说，八日、九日两日丰台车站不断有日军到达，运输很是紧张，不像停战不打的样子，而且来的日军听说都是关东军。秦德纯说："日本军部的命令可能还没下达，我们先执行。"实际是我们片面执行了日方条件，而日本则利用我方软弱可欺，为大规模的侵略行动进行了充分准备。

九日这一天，我传达电话最多。因保安队不能如时到达宛平，王冷斋不断追问原因，北平也来电询问保安队已否到达接防，结果前后方均得不到准确消息。后经北平多次派联络参谋出西直门至卢沟桥方向侦察，方查明是日军故意刁难，重重阻挡，不让冀北保安队开进县城。从上午拖至下午，将近黄昏才有五十名保安队进城，其余又无消息。王冷斋叫我继续查问原因。张樾亭说日军不准携带重机关枪进城，为了把重机关枪送回冀北保安队，所以抽调一部分兵力。至夜晚，真正进城接防的保安队不足二百人，而且一天走短短三十里的路程，根本没有想到需要行军烧饭，中午饭是由北平营房用汽车送的，晚饭未曾准备。因此这二百人到达宛平，虽已深夜，尚未吃饭。保安队孙大队长说因战线太长，二百人无法接防。我电话请示如何处理。秦德纯示意叫吉团长按原定计划交接，不致影响防务。我如实传达完毕。但王冷斋叫我急电秦市长，据侦察，日军确实并未如约撤退，而且有调整部署、向前推进的姿态。秦德纯说："双方正在研究善后，果真他们背信毁约，明天正好在会上向日方提出质问。"叫我转告吉团长加强城防守备任务。果然不出所料，半夜，正当保安队吃饭之际，日军突然攻城，幸第二一九团尚未撤离，把敌人打退。这说明敌人是想利用保安队兵力单薄夺取宛平，因此白天玩了许多花招，如限制重机关枪进城、减少保安队人数等，都是他们的阴谋诡计。

十日晨，我化装从丰台回到北平，王冷斋也和中岛（七日夜仗打起来以后，王冷斋把他扣留在县城）从卢沟桥回到北平。九点多钟在秦德纯家开会。日方出席人员仅仅是冀察政委会顾问樱井等五人，没有一个人能代表日本军部，松井、今井等均未出席，一看便知日方对这个会是不重视的。

会上，日方公然要我方撤换有关军政指挥官，还要我方向日方赔礼道歉。何基沣听了勃然大怒，指斥樱井："这次卢沟桥事件完全是日本有预谋、有计划的侵略行动，是日方集结军队向宛平首先开火，明明是侵略行为，应向我方赔礼道歉，并保证以后不再侵略，否则就消灭你们。"说罢就把小手枪往桌上一拍，樱井再不敢开口。冯治安听罢很得意。我接着补充说："丰台车站最近两天不断有关东军进出，如果愿意和谈，为什么继续把兵员装备武器运至丰台？你们是否有和谈诚意？"王冷斋也指出日方不守信义，多次反复，短短三天就出现许多不值得信赖的事例，质问日方是否有和谈诚意。

这个会是日方提议召开的，结果日方代表竟在会议休息时先后溜出大门，不知去向。何基沣旅长说："对付他们只有像夺铁路桥和龙王庙战役那样，狠狠地揍他们，叫他们知道厉害才行，谈判必然是吃亏上当！"

正当我们寻找日方谈判代表时，卢沟桥方向枪声又起。事实证明，日本人的"和谈"只是缓兵之计，而我方则以和谈为目的，所以最后弄得一塌糊涂。

## 宛平放粮时的惊险一幕

十日下午，我拜别卧病在床的老母，随王冷斋经门头沟绕道至长辛店。王因在宛平昼夜辛劳，加上在县府被炮击时受惊，神经过度紧张，患严重失眠症。他在长辛店稍事停留，把专署、县府人事安排后即返回北平，住进协和医院治病。行前宛平城内仍有许多工作待理，如警察局看守所还有在押犯；第二科的田赋名册以及各科室的档案等还需管理；特别是军事需要、人民生活、接待慰劳团体等事，都很繁重，必须有人负责主持。当时我年富力强，愿为抗战尽力，王冷斋即以专员身份命我暂代宛平县长，全权处理一切战时应急事宜。临行，第四科张科长坚决和我同行。他说："绝不能让你一个人担惊受怕，我给你助助胆也是好的。"我欢迎他一道上前线，因为能有一位本地人在一起是必要的。在共患难的时刻，我感觉张科长是一位忠厚的长者。

我们到县城第一件事是访问不愿撤离的居民和维持秩序的警察。发现居民生活困难，没有经济来源；由于城门禁闭，不少家庭无煤无柴；商业完全停顿，必须迅速解决居民的生活问题。我把这些情况呈报北平市府秘书长周履安，得到的答复是调拨小米三千斤，现金两千元，作为宛平县城居民的赈粮赈款。赈粮很快经门头沟长辛店送至宛平西门。我和张科长商议决定，立即发给居民。第二天下午在西门内发放赈粮，每人五斤小米。正当我和张科长及部分警察在西门内马路旁称粮放赈时，城外日军突然开炮，六七发迫击炮弹相继落在发放赈粮的人群周围，幸好均未爆炸，否则将无一幸免。吉星文团长在团部门前大喊："赶快散开！隐蔽！"叫我和张科长到事先挖好的掩体内躲避。我们顾不得粮食口袋还在路旁，就一头钻进掩体。不想刚刚钻进掩体，掩体就被炮弹击中，土木结构盖顶被震塌，泥土木料把我和张科长埋起来。幸亏警察冒着炮火把我们刨出来，否则将闷死在洞里。事后，吉星文告诉我，敌人炮兵有曲射镜，虽有城墙阻隔，但他们能够看到城内领粮人群的活动。幸好炮弹未爆炸，不然伤亡是严重的。但为什么六七发炮弹在我们跟前未炸，而后来的炮弹颗颗都炸？原因始终没有搞清。

## 慰劳团云集卢沟桥

我在宛平县城，曾接待了来自全国各地的慰劳团体，有来自上海、广州、天津、北平的各抗日团体和各大学学生自治会，他们带来大量慰问信、纪念品，并给部队抗日英雄照相留念。仅西瓜一项就堆积成山，可以想见全国人民对抗日官兵的关怀。何基沣对部队一视同仁，除第一线第二一九团分到西瓜、慰问信和慰问纪念物品外，在第二线的第二一七团、第二一八团也基本人手一份。这对作战部队和县城居民鼓舞很大，觉得卢沟桥战事不是孤立的，不是局部的，而是得到全国人民的同情和支持，这里与全国各地是息息相通的。全国人民的支持，大大鼓舞了部队士气，振奋了民心。

在卢沟桥抗战过程中，多次到战地采访的有天津《大公报》记者范长江、王文彬，上海《新闻报》记者陆诒、耿坚白，北平《实报》记者童××，《北京晚报》记者松亚农等。萨空了从上海打来慰问电，寄来慰问款。记者们到达宛平前线，除了登上城墙观察日军阵地外，还从西门出城绕到东门的东南角，观察日军的活动情况。因陆诒戴的是大檐凉帽，目标过大，被日军发现，一阵急促的机枪扫射，打得东南角城墙弹痕累累。经我城上守军以重机枪还击，我们才沿城墙边沿匍匐行进，返回西门，幸无一人伤亡。

每次有大型慰劳团来或有记者到战地采访，何基沣旅长如在前线，总是亲自接待，表示欢迎，并介绍战况，使慰劳团和记者满意而去。

## 挥泪告别卢沟桥

我在卢沟桥与第二十九军抗日官兵相处将近三周。撤退前三天，吉星文要我征集至少三套的骡马车三十辆。我从宛平南乡的庞各庄、良乡等平原地区征到三十多辆，在长辛店集中待命。原定七月三十日晨向部队点交，不料宛平守城部队竟于二十九日夜从卢沟桥悄悄撤退至保定。第二天清晨，当我起来得知宛平已无守军，又看到南苑、落垡、黄村等地第二十九军纷纷向保定转进，才急令所有大车立即各回原来县区，可是为时已晚。大约上午九时许，大车行至长辛店西公主坟一带，被日军四架重型轰炸机轰炸和低空扫射，损失惨重。我和县府科员刘儒卿躲在梨树林中，幸免于难。由于骡马被敌机的低空飞行所惊，无法控制，因此目标完全暴露。骡马拖着大车跑下公路，互相冲撞，陷于农田之中，车把式都去躲避敌机，三十多辆马车一百多匹牲口全部损失。

当日军飞机在公主坟轰炸时，我和刘儒卿各牵一匹马在手，在刺耳的炸弹的呼啸声中，两马安稳不动，堪称幸运。

后来弄清楚了情况，才知道昨夜南苑被日军突然袭击，佟麟阁副军长、赵登禹师长等壮烈牺牲，南苑不幸失守。宋哲元和平津军政人员均已于二十九日夜间绕道门头沟到达保定。这就是说局势突变，第二十九军已放弃了冀察军政中心的北平了。我和刘原来还想去北平取出赈款两千元，发给城内居民，现在也只好作罢。我眼望北平方向，遥祝老母健康长寿，掉转马头回到县府，取出专署关防、县府铜印等，与城区居民和长辛店镇居民挥泪告别。相处七个月，不胜依依惜别。过了良乡，就大雨滂沱，公路积水盈尺，分不清河流与水塘，多次人马掉入河中，幸亏刘儒卿经验丰富，救我出险，我深为感激。从卢沟桥至保定，走了三天三夜，到达保定后即至河北省府交还关防、印信。得知王冷斋在保定住得胜店，宋哲元住曹家花园。我们找到王冷斋，向他汇报宛平临行情况，他对我们倍加安慰，并问我们想干什么工作。刘儒卿对第二十九军抛弃我们悄悄撤退，非常气愤。我也提到各县区的大车在公主坟损失惨重，如果吉星文头天把消息告诉我们，群众不致遭受这样的损失。刘儒卿表示坚决不干了，愿回山东原籍。王冷斋发给他二百元路费，休息两天，即回周村老家。县府公务员小刘也在保定，他坚持要回宛平看看，我托他把两匹马带回去交给刘大爷。王冷斋介绍我到第二十九军宣传处任中校处员，宣传处处长是高树勋的亲戚，因旧习太重，我感觉受拘束，不到一个月又随王冷斋到济南、开封、西安组建第一集团军办事处。在济南因病住在齐鲁医院，我亲眼看到石友三在医院干出有失身份的事，我不等病愈就出院了。

如果不是遇到了转移部队告诉我们第二十九军撤退的实情，我和刘儒卿去北平等于自投虎口。因此刘曾怪我把生命当儿戏，我对此无言答对。因为整个北平周围的战斗打得糊里糊涂，令人费解。但七七事变的教训，则永远值得记取！

# 宁为战死鬼　不做亡国奴

金振中[※]

我于一九三六年春，奉命接替宛平和卢沟桥防务。当时卢沟桥的形势已日趋紧张，日本侵略军已占领丰台，并不分昼夜地在卢沟桥一带进行所谓"演习"，用心险恶。卢沟桥既是南下的要冲，又是北京的咽喉，他们时刻想占领它。日军一旦占领卢沟桥，北京就是一座死城，华北也垂手可得。

我率领的第二十九军第一一〇旅第二一九团第三营是一个加强营，计有步兵四个连，轻重迫击炮各一连，重机枪一连，一千四百多人。

我部到卢沟桥后，立即按战斗需要进行兵力部署。把较强的第十一连部署于铁桥东段及其以北回龙庙一带，把第十二连部署在城西南角至南河岔一带。第九连驻宛平县城内。第十连为营预备队，驻石桥以西大王庙内。重迫击炮连部署于铁桥西首，主要责任是歼灭日军的战车和密集队伍。轻迫击炮连部署于东门内，以便支援各邻队。重机枪连部署于城内东南、东北两城角，以便支援前方队伍。

---

※　作者当时系第二十九军第一一〇旅第二一九团第三营营长。

兵力部署后，我时时警惕日军偷袭我宛平城。那时日军经常以卢沟桥为"假想敌"进行演习，始是虚弹演习，后为实弹演习，日军气焰十分嚣张。我便经常向士兵进行爱国教育，要求全营官兵在吃饭前、睡觉前都要高呼"宁为战死鬼，不做亡国奴"的口号，以激励官兵守土抗敌之志。

七月六日，旅长何基沣要求第二一九团注意监视日军行动，并命令全体官兵如日军挑衅，一定要坚决回击。我第三营官兵目睹日军的挑衅活动，极为愤慨，一致表示：誓死抵抗，愿与卢沟桥共存亡。

午饭后，为侦察敌情，我换了便服，扛着铁锹走向铁桥以东五百米左右的日军演习地，查看日军动态。刚过卢沟桥火车站，远远看到日军队伍，不顾雨淋和道路泥泞，以卢沟桥为目标，进行攻击式演习。后面炮兵如临大敌，紧张地构筑工事。再后面隆隆不绝的战车声越来越近。见到此情，我马上回到营部召开军事会议，传达我所目睹的一切。要求各连做好战斗准备，并规定日军进入我阵地百米内才准射击，不让敌人逃出我们的火网。

七月七日夜十一时许，忽然听到日军演习营地方向，响了一阵枪声。少顷，冀察绥靖公署许处长来电话说："据日方说，他们的一名演习兵被宛平城内华军捉进城去，他们要进城搜查。"在这黑漆漆的雨夜，日军到卢沟桥警戒线内演习，明明是企图偷袭宛平城，只因我守备森严，无隙可乘，便捏造丢失日兵为借口，乘进城搜查之机，诈取我城池。我将此情回告许处长，陈述不要听信日方谎言。刚刚放下电话，激烈的枪炮声便响了起来。炮弹飞越宛平城墙，炸倒营指挥部房屋六间，炸死士兵两人，伤五人。防守阵地的各连长纷纷报告，日军蜂拥般地向我阵地扑来。我立即奔往城上指挥战斗，给敌人以猛烈回击。到深夜两点，许处长又来电话说，日方提出两点建议：一、双方停止射击，各自运回阵地上伤亡的士兵；二、天明双方派员调查丢失日兵一事。早六时由绥署二人、日方四人，乘汽车两辆进入宛平城内调查。这两项建议绥署已同意，让我通知所属。我接到此通知后，立即请专员王冷斋到东城楼上，商谈有关事宜，并商定来城的汽车须在岗哨前五百米处停车，经我哨兵检查后，方准放行。

八日晨六时许，果然由东驶来两辆汽车，在指定地点经检查后，向宛平城开来。我和王冷斋出城迎接，一起来到专署（即宛平县政府）。日方来代表四人：日本特务机关部辅佐官寺平，冀察政务委员会军事顾问樱井，秘书斋藤和一名随从。我方代表是冀察政务委员会外交委员会专员林耕宇，冀察绥署交通处副处长周永业，河北省行政督察专员兼宛平县县长王冷斋。双方坐定后，樱井提出三点无理要求：

一、宛平县城内中国驻军撤退到西门外十华里，以便日军进城搜查丢失之日兵，否则日方将以炮火把宛平城化为灰烬；

二、昨晚日方所遭受之损失，应由华方负责赔偿；

三、严惩祸首，最低限度处罚营长。

我方代表对以上三点无理要求，十分气愤。我按捺不住心中怒火，当即指出：

一、丰台距卢沟桥八里之遥，又是雨夜，你们偏偏到我警戒线内演习，险恶用心，已暴露无遗；

二、你方丢失一兵，有何凭据？何人做证？如真丢失，也应由你方带兵的负责，与我方何关？

三、你方昨夜炮轰宛平城，民房被炸倒，军民被炸死、炸伤多人，惨不忍睹，应由你方赔偿我方损失。我军保卫国土，打击入侵之敌，何罪之有？你们才是祸首。

谈判进行到九点半左右，日方又开始炮轰宛平城，炮弹击塌县府屋角，室内烟尘弥漫，我方代表非常气愤，退出会场。场内只有我和几个随从兵以及日方四人，樱井等人乘我方代表不在之机，向我提出两点要求：

一、先把我们四人缒城出去，向我军说明，华军同意于本日薄暮撤至城西十华里以外；

二、我等四人愿同你到城东北角，插上白旗，表明华方接受我方要求，即可停止攻击，并保证你个人的安全。

我听后，怒不可遏，厉声加以训斥。

这时，日军转向铁桥东端发起进攻，战斗打得十分激烈，我恐铁桥东段发生危险，立即把守城的第九连抽出，我率领第九、第十两个连冒着密集的炮火向围攻铁桥东段的日军进击。经过两小时的战斗，把日军击退两华里，铁桥东段得以收复。午后二时，日军联队长牟田口派人送信，提出两点：

一、立刻将樱井等人送还，双方不得射击；

二、守城华军必须在当日下午五时以前撤出城西十华里，以便日军进城搜查，否则日方定以重兵踏平宛平城。

我当即在原信封上回答两条：

一、宛平城和卢沟桥的守军誓与城、桥共存亡，任何威胁也吓不倒；

二、樱井等人也愿与我城、桥共存亡，望你不要顾虑。

我知道日军又要发动进攻了。为击退日军再犯，我认真考虑了应战对策。我设想，如果日军再次进攻，必先以强大炮火摧毁我城、桥，再以战车掩护其步兵，抢夺我阵地。在夺取我阵地时，炮兵必向我阵地后方延伸射击。为避免无谓的牺牲，在敌炮兵一开始向我方射击时，各连除留少数监视敌人行动外，其余均隐蔽起来。迨敌炮兵发泄淫威后，敌战车掩护步兵来夺我阵地时，各连隐蔽的队伍迅速出击，与敌之战车、步兵作殊死战，消灭敌人于我阵地之前。轻重迫击炮连和重机枪连，不失时机地向威胁我方最大之敌猛烈攻击，彻底消灭之。营所控制的第九、第十两连，根据当时情况加入最激烈、最危险的战斗。

八日晚六时，日军炮兵果向我卢沟桥、宛平城周围猛烈射击，直至晚八时才停止。但未见其战车和步兵出动。

九日六时，驻丰台车站的日军大队长一木清直指挥其炮兵，向我城、桥周围进行疯狂射击。两小时后，出动十数辆战车，掩护其步兵向我城、桥扑来。我右翼第十二连战斗最为激烈，我命轻重迫击炮两个连，集中火力消灭敌人战车和密集队伍。我率第九、第十两个连的兵力，由第十二连右翼攻击日军左侧背，双方发生肉搏战。战斗至十一时，我命队伍全面出击，激战至十二时，才把进犯之日军击退。

十日上午八时，日军联队长牟田口亲临前线指挥，先以强大炮火，把城、桥周围炸得砖石乱飞，浓烟滚滚，紧接用加倍兵力集中强大炮火，以战车掩护步兵围攻城、桥。最激烈的是铁桥东端的战斗，铁桥东端已被日军重重包围。我用轻重迫击炮两个连集中火力攻击日军的战车和密集队伍。重机枪连攻击威胁我铁桥东端左翼的日军，我率第九、第十两个连猛攻右翼的侵略者，展开了激烈的肉搏战，但最后被日军占领了铁桥东端的阵地。这时已是午后一时，双方队伍均疲惫不堪，相距四百米，形成对峙状态。

师长冯治安了解到战况十分艰难，极表关注。他电话通知我，下午三时有人与我联系。三时许，保安第四团第二营曹营长带领四个连长来见我，并说奉师长命令参加战斗。曹营有七百余人，为夺回铁桥增加了力量。

十日晚八时，召开军事会议，定于十一日凌晨两点，全面出击夺回桥东失地。

这次战斗以我营为主。首先由新来的保安团第二营派一个连接替我营阵地（即由回龙庙、大铁桥到南河岔一线）。宛平县城防仍由保安队负责。第三营的第十一连，向占据铁桥东端的日军正面出击。第十二连右接第十一连左翼，向日军右侧背进攻。第九连左接第十一连右翼，向日军左侧背进攻。保安团曹营长率三个连，左接第三营右翼，向正面之敌猛攻。重迫击炮连集结于铁桥东，轻迫击炮连左接重迫击炮连右翼，根据战况适当射击。重机枪连以支援铁桥东端战斗为主。第十连为预备队，埋伏在铁桥东端四百米处。我在预备队。

规定战斗时注意以下四点：

一、出击时间：十一日凌晨二时；

二、出击队伍联络记号：以白毛巾围绕脖子；

三、本夜口令："战胜"；

四、我桥东失地收复后，发射四发红色信号弹，见到信号弹后，各个出击队伍撤回原驻地。

十一日凌晨二时，各连均按预定计划出击敌人。刹那间喊杀声、枪炮声连成一片。我营队伍与占领铁桥的日军发生了一场激战。经过一个多小时的战斗，我即让曹营长向正面敌人猛攻，使敌人无法抽出兵力支援他方战斗。我又调遣曹营长的第六连和我原留的预备队（第十连），又抽调一个重机枪排，合并为两个步兵连、一个重机枪排，由我率领，向铁桥东端的日军左侧背猛攻。经过两小时拼搏死战，才击溃日军，收回失地。此时各连队伍均狂奔欢呼着纷纷追击溃逃之敌，但却忽略了清扫战场。在我指挥追击逃敌时，不意竟被隐匿之敌以手榴弹把我左腿下肢炸断，紧接又射来一发手枪子弹，由我左耳旁钻进、右耳下穿出。随从兵急忙抢救，把我抬出战场，护送到长辛店车站，及时送往保定医院救治，得以痊愈。住院期间，全国各界人士纷纷慰问，我感愧之余，只有努力杀敌，仰答举国同胞的盛情和期望。

# 抗战初期我的一段经历

张寿龄※

　　一九三六年冬天，我应前西北军老友李兴中（当时任杨虎城的参谋长）的邀请，正拟经北平去西安。我原打算不在北平久停，所以对当时在北平的第二十九军的朋友们都没有去拜访。正在这期间，发生了西安事变，交通断阻，我西安之行未果。在那两天里，前西北军老同事过之翰忽然来访。他对我说，张荩忱（即张自忠，当时任天津市长和第三十八师师长）听说我到了北平，特托他来邀我到天津。我和张荩忱已经好几年没见面了，我和他晤谈之后，他坚决要我不去西安，要我留下来为第二十九军办军事教育。我回北平后，第二十九军副军长佟麟阁就来找我，邀我到南苑任军事训练团的教育长。

　　第二十九军当时共辖冯治安的第三十七师、张自忠的第三十八师、刘汝明的第一四三师、赵登禹的第一三二师和阮玄武的独立第三十九旅以及石友三的两个保安旅，分驻在北平、天津、保定以及张家口等地区。宋哲元统率着以上这些部队驻华北的冀察两省，作为国民党和日本

---

　　※　作者当时系第二十九军军事训练团教育长。

侵略者之间的缓冲，处境是险恶的。侵略成性贪得无厌的日本帝国主义步步进逼，在平津、冀东等处还潜伏着大大小小的汉奸为虎作伥，形势日趋恶劣。因此中日战争的爆发就不是偶然之事了。

一九三七年七七事变爆发。当时驻宛平县卢沟桥一带的是第三十七师冯治安部何基沣旅。七月七日的夜里，日军竟向我方开枪挑衅。在这紧急情况下，何基沣下令抵抗。

七月八日早晨，我正在南苑率领训练团出操的时候，突然军部的传令副官要我马上到军司令部去。我到达军部时，副军长佟麟阁、军参谋长张樾亭和副参谋长张克侠都在那里。张樾亭谈了卢沟桥昨夜发生的事情和对未来的推测，却没有提防战的具体安排，他还要等候宋哲元的指示。宋哲元虽已向蒋介石请示对策，可是蒋介石要宋就地谈判解决，避免事态扩大，仍然是用九一八事变时对付张学良的那套办法来对付宋哲元。宋在战和不定的形势下，借故回到原籍山东乐陵回避了几天，由于日本侵略军源源不断地运进关来，他感到形势严重，又赶回北平。当时第二十九军虽已做了一些防御准备，但在不战不和，部队驻地分散，一时难于集中的情况下，没有作出全面的具体安排，而敌人就利用这个机会疯狂地发动侵袭。

七月二十五日，日军向我廊坊驻军挑衅，派机轰炸。二十七日，敌人飞机又轰炸团河。那天下午，军司令部即匆匆地迁到北平城里去了。傍晚，我问佟麟阁，军部迁走以前有什么具体安排没有？他说，听说赵登禹今天要到这里来，和郑大章（骑兵师长）负责这里的防务，咱们到军部那里去找找他。当时驻在南苑的除军司令部直属各处科以外，还有后勤，医院以及训练团、教导团、骑兵师部等众多单位。赵登禹那天下午才到，住在原来军部的营房里。我和他也有好些年没见面了。一九二五年我任第二师第二十一旅参谋长时，他当营长，是个身躯雄健的人。可是这时看上去却是那样消瘦，和当年已判若两人。我们彼此寒暄几句后，我就问他在当前日军步步进逼的情况下有什么安排。他说，在他的部队没有来到之前，已经在南苑外围布置了许多便衣队，暂为警戒。下边没再说什么。当时我提请他对南苑的统一部署宜早作安排，以便于统一指挥。他表示赞同。

时值盛夏，南苑的周围是一望无际的青纱帐。那样绵亘广漫的青纱帐又不能砍掉，敌人很容易借以隐蔽接近。二十七日下午，有几个敌骑探窜到南围墙附近，被守卫围墙的我军训团学生击毙一名，余均仓皇逃逸。那天夜里，我命令守卫围墙的学生严防敌人偷袭。午夜以后，四面不断传来枪声。我曾几次到军训团防区内巡查。学生们都很振奋。在黎明时（二十八日清晨），我在围墙上向外面瞭望，忽然看见东北方的晨晖中隐隐约约有几个黑点向这里蠕动。我当即意识到敌人的飞机要袭击了，随即令传令兵速通报军部并请佟副军长赶快离开营房到阵地上来。就在这时，敌侦察机已临空盘旋两周，循原方向逸去。我命令守卫阵地的学生做好迎击敌机的准备。少顷，敌轰炸机出现了，在上空只转了一周，即从东北角骑兵师部那里开始，沿着营房的排列线疯狂地轰炸起来。我阵地守军向敌机射击，敌机在高空乱投一阵炸弹后逸去。随之而来的是敌人野炮的远程射击，也只是盲目的射击而已。这时我在阵地附近遇到佟麟阁，我们一起向军部赵登禹那里打电话询问情况，电话不通。又给郑大章打电话，也不通。派人到赵登禹那里去联系，已空无一人。我和佟商议了一下，决定到郑大章那里再去看看。我们在营房里寻找了一遍，也是空无一人，最后在一个防空洞里找到一个士兵。据他说，郑大章早已在黎明前把队伍撤走了。佟麟阁气愤地说："彩庭（郑大章的号）这可不对！"我们在营房里又看了一遍，才跨出营门，迎面匆匆地跑来一个军部的传令兵。他说赵师长很早就离开南苑了，临走时传来城里军部的命令，要南苑所有单位立即撤进城里去。我们向外边一看，各单位正纷纷往下撤。由于事前没有统一的部署，秩序有些混乱，我们决定到大红门附近去掩护收容。敌人可以利用青纱帐向我们接近，我们也可以借着青纱帐安全撤退。敌机还在不断地沿公路轰炸，我们撤开公路循小径分散行进。大红门东边有座土山，我们在那里设置瞭望哨，观察各部队后撤。当队伍都安全通过时，已是午后。佟麟阁和我，还有他的几个随从在一起。我们又等了好一会儿，接着起身进城，走了不远，突然迎面传来了枪声。我们停下，派人到前面去侦察，发现许多日军向我们这个方向走来。我马上要大家借青纱帐分散前进。敌人并未发觉我们，只是不断地乱打枪。佟麟阁中流弹牺牲。赵登禹于那天一早就从南苑乘汽车撤走。他在大红门的玉河桥附近遭到敌人的伏击，也牺牲了。那天宋哲元离开北平去保定，第二十九军随之南撤。

# 南苑战斗

孙家骥[※]

一九三七年七月八日上午，笔者所在第二十九军直属军事训练团（团长是副军长佟麟阁兼任）照例出操训练时，听到西北方传来炮声，皆以为是炮兵实弹打靶。随着传来收操集合号音，教育长张寿龄宣布：我军第一一〇旅（旅长何基沣）第二一九团（团长吉星文）在卢沟桥、长辛店附近，因日军演习时，声称有一名日本士兵失踪，要强入我军驻地宛平城搜查，被我拒绝，遂发生了武装冲突。现在激战中，日炮兵正在轰击我宛平县城，命各部队回驻地整装备战。于是各队回营房擦拭枪支，补充弹药，整顿装备，各个心情激愤，抗战的一天终于到来了。

一九三六年春，第二十九军举办过大学生训练班，给予军事训练后，学员分配到各县充当县政府各级职员，同年底结业。随即招收一批中学生成立军事训练团，训练下级干部补充军队需要。一九三七年七月，这批学生入伍训练将完，着手分兵科教育之际，卢沟桥的炮声打响了。当时，各队选出代表向军训团团长佟麟阁递交请缨杀敌书，表示誓

---

※ 作者当时系第二十九军军事训练团准尉见习官。

以热血保中华的决心。后来教育长张寿龄说："你们已是军人了，军人就应服从命令，同学决心杀敌，实堪可嘉，但必须等候命令行事。眼下仍须加紧训练。"五六天之后，战事沉寂，唯在报纸上得知，日本侵略军由天津登陆，源源来华，宋（哲元）、韩（复榘）晤于商河，会晤内容不予刊录，其余皆是些中日谈判消息。我团接到命令，官兵各携带三日口粮，准备向保定转移。于是炊事房蒸馒头，分到各班切片晒干，以便携带。后因这一千五百余名学生正在训练中，如当战斗兵使用，殊为不当，拟迁往保定继续学业。当得知这一缘由后，学生们再次上书愿效前驱，决心在前线杀敌报国。这时的北平各报纸也报道了学生军请缨杀敌的壮举。从此团部未再指示迁保。

驻北平南苑的部队，有第二十九军军部各处及直属炮、工、交各营，特务旅（旅长孙玉田，该旅装备齐全，训练有素，多系喜峰口抗战的老兵）所属两个团，军官教导团（都是西北军中失业和编余的军官组成，战斗很有经验，佟麟阁兼团长），骑兵第九师（师长郑大章）之一个团，第三十七师炮兵团和一个步兵团，统归副军长佟麟阁和第三十七师师长冯治安指挥。由于军事训练团一再表示杀敌之决心，亦将该团列入战斗序列。

七月二十日，得知宋哲元坐镇北平，并传达他守土有责，克尽军人天职的命令。我团即在南苑东南小垡外挖掘堑壕，配置兵力，防止通县窜犯之敌。军官教导团及特务旅担任正面防务，阻止由黄村向北进犯之敌伪军（冀东防共自治政府的伪保安队）。第三十七师、骑兵第九师之一部，布防于欧亚飞机场一带，阻止由丰台、长辛店企图包围南苑之敌。堑壕筑成后，为扫清射界，将阵地前四百米内的高粱、玉米一律砍倒，部队开始进入阵地，加强前哨警戒。

七月二十七日夜，由黄村方向传来密集枪炮声。据通报，第一三二师师长赵登禹调河间、任丘两个团增援南苑守卫，赵行抵黄村东北团河附近与日军不期遭遇（说是不期，实际上已由冀察政委会的汉奸潘毓桂

56

等向日军报告我方军事部署），发生了激烈的战斗。二十八日拂晓，日侦察机两架在南苑上空盘旋一小时左右。随后敌军开始向我纵深阵地炮击，敌轰炸机五架轮番沿阵地轰炸扫射。我方无防空武器，只能消极防空，骑兵团未及展开，即被敌机炸散，人马死伤惨重。笔者当时系见习官，随第二中队队长王仲懿指挥作战。当时在敌炮火下，我队已有十数人阵亡，由于战前准备不充分，救护人员上不来，只能暴尸于堑壕内。至十时许，敌人步兵在坦克车掩护下，向我团阵地攻击前进。当敌人已进抵我扫清的射界时，传来"上刺刀，准备冲锋，歼敌于阵地前"的命令。就在这即将决战时刻，又传来命令向南小砦内转移。这不是由大队长李克昌的传达兵所传达，而是由邻兵递次传出的。我队也随之沿堑壕后撤。撤退时无人掩护，秩序混乱，指挥无人。退入砦内时，大操场的演武厅已被敌人占领，敌人正从屋顶上用机枪向砦内外我部队射击。我军就这样全线溃退了。

当面之敌仅是日军河边正三旅团，步骑炮联合三千多人，竟在三个多小时内突破我军防线。我团第二、第三大队的大部分官生经固安、雄县退至保定。我大队官生利用庄稼隐蔽向北平撤退。在抵达大红门时，见到副军长佟麟阁正在指挥卫队阻止部队后退，命令不论哪个部队的士兵都统一编组，凡是军官都出来指挥，组织起来，向南苑反攻。我军士兵是积极的，见到我是准尉，自动愿听我指挥的有三十多人。正当组织收容时，敌人飞机轮番轰炸扫射，佟副军长及其卫士余副官同时殉国。混乱之际，部队零散反攻未果。此时已是下午一时许。

同我一起的三十多人，利用地形隐蔽后退。至黄昏后，南苑方向的炮声沉寂下来。从老百姓口中得知，丰台、黄村已被敌军占领。直到夜十一时许，我们才到达永定门，守卫不给开城门，用绳索数条把我们逐一吊上城内。市区已不见岗警，但行人不少。马路两侧还摆着西瓜、酸梅汤、馒头等食品，叫士兵们食用。有些学生给我们带路；有的市民见到我们队列行进，脱帽致敬。此情此景，使我们这些溃兵心酸而惭愧。

　　深夜十二时许，我们到达中南海怀仁堂集合，已有不少队伍在此休息。中南海里凌乱不堪，树荫花丛中，遗弃很多军服、长枪及破坏的汽车等等，冀察政委会官员已迁往保定。我们就乘机找些好军衣或调换好枪支。随后由副参谋长张克侠召集讲话，大意是：平津两市由张师长（张自忠）代理。部队于明晨二时出发，出西直门经大灰厂、门头沟，至良乡、琉璃河、高碑店到保定集中。出西直门后，注意长辛店敌人的袭击。官长发五元路费，士兵两元，即刻出发。

　　部队行抵良乡时已经黎明，日本飞机赶来沿途轰炸，并散发传单说些什么"此次军事行动，是为膺惩二十九军"等谎言。由于地形复杂，易于隐蔽，部队未受损失。大雨连绵，至保定东关时，已是积水没膝。部队在保定休整后，经高阳至沧县、泊镇之线，于八月初配合由天津撤退至静海独流减河一带的第三十八师，在沧州及津浦沿线与敌人展开激战。

# 冀东保安队通县反正始末记

张庆余<sup>※</sup>

一

一九三三年五月，蒋介石政权与日本帝国主义订立丧权辱国的《塘沽停战协定》之后，划冀东为不驻军区。接着，蒋政权密令河北省主席于学忠，用河北省政府的名义另成立五个特警总队，训练之后，开入冀东，警卫地方。因此于学忠抽调我和张砚田分任河北特警第一总队和第二总队队长（我和张砚田原系第五十一军于学忠部的团长，我驻防杨村，张驻防山海关），其营长和连长亦由第五十一军抽调，排长和班长准由我和张砚田在本团内选拔。特警总队每队五千余人，系由河北省各县新征来的士兵组成。我和张砚田各率所部新兵，分驻武清县和沧县，开始训练工作。

一九三五年五月，我们奉于学忠命令由原驻地开入冀东，分驻通县、香河、宝坻、玉田、丰润、顺义、怀柔、密云、三河、蓟县、石门、遵化、抚宁一带。我的总队部先驻蓟县，旋又移驻通县。张砚田的总队部驻防抚宁县之留守营。

当第五十一军调往甘肃时，我们这两个总队因系地方特警，不算正规军队，所以没有随同开走。于学忠离河北前，曾密召我们嘱令："好好训练军队，以待后命。"

同年七月，商震继于学忠主持河北省政后，改河北特警队为河北保安队，仍令各总队长安心供职，驻守原防。

同年十一月，汉奸殷汝耕割据冀东二十二县，在通县成立伪冀东防共自治政府。其后，将河北保安队更名为冀东保安队，归伪政权统辖。不过名称虽然更换，内部人事却无任何改变。

这时，我曾密派亲信副官长孟润生赴保定向商震请示应如何应付，商震嘱孟润生密告我："目前不宜与殷汝耕决裂，可暂时虚与委蛇，余当负责向政府陈明。"

我的大儿子张玉珩听说我在伪冀东政权任职，认为我附逆叛国，有辱先人，登报与我脱离父子关系。我妻于德三也劝我迅速设法反正，以免为亲友乡党所不齿。我因以密告我妻说："我的意思现在虽不便明言，但将来总有分晓。你可转告玉珩儿，叫他耐心等待，且看乃父以后的行动吧！"

同年，在宋哲元出任冀察政务委员会委员长以后，我和张砚田密请张树声①介绍往见宋哲元，表明愿随宋抗日。张树声慨允所请，旋即向宋禀报。宋甚愿与我们相见，为躲避日本人和汉奸的耳目起见，约定在天津旧英租界十七号路宋宅与我们会晤。张树声与宋约定时间后，即通知我们在家等候，宋当派人前往邀请。届时，宋派副官陈继先到我家相邀，我们遂一同前往宋宅见宋。宋对我们说："素悉二位热爱祖国，近

---

① 张树声字俊杰，河北省沧县人，国民军宿将，同我的二哥庆云系换帖兄弟。张树声为河北省哥老会首领之一，既系"大"字班，又是"双龙头"。我和张砚田都是张树声指挥下的哥老会会员。

又听俊杰（张树声字）兄说，二位愿合力抗日，本人代表政府表示欢迎。兹有一事，应先向二位声明，请二位注意。我宋哲元绝不卖国，希望二位以后对我不要见外，并望坚定立场，不再动摇。"宋还嘱咐我们加强训练军队，做好准备工作，以防日军侵略。说罢，即命萧振瀛送给我们每人各一万元。我们向宋致谢，说："我俩今后愿一心一德追随委员长为国效力！"宋连称："好，好。"我们遂与宋握手告别。后来保安队在通县起义，与我们这次和宋哲元晤谈是有关系的。

## 二

卢沟桥事变爆发后，因宋哲元不在北平，我派心腹刘春台（冀东伪教育训练所副所长）密往北平见河北省主席冯治安请示机宜。冯治安对刘说："现在我军同日军是和是战尚未决定，请你转告张队长，暂勿轻动。等我军与日军开战时，请张队长出其不意，一面在通县起义，一面分兵侧击丰台，以收夹击之效。"并嘱刘密告我："可委派心腹人员与二十九军参谋长张樾亭经常保持联系。"刘春台辞别冯治安即往见张樾亭，取得联系。张樾亭当将我和张砚田所部编入战斗序列。

这时，日军驻通县的特务机关长细木繁中佐，为预防第二十九军进攻通县，特召集我和张砚田在通县开军事会议，商讨防守事宜，并出示五千分之一的军用地图，要我们根据地图作出防守计划。我起立发言："我俩都是行伍出身，没有学问，不懂得军用地图。但我俩确具信心，保证能守住通县，并可配合皇军打垮二十九军。不过目前兵分力薄，战守均无把握，我的意见，莫如先抽调散驻各处的保安队集中通县待命，然后再徐议攻守，如何？"细木深以为然，当即照准，并认为我们忠实可靠，遂令散住各处的日侨亦集中通县，以便保护。

我随即与张砚田分别下令，调动所辖散驻各处的部队集中通县待命，并对调回的部队分别讲话，暗事部署。这时，冀东伪保安处处长刘宗纪见我神色异常，料知有变，因窃与我耳语说："你预备反正，如何瞒得过我。但我也是中国人，岂肯甘做异族鹰犬。望你小心布置，大胆发动，我当追随左右，尽力协助，以襄义举。"

我见日军大举进犯南苑，并派飞机轰炸北平，知战机已迫，不容坐视，遂与张砚田密议，决定于七月二十八日夜十二时在通县起义。到时，我派兵封闭通县城门，断绝市内交通，占领电信局及无线电台，并派兵包围冀东伪政府（在通县文庙内），把汉奸殷汝耕禁闭起来。我同时又派兵前往西仓，捉拿日本特务机关长细木。细木闻枪声四起，料知有变，率领特务数十人抗拒。细木一手持枪，一手指斥我军官兵，大声叫嚷说："你们速回本队，勿随奸人捣乱，否则皇军一到，你们休想活命！……"细木的话还没有说完，即被我军乱枪击毙。其余特务见势不妙，急反身窜回特务机关内，闭门死守，旋被我军攻入，占领了特务机关。

我部营长沙子云奉我命督队进攻西仓日兵营。日军驻通县的部队有三百余人，连同宪兵、特警及日侨有六七百人。闻我保安队起义，知众寡悬殊，难以力敌，遂集合宪警和日侨于兵营内，负隅顽抗，以待外援。由于日军的火力猛烈，工事坚固，激战达六小时以上，我忠勇官兵牺牲于日军炮火之下二百多人，迄未得手。我见此形势，若再不能突破，日军开来大部援兵，内外夹击，更对我军不利，于是决定改用火攻，下令全军："有能从汽油库（亦在西仓，距日兵营很近）搬汽油一桶到日兵营四周的，即赏现洋二十元！"士兵激于爱国义愤，闻命踊跃争先，顷刻间，汽油桶已堆满日兵营四周。我见汽油已运到，下令前线士兵，纵火焚烧。刹那间黑烟弥漫，火光冲天，喊杀声沸腾起来。我军复用大炮和机枪猛烈轰击，集中扫射。接着步兵在炮火掩护下，乘势从四面冲入，远的枪击，近的刀砍。激战至二十九日上午九时许，日军除一部分逃亡外，顽抗者均被歼灭。

日军驻顺义一队约二百人，亦被我驻顺义的苏连章团奉我命于同日乘日军不备，突行夜袭，迅速予以歼灭。苏连章团完成任务后，于二十九日上午十时整队开回通县。苏团开抵通县为正午十二时，适日军派来轰炸机二十四架，对我通县起义军滥施轰炸，苏团官兵躲避不及，伤亡颇众。日机从正午十二时起至黄昏时止，轮番轰炸，达七小时之久。苏连章见日机轰炸猛烈，防空无备，实在难以支持，于是脱去军服，弃械逃走。

张砚田因见日军势力强大，恐难与敌，乃乘日机轰炸、我忙于防空之际，不辞而别，潜回天津寓所隐匿。该队官兵亦因此相继结伴逃跑。

## 三

张砚田、苏连章等相继逃亡，这对通县起义军影响极坏。我获悉后，深感局势危急，像这样混战下去，我军愈战愈少，日军越来越多，势难坚持，遂决定趁当夜日军尚未合围，放弃通县，开往北平与第二十九军合兵一处，再作后图。于是我将全军分为左右两个纵队，由我亲自督队，平行转进。及开抵北平城下，始悉第二十九军已行撤出，退至长辛店、保定一带。正在这时，日军从城内杀出，适押解殷汝耕的汽车开至安定门与德胜门之间，被日军将押解囚车的士兵冲散，将殷汝耕劫走。敌复从城内开出装甲车二十多辆，集中火力向我起义军猛烈轰击。我教导总队队长沈维干和区队长张含明因在火线上督队奋战，致中敌弹相继阵亡。我英勇的官兵，因冲锋肉搏，伤亡亦众。

我见第二十九军已去，本队形成孤立，加以前被阻截，后有追兵，若聚兵一处，待至天明，敌机必来轰炸，这么一来伤亡必多，实无异束手待毙。于是决计趁天色尚暗，化整为零，分全军为一百二十个小队，每队五六十人不等，由连排长率领分批开往保定集合。孰意行至中途，竟被孙殿英部分别截击缴械。及我到保定后，我部官兵闻讯，都徒手步行到保定集合，请求我向孙殿英交涉，索还武器，仍愿开赴前线为国杀

63

敌。我当即用好言安慰，嘱令静待后命。嗣后，我见宋哲元，宋握我手太息地说："你这次起义，不负前约，惜我军仓促撤离，未能配合作战，深觉愧对。"这时，孙殿英适来保定，闻我在此，自知理亏，遂拨转马头避回防地。

　　不久，我被蒋介石电召前往南京，报告起义经过。蒋安慰我说："你这次在通县起义，虽败犹荣，不必懊丧。所有损失，由余饬军政部立即予以补充，以便休整后再投入战斗。"接着又问："你既捉住殷汝耕，却为什么不杀？"我回答说："当时本拟将殷逆枭首示众，以平民愤，而昭炯戒。因冀东伪教育训练所副所长刘春台劝阻，说殷逆系何应钦代委员长和黄郛委员长的亲信，派他到冀东担任蓟密专员，一定衔有中央密旨，我们似不宜擅杀，最好押送北平交宋哲元委员长，转解中央法办较为妥当。因此未及时执行枪决。孰意解至北平城下，竟被日军劫走，殊属憾事。"蒋听罢，未置可否，要我先回旅馆休息，明日可往见何部长，再详商补充办法。次日我往见何应钦，何既置补充事不提，又不许我仍回本队，任我为军政部开封第六补充兵训练处中将处长。一九三八年，复改派我为第九十一军副军长。我因病恳辞，终未到职。

# 冀东保安队琐闻

张炳如[※]

一九三三年夏季，河北省政府主席于学忠依照《塘沽停战协定》的规定，从他的第五十一军中抽调一部官兵，编练武装警察，用来维持冀东治安。当时共编了五个特种警察总队。总队长相当于少将师长，辖相当于团的两个区队，每一区队辖相当于营的三个大队。

第一总队是在武清县蔡村编练的，总队长张庆余原任第五十一军第一一八师第六五二团团长；督察长（参谋长）沈维干原任第六五二团中校团附；第一区队长张含明、第二区队长苏连章都是第一一八师营长。第二总队编制与第一总队相同，是在沧县编练的，总队长为张砚田，其余不详。河北省政府因接收冀东各县，急需配备武力，两总队编训完成，即全部开往冀东。

在滦东中日战役中，汉奸李济春曾由伪满带来一部伪军，进扰冀东各县。《塘沽停战协定》签订后，李由伪满带来的刘佐周、赵雷两部伪军，即盘踞在滦县一带。这时河北省政府也把他们收编，将刘佐周部编

---

为特种警察第三总队，队部设在滦县河北省立师范学校；将赵雷部编为第四总队，队部设在唐山交通大学；同时把冀东土匪胡协五（绰号老耗子）收编为第五总队，驻地可能是在玉田。第三、第四、第五各总队都无区队，由总队长直辖大队。第三、第四两总队各有六个大队，第五总队只有两个大队。

刘佐周的野心很大，积极地在政治上、军事上扩充自己势力，把滦县地方保卫团编成十个大队，归他自己节制。连同他原有的部队共计十六个大队，分驻昌黎、滦县、乐亭三县，并把那些最富、陋规最多、最容易捞钱的地方，如开平、古冶等处的公安分局长派他自己的私人，或者由他委派等于顾问的副官驻局办事。这些人通过包庇烟赌暗娼，以及敲诈勒索，为刘搜刮军饷。一九三六年春季，刘佐周在滦县车站被蒋介石派来的特务刺死，他的参谋长李海天升任总队长。十月间，日本派上西园操为该总队顾问，率领李海天和他的部队窜扰房山，被宋哲元部队击溃，大部分缴了械。上西园操又率残部去高丽营整编，到达后被日军包围缴械遣散。

殷汝耕在通县组织伪冀东防共自治政府时，张庆余曾向于学忠请示，于嘱以驻留原地，待机而动。殷即以第一、第二两总队为冀东的军事主干。后来又成立了一个教导总队，以沈维干为总队长，归殷直接领导。七七事变发生，日本派张庆余为冀东保安司令，仍兼第一总队总队长，希望张做他们的侵华工具。在起事之先，日本曾发给三八式机枪若干挺和大量弹药、服装、现款（两总队在编练时的武器只有步枪，是河北省新购入的捷克式马步枪）。张把部队部署完成后，于一九三七年七月二十九日在通县反正，杀了很多的日本人。日军调来飞机轰炸，张部颇有伤亡。

一九三八年春，日本当局曾向王克敏的临时政府提出，要对张庆余在通县杀死的日本人的"英魂"举行慰灵祭，并抚恤死者的家属。王克敏曾发给一批款项（我在伪组织工作时，曾听财政部对我说过约为六十万元）。

# 卢沟桥抗敌简记

谷淑良※

　　一九三七年一月，我从第二十九军军官团调任河北省保安第一旅参谋长，驻防于保定东关军官学校兵营。

　　七月七日午夜，我在旅部值班，接到河北省保安处长代河北省保安司令高树勋电话，叫戴守义旅长即刻前来，有事面商。旅长说可能有紧急任务，让我先别睡觉，等他回来。约两小时后，旅长回来了。他一进门就对我说："坏了，卢沟桥那儿跟日本军队打起来啦！高先生给我们的任务，叫我代他迅速到前方组织战地南线指挥所，代理指挥，并任你为参谋长，不必带你的队伍（因为保安第一旅成立不久，全是新兵）。高先生已报告冯治安师长，增援部队随时在三十七师内抽调，即日也可到达前方，统归指挥所指挥。"并以命令的口吻说："绝对要守住宛平县城及卢沟桥，不准失去寸土。"

　　我们随即召集团长和旅部各处长开会，决定旅部事情由团长辛华龙代理。我随赴前方作战，只带参谋处、副官处十余人及医务人员。另外

　　※　作者当时系河北省保安第一旅参谋长。

67

特务连一百五十余人（即手枪大刀队），于八日下午到达长辛店，立即在长辛店车站北部高地掩蔽部设立了指挥所。下午五时许，第三十七师胡文郁团已到达，我即命该团以小部警戒永定河右岸，其余全部驻长辛店作为预备队待命。此时，石友三的保安部队陈光然团亦到达卢沟桥，留一营防守桥的北头，其余进入宛平县城，协助第三十七师吉星文团守城。

七月八日，我随南线指挥所到达前线后，战斗仍在进行。日军以大炮轰城，我军伤亡数十人，群众伤亡亦多。入夜，战斗更为激烈。我为争取主动，命令吉星文组织一个加强营，每人一把大刀，不准放枪，乘夜黑强袭龙王庙之敌，展开白刃战，不到两个小时我们即收复了龙王庙附近阵地。日军受到重创，向丰台方向退去，战斗暂告平静。但在九日拂晓，日军又以大炮向宛平城内断续轰击，敌步兵未出动，我方严阵以待。

上午，高树勋乘火车带来给养和弹药，分发给前线各营。这时第三十七师野炮营也开到长辛店，进入城北高地炮兵阵地待命。午后，高带伤兵返回保定。临行前，高说日军陆续向关内增兵，天津日本驻屯军也向丰台一带前进，又叮嘱我们坚决守住宛平城和卢沟桥。

十一日午时起，日军忽以重炮猛烈轰击宛平县城及其附近阵地，城内房屋大部被毁，居民颇多伤亡。我军沉着应战，守城团长吉星文头部受伤，抬回指挥所包扎后，稍事静养，于黄昏前又回到指挥所指挥战斗。入夜后炮声沉寂，步机枪声时断时续。

十二日，得悉冀察政务委员会和日方进行和谈。和谈期间，战事进入对峙状态，但敌人仍不时到阵前向我射击挑衅。我前方战士自动组成二人至三人的若干狙击小组，隐蔽在阵地前，发现敌人即射杀，甚见成效，使敌人不敢接近我阵地，也不再像以前那么猖狂，但小的冲突仍时有发生。

迨至二十七日拂晓前，忽听南苑方面隆隆炮声，拂晓时，枪炮声响成一片。天明后敌机超低空飞行，一面扫射，一面狂轰滥炸，战斗非常激烈，敌机还到长辛店上空侦察扫射。据报丰台敌人一部也向南苑进犯，我与旅长戴守义商议进攻丰台。戴以电话与在大井指挥北线的第一一〇旅旅长何基沣商妥，南北夹击丰台之敌。这时我炮兵亦向丰台敌阵地猛烈炮轰，未见敌炮还击。于是我军南北同时发起总攻，一举攻克丰台。正计划整理部队，乘胜前进时，接到迅即撤回原防待命的命令。下午五时许，我军撤退到宛平、卢沟桥一带原防，严阵以待。

七月二十八日，得悉和谈破裂，南苑失守，第二十九军副军长佟麟阁、第一三二师师长赵登禹在南苑激战中先后牺牲，日军正以大量部队配以飞机坦克向北平进逼。我战地南线指挥所奉命将防地交由东北军第五十三军朱师长接替，并将所指挥的部队，命各回归原建制。午后九时许，我带领特务连由平汉铁路东侧撤回保定。

在我们这二十余天的战斗中，值得一提的是我民众抗日情绪异常高涨。当我随旅长戴守义到达长辛店车站后，当地士绅及铁路工人纷纷前来要求参加抗日及战地服务，民众自动组成了担架队、侦察小组、支应处等。我们前线的伤兵全是由他们不顾生命危险抢救下来的。侦察小组的小伙子们不怕危险艰辛，昼夜涉水渡河，侦察敌情。

以后又有北平各大学学生四十余人组织战地服务团来到长辛店，要求参加战地服务。不过我们早接到北平当局不准学生参加战地活动的指示，经数度劝说，最后学生们要求与我前线士兵举行见面会。我们就抽调阵地上的士兵三十余人，预备队派一连人在指挥所前方与学生们举行了阵前会面。首先由指挥所参谋主任张某介绍学生们热望参加战地服务，并表示我们坚决抗战的决心。而后由东北流亡关内的学生讲述了从九一八事变以来日本帝国主义的侵华罪行。讲时声泪俱下，士兵们也感动得流泪不止。场内气氛悲愤异常。这时一个大学生跑上台大声讲道："我们知道你们第二十九军是冯玉祥将军旧属，是爱国的，过去在长城喜峰口抗击过日军。愿你们以那次抗战为榜样，发扬赵登禹将军带大刀队夜袭敌阵夺回大炮的无畏精神，坚决抗战。我们拥护二十九军抗战，我们做你们的后盾。"这时有的士兵激动地高喊："誓死保卫卢沟桥！"学生们齐声高喊："拥护二十九军抗战！""打倒日本帝国主义！"并高唱《九一八》歌。会后学生们由士兵带领绕安全地带送出防地。

# 听见卢沟桥炮声

乐恕人※

七月八日的凌晨，天色未明，我在北平城南的西河沿的公寓卧房中，被住在同室的四家兄俊杰叫醒，同时被叫醒的还有舍侄昌国。大家兄及大嫂则住在另一间房内。四家兄是北京宪兵军官学校出身，是军人。他叫醒我们后，说是听吧，城南的炮声隆隆，不像是演习，难道出了什么大问题？我们倾耳凝听，果然有不断的隆隆炮声，隐隐约约地震荡在耳际。记不清炮声响了多久，我们却又在蒙眬中入了睡乡。

早晨进食时，大家还在谈起凌晨的炮声。大家兄虽有朋友在报社，但公寓中既无电话设备，也摸不清到底是怎么一回事，认为可能是日本兵大规模的实弹演习而已。

中午，我从北海公园旁的国立北平图书馆走出来，打算回住处和家人共进午餐，哪知一出馆址，街头上报童在飞跑，大声呼叫"号外，号外"。急忙买来一看，不禁全身有如触电一般。原来凌晨的隆隆炮声，不是日军的演习，而是中日两军在卢沟桥畔宛平县城的战斗之声，中日

---

※　作者当时系成都《华西日报》派驻北平记者，大陆解放后去台湾。

两军正式大打起来了!

在又惊又急的情绪中,搭乘有轨电车赶回了前门,街上卖号外的报童还在呼叫,人们三五成群,在抢着买,在交头接耳,神情都很紧张。我赶了回去,和家人谈论着。号外上的简要报道是:

七月七日深夜十一时四十分前后,在永定河一带演习中的日本华北驻屯军的第一联队第三大队第八中队(等于中国军队的旅、团、营建制),声称受到卢沟桥北面龙王庙方面射来十几发步枪实弹;又再声称中队集合点名时发现少了一名士兵。该大队长一木清直少佐(少校)立即报告驻在北平市内东交民巷兵营中的联队长牟田口廉也大佐(上校)。

该中队报告说失踪士兵已被中国驻军带进宛平城内,于是奉命径趋宛平城,要求进城搜查。经我拒绝后,日军发炮进攻宛平城,我军为了自卫,予以还击;事态还在交涉中。

原来在卢沟桥一带驻守和演习的中日两军,虽然兵力不多,但彼此犬牙交错,相互对峙,随时随地都成为敌对态势。但二十九军奉到命令,不准擅自先行开枪,除非受到实弹攻击。

同时,位于卢沟桥畔的宛平县城,是我国专员公署的所在地,也是二十九军所属的吉星文团金振中营的团营部所在地。当时王冷斋专员和吉团长、金营长一面紧闭城门,在城楼上和日军官长口头交涉抗拒;一面即向在市内的第二十九军副军长兼北平市长秦德纯紧急报告,并请示对策。

那时期,适逢宋哲元将军正在故乡山东省乐陵县作短期休养。冀察政委会和第二十九军的一切公事,由秦德纯将军代行。

秦将军接到报告后,立即召集所属第三十七师师长冯治安等紧急会商,然后下达一道紧急命令给吉星文团长。训令说,日本驻屯军在我国土上演习,事先未得我方同意,已属违犯国际公法;今又借口士兵失踪,欲强入我国县治搜查,更属荒谬无理,所以应予严拒,不准开城。

如日军有武力进犯，我即应加以抵抗。同时，秦更下令给驻防宛平一带的第三十七师，要他们立即进入应战准备。

## 战局扩大北平沦陷

宛平城战斗一起，当时还是局部性的，谁也不曾料到那便是中日战争的序幕、导火线。

北平市内，据我当时出去看看动静——采访——的印象，一般说来，紧张中又有惊惶表情的，应该是老百姓的反应。但紧张中而有兴奋表情的，应该是各大学的学生们。据我的同乡学友所告，北京大学、辅仁大学和师范大学等校内，学生们已经高兴得不去上课，并立即筹组前线慰劳队，正在募款购买香烟、饼干、毛巾等，要出城去慰劳宛平城和卢沟桥一带的二十九军官兵们。

我当时在想，最严重的，当然莫过于冀察当局和远在南京的中央政府。可是我一以"年幼无'能'"，一以大局突变，冀察当局正在处理紧急万分的军情，不要说我，即以平市记者而论，也没有任何人能够直接访问到军政领袖如秦德纯和冯治安将军等人的。

至于新闻界第二天所发表的社论，无不主张对日本采取抵抗行动，绝不能再行忍辱退让。

在这里，应该简略记出，当卢沟桥事件爆发前，中日双方在北平一带的兵力和部署；再记述事件爆发后双方调兵遣将，以致从局部性的战斗，发展成中日全面战争的轨迹。

日本的华北驻屯军，追溯渊源，起自清末被八国联军战败后，由清廷向各国缔结的《北京条约》（亦称《辛丑条约》，于一九〇一年九月七日由清廷和德、美、英、日、意、俄等十一国签字）。其中一条规定由各国派兵驻守从山海关、秦皇岛沿北宁铁路，一直到北京城内东交民巷使馆区，确保各国本身的运输和使领馆及日侨的安全。当时由各国的使领团设置军事委员会，商定：各国派驻兵力，美国最少，仅一百名；日本最多，占四百名。

可是经过民国建立，特别是在民国二十年九一八沈阳事变后，日本占领我东北三省，以后不断内侵入山海关，续占热河，继攻长城各口和绥远省境，历次不断向我国要求增加华北驻屯军，借口是保护日本商业利益和在北平使领馆址及侨民的安全。强行增加的兵力，在事变前已有四个混成旅的番号，包括骑兵、炮兵、战车、航空队等共一万人上下，以北平、天津和通县三大据点为其驻防地带。

其他在热河省内的伪蒙军队约四万人，以及汉奸殷汝耕在通县等二十二县的伪保安队共约一万七千人，还不在其内。

反观我国的兵力。在所谓《何梅协定》（民国二十四年七月，日本华北驻屯军司令官梅津美次郎中将强迫我军事委员会北平分会主任何应钦上将接受的若干让步条件）后，原驻防河北省会保定一带的两个中央军的精锐部队——黄杰中将的第二师，及关麟征中将的第二十五师及第五十一军于学忠（时任河北省主席）部第一一八师，已被迫撤出河北省境移驻河南省内。宋哲元的第二十九军，包括四个步兵师，分别驻守河北和察哈尔两省。其分配如下：

冯治安的第三十七师，驻防北平、南苑、西苑、丰台和保定一带；

张自忠的第三十八师，驻防天津、大沽、沧县和廊坊一带；

刘汝明的第一四三师，驻防张家口、张北县、怀来县、涿鹿县和蔚县一带；

赵登禹的第一三二师，驻防河北省南部大名、河间一带。

冀察两省处在国防最前线，四师兵力实在非常单薄。

第二十九军的每一个师为一万人上下，其装备在国军仅能算中等程度。据我亲眼见过的二十九军，每师不过拥有少数迫击炮、小口径山炮，每一班有轻机枪一挺，每一排有重机枪一挺。每个士兵除了步枪一支、手榴弹两枚外，最特别的是各人背上有一口大刀，上面还系有红绸大绣球一个。

在过去长城各口的战役时，二十九军的大刀队是名震中外的。从前中国的军队，尤其是中央军以外的地方部队，都讲求国术。二十九军的士兵在平常训练时，除了射击、劈刺等基本术科外，最重要的还有大刀的砍杀。

大刀敢死队有一种特技，他们可以怀抱大刀，沿着山坡滚身而下，到了敌人阵前，躲过封锁的机枪火网，一跃而起，把敌人砍得落花流水，措手不及。

日本兵最迷信，除了腰缠"武运长久"旭日旗外，还裹着出征时亲友织送的"千人针"，说是不会战死。他们又迷信，如果在战场上给枪炮弹打死，还可以超生转世为人，如果给大刀砍下了脑袋，那不但是耻辱，而且永世不得超生。据说是受了日本佛教的影响所致，所以日本兵曾经给二十九军的大刀队吓得魂飞魄散，闻而丧胆。此所以在抗战期中，曾流行过一首名为"大刀向鬼子们的头上砍去"的抗战歌曲。

再说到事变后，中日在北平地方上，和中国南京、日本东京，都有过交涉，其经过极其曲折微妙，非简单笔墨所能道出。总括而论：

中国已有全面抗战决心，绝不退让，为了万全，中央政府立即抽调四个师的兵力，开进河北增援第二十九军。

日本方面早已抱定全面侵略的决策，所以一面向冀察当局表示愿将冲突事件作为地方事件和平解决；但同时急从伪满境内增派三个师团的兵力，投入平津作战。

只就兵员人数言，中国一个师（属于甲种师的编制）不过一万人上下，而日本的一个师团则有二万人上下。再比较装备，那就悬殊太远。不过，中国军队抵抗日本的决心和士气，可以说是坚定高昂到了极点。

冀察军政最高负责人宋哲元上将，在七月十一日才从山东老家赶回北平①。他当时对是否全力抵抗，还有犹豫，以为还可以作为地方冲突事件，和平解决。

及至日军三个师团从关外开到天津、北平一带，投入战场，宋将军才知道和平解决无望，不得已全力应战。

七月二十五日起，日本的缓兵计目的达到，也不再谈判，径行大举进攻。那天，我军三十七师曾一度反攻，几乎全部收复重镇丰台，北平市内许多地方燃放鞭炮祝捷；可是日军增援反攻，丰台又给日军全部占领。

二十八日那天，双方战况最为剧烈。日军动用步兵三个联队、炮兵一个联队、飞机三十多架，向我大兵营所在地的南苑进犯。从拂晓打到下午，我军伤亡惨重。二十九军副军长佟麟阁、第一三二师师长赵登禹督师血战，双双先后殉国，成为中日大战最初为国牺牲的高级将领。而且正在南苑受军训的大学毕业生若干人，也参加了战斗，死伤不少，令人可歌可泣。

经过这一天的失利，战局立即蒙上浓厚的阴影。

这一段时期，第三十八师张自忠部也和敌人在天津展开了战斗，一度还有捷报，市面也燃放过鞭炮庆祝，但后来也不断传来失利的消息。

各大中学学生，那时也分不出是"旧学联"或是"新学联"的单位，纷纷出动慰劳队出城劳军。

我那时所结识的一位同业，杭州《东南日报》驻平记者曹旭东兄（国民党政府迁台后曾任空军总部发言人），随同一部学生慰劳队出了南面的永定门，想到前线去采访。可是那些日子，战况变化，阵地时移，我们都不曾到达最前线，只在某一处会晤到国军的补给部队，同学们便把慰劳品交给了他们。有一处竟误到日本军队的后防，被日本宪兵大喝大叫，不准通过，只好改道而行，结果还是到不了前线，失望

---

① 宋哲元由鲁返平系七月十九日，此文日期有误。

而返。

我和旭东兄重回城内，看见二十九军的官兵，正在市内要冲构筑沙袋工事，看情形是要准备打巷战，保卫北平。全市正由一班一班的士兵荷枪实弹，身背大刀，深灰色棉布军服，衬着红绣球的大刀把，黄色手柄的手榴弹，一个个雄赳赳，气昂昂，不断在巡逻。

晚间，我独自骑了一架脚踏车，到东交民巷去偷看日本的军营。门口已经筑好了沙袋掩体，还有日兵架着机枪在旁站立。兵营内，不断地向天空射出五色的火焰信号，和城外的日本军队联络。

我当晚又给《华西日报》拍出长电报道，累了一天一夜，不久后便呼呼大睡。

第二天（七月二十九日）一觉醒来，听到街头人声鼎沸，和兄长舍侄出外一看，全身又似触电一般。原来一夜之间，二十九军竟从北平撤退得无踪无影。街头贴着代委员长张自忠将军的布告，说是中日战局发展，二十九军为了缩短防线，退出北平，向保定一带集中兵力，继续抵抗。劝告民众各安生业，不要惊惶自扰。

事实上，这种所谓"安民布告"如何能使民众心安？北平城内，平民们还好，只是平常负有反日抗日任务的各方人士，甚至就连我们一家人，也少不得立刻紧张起来，聚商如何应变。

那时我的大家兄早已去了南京，我们商量的结果，判断日军不久即要入城占领，急忙把有关信件书籍，付之一炬，以免后患无穷。

不两天，清末及北洋政府遗老江朝宗等，出面组织"北平治安维持会"。

于是，在八月八日，日本军队举行了堂堂"入城式"，前门城楼上飘扬着许多氢气球宣传标语：

"庆祝北平占领"

"庆祝皇军胜利"

日本的华北驻屯军司令官香月清司中将也发布了"安民布告"。

我怀着法国大作家都德所写《最后一课》的心情，杂在前门城楼四周的人丛中，去继续我的采访工作。我希望慷慨悲歌的燕赵之士，向从永定门经前门大街、通过前门到达天安门广场的敌军行列，扔下几枚炸弹。

然而，北平，我们的故都，我们的古城，就在夏季的沉沉死气中，被敌人的大军占领！

七月三十日，天津相继失守，华北战局重心南移保定。

八月十三日，上海日军借口虹桥机场事件，向我先行攻击，我军被迫应战。

同日，日本内阁决定出兵上海、青岛，实行对中国全面进攻；我政府亦决心全面抵抗。

于是，中日战争分为南北两战场，剧烈展开，亦即八年抗战正式开始。

# 七七事变前后

孙玉田※

　　七七事变之前，我任第二十九军特务旅旅长，辖三个团、一个高射炮营和一个装甲汽车大队。第一团驻海军司令部，第二、第三两团及高射炮营、装甲汽车大队均驻南苑。

　　七七事变前夕，北平外围形势是：北宁路沿线西起丰台、东至山海关均有日军驻防；北平东面有完全听命于日寇的冀东伪组织——冀东防共自治政府；北面有热察集结的敌伪军李守信部及王英部。仅有北平西南面尚有我第二十九军防守。由于北宁路沿线为日军所辖制，在平汉路的卢沟桥就成了北平的唯一门户。在军事上我军掌握这个据点，就进可以攻，退可以守；而一旦为敌人所掌握，则北平就变成了一座孤立无援的死城。

　　日军在当时的企图是伺机占领卢沟桥，截断平汉路，使北平陷入四面包围之中，以便加深冀察的特殊化，然后以平津线为后方，进一步发动大规模军事侵略。

---

　　※　作者当时系第二十九军特务旅旅长。

第二十九军辖步兵四个师、骑兵一个师、特务旅一个旅，保安队两个旅，总兵力十万多人，分驻冀察两省和平津两市。各部队驻防位置：刘汝明第一四三师驻察哈尔、张家口、平绥路沿线；赵登禹第一三二师驻河北河间县、任邱县；张自忠第三十八师长驻天津、韩柳墅、小站、马厂、大沽、廊坊、南苑；冯治安第三十七师驻西苑、八宝山、北平城里、保定；郑大章骑兵师驻南苑、固安县；保安旅石友三、阮玄武部，驻黄寺、北苑；孙玉田特务旅驻北平城里和南苑。

第二十九军驻卢沟桥部队是第三十七师第一一○旅第二一九团吉星文团。七月六日，日军驻丰台部队要求通过宛平县（县城在卢沟桥北端）到长辛店地区演习。我军不许，相持十余小时，至晚退去。七日，我军接到报告说：日军今日出外演习枪炮都配备了弹药，与往日情况不同。是夜，日军在卢沟桥附近演习。十一时左右，忽有枪声数响于宛平县城的东方。我守城军当即严加注意。

日使馆武官松井以电话向我冀察当局声称：有日军一个中队在卢沟桥演习，仿佛听见由宛平县城内之军队发枪数响，演习部队一时呈混乱现象，结果失落日兵一名，要求进入宛平县城搜索失兵。我方因其所称各点不近情理，显示别有企图，拒绝了他的要求。少顷，松井又来电话声称我方如不允许，彼方将以武力保卫前进，又为我方拒绝。同时得报，日军对宛平县城已取包围形势。

我军政当局为防止事态扩大，当与日方商定，双方立即派员前往调查阻止。我方派河北省第四区行政专员兼宛平县长王冷斋、冀察委员会派外交专员林耕宇、绥靖公署派交通处副处长周永业三人，日方派顾问樱井、辅佐官寺平和秘书斋藤三人参与调查。

八日晨五时，调查组到宛平县城，寺平仍坚持日军入城搜索失兵，我方不准许。正交涉间，忽闻东门外枪声大作，顷刻间西门外枪炮声又起，我军为正当防卫，乃奋起抵抗。我第二十九军司令部发出命令，前线官兵坚决抵抗，并有"卢沟桥即为尔等坟墓，应与桥共存亡，不得后退"之语。在战争开始不久，我平汉铁路桥及其附近回龙庙等处曾被敌人攻占。八日下午，我军从长辛店以北及八宝山以南向敌人反攻，并与敌人实行白刃战，将铁路及回龙庙等处夺回。

北平各界组织起抗敌后援会，发动广大群众，援助二十九军抗战，并派人与吉星文取得联系，鼓励他们英勇抗战。因此，我军官兵在劣势装备条件下与敌作战，士气旺盛，人人皆以大无畏精神顽强抵抗，有不少受伤官兵坚持不下火线。夜间敌人坦克向我阵地冲来，我军一连兵力冒着敌人猛烈炮火冲锋前进，终于把敌人九辆坦克全部打退。附近居民看到自己的军队英勇杀敌，在各救亡团体发动下，纷纷冒着敌人炮火参加救护工作，把受伤的官兵送到医院，还给前线送水、送饭、送弹药。长辛店铁路工人为协助军队作战，固守宛平县城，并把城墙做好防空洞和枪眼，这些生动感人事迹益加振奋了前线军心。

我军对日寇的坚决回击出乎日寇意料之外。他们见势不妙，乃诡称失踪日兵业已寻获，向我方提出和平解决办法三项：一、双方立即停止射击；二、日军撤退到丰台，我军撤回卢沟桥以西；三、我方城内防务除宛平县原有保安队外，另由冀北保安队石友三部派一部协同担任城防。协议成立后，日寇并未撤退，仍不时炮轰宛平城及其附近地区。城内居民伤亡颇重，团长吉星文受伤。敌人占领回龙庙、五里店等处，截断了北平至卢沟桥公路。

此后，北宁铁路每天都有络绎不断的日军兵车自东北开进关内，同时从海上运来大批日军由塘沽登陆开到北平附近。敌飞机多架集结天津东局子机场，还在塘沽附近占领空军基地，每天派飞机对北平及平汉路进行侦察。当日寇调齐之后，二十一日炮击宛平县城及长辛店。二十五日晚，廊坊敌人以修理军用电话为借口与我军发生冲突。二十六日，敌人飞机十余架猛烈袭击廊坊。二十六日晚，三十辆日军汽车满载士兵企图冲进广安门，我军奋勇抵抗，敌入城企图未逞。二十七日冀东保安队张砚田、张庆余率队反正，并将汉奸殷汝耕捉获。当天上午，日军向我冀察当局发出最后通牒,限我第三十七师于二十八日正午以前自北平附近退尽。当日北平特务机关长松井持通牒往见宋哲元时,宋派张维藩代为接见,张将通牒送交宋哲元看过之后,宋立即命张予以拒绝,并将情况报告南京,表示决定固守北平,誓与城共存亡。随即宋又向全国发出"自卫守土"通电。通电说:自哲元奉命负冀察军政之责,两年以来,以爱护和平为宗旨,在国土主权不受损失的原则下,本中央意旨处理一切,谋华北地方安宁,此国人所共谅,亦中日两民族所深切体认者也。不幸于本月七日夜间,日军突向我卢沟桥驻军袭击,我军守土有责,不得不正当防御。十一日协议双方撤兵恢复和平,不料二十一日炮击我宛平县城及长辛店驻军,于二十六日夜突击我廊坊驻军,猛烈攻击,继以飞机大炮肆行轰炸。二十六日又袭击我广安门驻军。二十七日早三点又围攻我通县驻军,进逼北平,南北苑均在激战中。从此日军增兵处处挑衅,我军为自卫守土计,除尽力防卫听候中央解决外,谨将经过事实推诚奉闻,国家存亡千钧一发。二十九军军长宋哲元。

随后,宋哲元下令设立北平城防司令部,派冯治安为城防司令,准备固守北平。这天晚上又派人星夜赴保定催促孙连仲、万福麟两部北上协同作战。二十八日早,敌军大举向我南苑部队进攻,当时第二十九军军部已进入北平城里,南苑部队共有八个团,兵力两万人左右。二十七日晚,宋哲元派赵登禹为南苑方面指挥官,赵到南苑指挥。不料,敌人于二十八日拂晓,即由西北、西南向南苑进攻,另以一部切断南苑至北平城的公路,同时以飞机数十架低空轰炸,由晨至午片刻不停。南苑由于事先未构筑坚固防御工事,仅做些掩体,在敌人飞机轰炸扫射之下,部队完全陷于不能活动的地步,通信设备被炸毁,部队与指挥部之间,联络完全断绝,秩序混乱。敌人从西北面突进东寨墙之后,南苑遂告失守。我第二十九军副军长佟麟阁、第一三二师师长赵登禹相继阵亡。敌军占领东寨墙后,开始向南北寨墙进攻。我特务旅的装甲汽车在东南角与敌人激战,阻击敌人前进。这时第三十八师师部特务团和骑兵师三个团由北寨退下来，敌人又攻击西寨墙。第三十八师第一一四旅旅长董升堂也退到我防守的南寨墙，与我见面，商议突围。这时已到下午五点多钟，我们决定由南面突围：第一步先到固安县，第一一四旅在先，特务旅在后，由高粱地作掩护。但由于遭到日军坦克、骑兵、步兵的迎头射击，我两旅伤亡很重。后来总算突出重围，到了固安县。

北平方面，宋哲元晚九点偕秦德纯、张维藩离北平赴保，并派张自忠代理冀察政务委员会委员长兼北平市长，第三十七师师长冯治安部也撤到保定，石友三保安旅亦同时撤退。第三十八师在天津市附近由津浦线撤退。

八月上旬，中央发表第二十九军改编为第一集团军，总司令宋哲元，辖三个军，第七十七军军长冯治安，第五十九军军长暂由宋兼任，第六十八军军长刘汝明。

（一九六二年）

# 卢沟桥事变期间的南苑之战

刘少泉※

当七七事变之初起，驻卢沟桥团长吉星文百般忍受。日本军则造谣蛮横，以机枪堵门射击。吉团长迫不得已而还击，战事遂起。南苑在永定门外，大红门以南，实与卢沟桥相毗连。当时南苑驻军除军司令部及直属部队外，计有第三十八师师部及董升堂第一一四旅一部，第一三二师师部及步炮兵一部，骑兵第九师师部及骑二旅一部。此外，尚有高教队、军官团、大学毕业训练班、中学毕业军训团、工兵、炮兵等。宋哲元委赵登禹为南苑驻军总指挥官。南苑有很坚固的土城，历年补修非常结实。土城之上可以行车。环城四周有十几华里。南北营门处，有南北营市街，内有居民商户几百家。土城以内，北面设有第一、二、三、四、五、六营房，南一面设有第七、八、九、十、十一、十二营房。每一营房又有土围墙，高一丈有余。外置护城河，四周栽有杨柳。土城内按兵种之不同，设师、旅、团、营各级干部办公室及仓库、讲堂、饭厅、马厩、厨房等，及驻兵营房几百间，布局井然可观。城外四周一望

---

※ 作者当时系第二十九军骑兵第二旅第六团代团长。

平川，东望通州，西临丰台及卢沟桥。

一九三六年春，我从教育处调充骑兵第六团团附、代理团长职务。卢沟桥事变后，南苑已经到了很不安定的阶段，人心惶惶，空气非常紧张；但是军部并无任何表示。当时我曾到过卢沟桥及团河观战。日本军队竟在我们的防地附近，鬼鬼祟祟出没无常。骑六团胡排长曾见日本官兵几十名在邻近乡村野外演习。又据探报，日本兵曾多次在野外架设电话，并测绘地图。其后果然在七月二十八日，日军按着自己预定的计划，大举进攻南苑。当时拂晓以前，远方空中忽来隆隆之声。经我师部王海青参谋长电讯军部，他们也是形同梦寐不知其所以。转瞬之间，上百架的日本飞机从东方通州方面分两批编队而来。它们飞翔侦察不久，紧接着砰然一声，轰炸开始。当时第二十九军司令部为迷信南京，认识问题不够，对南苑各部队电传命令，还说不许抵抗。后来出于不得已，才令队伍开进，防御敌人。敌机轰炸不久，因为我们没有飞机起来应战，炮兵射击不及时，后营房的主要目标，已经全遭低空轰炸，普遍受了损害。但是敌机轰炸迄未停止。第一营房里四、六两围的全部的乘马一千多匹，原已从营房马厩里拉出来，拴在围墙外的四周，遭受轰炸后，多半倒毙，焦头烂额，开肠破腹，真是惨不忍睹。这个时候，那些从丰台及通州方面开来的敌步兵主力，就在他们的飞机掩护之下，从东南、西南冲击过来。南苑全境，不知不觉就进入了作战态势。多数的英勇战士，因为平时怀着高度的抗日情绪，当时又是生死存亡的关系，不得不起来迎击日寇。于是南苑部分的残酷战斗，就从此爆发了。

可惜这次南苑，不同平常作战。宋哲元身为统帅，事先既无充分准备，临敌又无死守决心，畏缩不前，影响了全军。所以有的部队，打得并不起劲。不过还有不少的人，慷慨激昂，义无反顾地打了起来。第三十八师炮兵营及第一三二师炮兵营各有一部先后拉到前边，放列炮击，起了一点作用。当时敌人对整个南苑，实行包抄围攻，兵力以东面为最厚。东面我骑兵因为乘马已不堪用，敌人业经攻到近前，所以未作乘马战，就开进到营房以东田地，布置前进阵地，实行防御。因为骑六团抓得敌人侦探，就按他供出来的方向，立时派兵两连，出其不意地来了一次迎头伏击。战果倒是尽如人意。但是，半小时后，因为全线紧缩，队伍就撤回土城以内，在本阵地防守。我们西头及南头的兵力，计有高教队、军训团、孙玉田卫队旅的一部、董升堂的教导团及工兵团的一部。他们进入自己当前的阵地，各自为战，虽然彼此缺乏呼应，所幸还有不少的战士，并没有被敌人的强暴吓倒。有的散兵线，是一排一排的步枪，打退了随仆随起往前冲的敌人。有的地方，是射击不久，就进入了长时间的白刃战，也就是你死我活的混战。

本来第二十九军的战士素称骁勇，平时营房内，到处都有双杠、铁锁、爬地带，供他们锻炼。最厉害的，是在喜峰口出了名的大刀片。他们都怀着保卫祖国不惜生命的心情，所以这次一经交手，到处都是咯哧咯哧刀枪搏杀之声。南营门外面小街附近一带，两军相互肉搏，真是打得激烈悲壮，演成了向来未曾见过的惨烈战斗。

时钟还不到十时，副军长佟麟阁乘小汽车巡查战线，来到了骑兵第二旅的防线。当时战线上就只有我一个人向他汇报了战斗经过。他看了看师部的掩蔽部以后，方才乘车循土城西去。可是不大工夫，老成持重的佟副军长就在南苑阵线上壮烈牺牲了。

各部队继续作战到中午，接到军部命令："全师为上，放弃南苑，各级干部务率所部及时退还北平。"各部队于是不得不暂退北平。可是退却之时，因为士气沮丧，并不从容。收容队伍比较差，辎重行李更谈不到。有的部队已经和日寇混战在一起，难分难解，一时退不下来。另外还有少数人是从别的地方如团河、卢沟桥等，退回北平的。所以退却时间就不由得延长了。

我骑兵第二旅的退却路线，不是走通行大马路，而是走大红门东边的便道，未进永定门，进的左安门。甫入城门，大约在午饭三点钟，奉命防守永定门以西地区。乃急至目的地查看新阵地；但见城墙上下人迹罕到，野草滋蔓，高及马头。经集合全团官长部署一切，命令从速进入新防御阵地，墙上设机枪掩体，以防敌攻。就在这时，突然接到通报说："第一三二师师长赵登禹在南苑路上指挥作战，不幸阵亡。"当我在城门楼上布置已毕，因为有任务入城，路经前门大街，看见商店已全部闭门，不少的商户经理及老年人都神色改变，鞠躬敬礼，口里说着："抗日有功的二十九军！保护老百姓的老总！"此情此景，实在令人内心惭愧。所以我也仿佛回答他们似的，口里小声说着："惭愧，对不起，是不为也，非不能也，现在已经被人家抄到炕头上来了！"这个时候，永定门的城门楼上，有人防守监视，架大炮，做掩体，刀出鞘，弓上弦，准备厮杀。门里边也忙着扛巨木，上门闩，加锁头，运石头，预备屯城。门前如有人来，就告诉他转道去左安门。当时就有人说："这种守城拒贼的情形，真是从清朝建国三百年来未曾见过。"

驹光如驶，时间差不多已经是夕阳在山了，江山依旧，南苑已失，未免令人伤情。记得我还和张书记开玩笑念着古人的诗句："将军战马今何在，太阳西下水东流。"这时南苑道上有跑着的，走着的，有运东西的，有死了而横躺竖卧的，有受伤抬着回北平的，还有受了伤自己爬着走的。大道上和田地里的情况，异常紊乱而凄惨。更可惜的是，各营房、各仓库所有的武器、弹药、粮秣、被服、车马、器材以及私人用品，都未运出来，成了日军的战利品。

此次战役时间虽短，因为战事激烈，我们牺牲了副军长佟麟阁、师长赵登禹及优秀战士一千余名。有不少的战士和学生怀着保卫祖国、不屈不挠的壮志，表现得可歌可泣。最可惜的，还有多少英雄事迹，因为不知名姓，或是没被发觉，结果是杀身成仁，无从考察了。我侄儿刘升英会武术，刀法精纯，他曾一面打着一面喊："快杀吧！快砍吧！杀一个少一个呀！"但是不管他是多么英勇，结果还是被那日寇给杀害了。步兵队里有个干部站在围墙上头念："你们不让打，这可不能不干啦！上！"说着就跳了下去。也有不少的战士，自己受了伤，还在扔手榴弹。

有个别的战士，从地上爬起来，揩一揩身上的血迹，或是摸摸同伴的尸体，很快地又去继续战斗了。这真是浩气凌空，可钦可敬。

不过在这败仗的不幸之中，值得欣幸的就是来攻打南苑的日寇，虽然因为军部不许我们抵抗而得了便宜，但同时他们自己也一样地受了重创。除被各种枪炮命中的外，伤亡最多的就是在白刃战中被大刀片所砍杀的敌人。那些缺腿少臂、开肠破腹的日寇，都是被我们的大刀砍杀的。害人如害己，日本的大陆政策，也害了他们自己，多少日本人死在我们的钢刀之下。

事变半月之后，辅仁大学同教会的救济会派员前往调查，据云，日军尸体已经秘密运走七八百具。第二十九军的阵亡尸体，后来无人掩埋。天气炎热，尸体堆积，狐狼载道，骨暴沙砾。因为为时已久，所以臭气冲天，累月不断。又闻日寇因为他们在南苑通州死人多，当时曾一度在通州每天拉夫，用一百名中国人祭天灯以示报复。

七月二十八日晚间，宋哲元召集各师军官会议，决定放弃北平，命张自忠留平善后，所有第二十九军各师及保安旅部队，一律退往保定。命令一下，当日深夜，我们驻南苑的部队当由师长郑大章、骑二旅旅长李殿林、第三十八师旅长董升堂等率领下，整队出发。为了避免冲突，不走南线，而从永定门里路经天桥、西单、西四，在鸦雀无声中，西出西直门，离开了故都北平，同原驻西苑的第三十七师（师长冯治安）一同撤往保定。北京原有宪兵警察一律留守，维持治安。

第二十九军退走以后，日本军队虽然未曾立时入城，但是古老的北平，实际是沦陷了。日军到处搜捕第二十九军散兵，成立维持会，设立特务机关，搞户口调查。北平城里的百万居民，从此就要开始了八年的苦难生活。北平陷落后，部分战士仍在西南苑、通州及四郊与日寇激战不休，不过因为既无领导又无接济，所以为时不久，相继失败。

（一九六五年）

# 我随张自忠抗战的七七前后

张宗衡※

## 七七前驻防大沽

一九三五年春，张自忠任察哈尔省主席兼第三十八师师长。我是该师的团长，驻防张家口大境门外。

张家口的日本汽车队，走私贩私侵犯我主权，与察省公路局常发生摩擦。一九三五年冬，日伪进犯我察北沽源、宝昌。张自忠命令第三十八师准备出发应援。旋因保安团长樊仑山坚守沽源击退敌人，守宝昌保安团长李克昌作战不力，宝昌失守，未及应援。张自忠对樊仑山明令嘉奖，把李克昌扣押欲杀之以肃军纪。后经石敬亭说情，李才获释。

张自忠初任边疆大吏，缺乏经验，警惕性不高，过于相信部下，出了一些问题。一九三六年元月，我到察哈尔省府，张向我说："你见张岚峰（他在张自忠的学兵营当过学兵）没有？以后要注意他，他是给日本人当间谍的。我和他讲的话，他完全报告给日本人了，日本人还来质问

※ 作者时任张自忠部第三十八师第一一旅第二二五团团长。

我。"究竟他和张岚峰谈了什么话，触怒了日本人，当时我也不便多问。

一九三六年春，天津市长萧振瀛被免职，调张自忠任市长。张的部队陆续由察哈尔开到平津附近。基本部队兵力，除天津保安部队外，共一师两旅有一万九千多人。第三十八师师部及特务团、学兵营驻南苑，第一一二旅驻小站、大沽，第一一三旅驻廊坊，第一一四旅驻韩柳堡、胜芳，独立第二十六旅驻马场，独立第三十九旅驻通州、黄寺间。原刘桂堂部改编的夏子明旅仍留张家口。

我团由察哈尔开到南苑后，奉调大沽、葛沽等地，团部驻大沽，接替第三十七师王昆山团防地。原由萧振瀛派来协助王昆山办外交的两个人，都是石友三的旧部下。我接防后他们借故都走了。驻大沽的塘大公安局长汪益吾，也是萧振瀛委派的，后被张自忠免职，改委西北军的王尚志任塘大公安局长。

大沽河的北岸是汉奸殷汝耕的冀东自治区，塘沽驻有日本驻屯军一个联队，另外还有宪兵队、警察部。大沽的塘大公安局只能管大沽，不能过问塘沽的事。大沽这个小地方就有日韩浪人开设专门卖海洛因的洋行十三家。乍一听"洋行"二字怪唬人，但你实际去看一下就会发笑。他们用二寸宽一尺来长的小木板写上某某洋行，钉在强占的民房上，这就成了洋行。大沽人称这些韩国浪人为"高丽棒子"，他们专为日本人推销"白面"，毒化和欺压我国人民。有一次，他们杀害了大沽居民，经交涉由驻塘沽的日本警察部决定，赔偿死者家属三百元了事。这就激起了我方民众的愤怒，也暗杀了韩国的浪人，也援例赔偿三百元了事。双方矛盾日益加剧。驻军工兵连长某某，一时义愤，乘高丽人去塘沽未归，在其门前埋了地雷，王团长闻知即行取出，幸未闹出乱子。

我到大沽后，同日本人没有来往。后来第三十八师副师长兼天津市公安局长李文田同第二十九军日本顾问牛岛、樱井来大沽看我。由日本顾问出面宴请塘沽、大沽中日双方军官。我方参加的有第一一二旅旅长黄维纲和驻大沽连长以上军官等十一人，日本方面有塘沽驻屯军薄井次郎等五名军官。经过这次宴会双方有了来往。相处年余，基本上相安无事。有时发生误会，随时可以得到解决。

塘沽日本驻屯军的翻译王某（忘记名字）是中国人。我团每月津贴他五十元，主要是为了维护中日双方关系，防止他从中煽风点火。团部司书王志诚之兄在塘沽车站当铁路警察，我团亦每月补助他三十元，让他做些情报工作。他也为我方做了不少事情。

## "七二九" 天津之战

七七事变三五天后，每天都有日军兵车由北宁路开往平津。我随时都向天津市长张自忠报告。

日军为侵略我国制造借口，寻事挑衅。大沽一带中国驻军抗日情绪高涨。七月二十六日，日军未与我联系，竟派兵一排到我防地，声称修电话线，被我团第一营哨兵开枪击退。塘沽日本驻屯军薄井次郎来电话抗议。我答：是误会，以后修电线应先打电话联系等语。次日，日军翻译来我团交涉。我当即派上尉书记官同他到塘沽向日本驻军表示误会，希望和平解决。而日军为扩大侵略，蛮横无理，竟提出要我过河道歉。七月二十八日晨，张自忠给黄维纲旅长打电话说：不要发生冲突，和平交涉。我从电话中听到黄对张说："师长给张团长打电话讲一讲吧！"张自忠说："你向他说吧！"黄把张自忠的原话告诉了我。是日下午，翻译来电话说，限我明日上午八时到达塘沽，亲自道歉，否则就要开炮。我向他说："明天看吧！你也是中国人，应当知道该道歉的不是我们，请转告薄井吧！"

我将情况都向黄旅长作了报告。黄说不要理他，我们自有安排。是日夜，我团驻卤水沽的第三营奉命已到天津作战。驻葛沽的第一营派兵一排渡河到军粮城，破坏了北宁路的铁轨，阻断了日本的交通运输。从此，天津的战斗开始了。七月二十九日上午九时，日本停泊在塘沽的兵舰向我大沽开炮。我命驻葛沽的第一营进至桃花坞附近，准备策应大沽部队作战。但敌人炮战终日，装甲汽艇在大沽河上巡视，而陆军亦未敢渡河攻击。黄昏前，敌人在大沽口外的军舰上，向铁帽桥附近射击，企图切断交通，阻止我军撤退。

大沽造船所专为第二十九军制造枪炮。该军的机枪并不足，每连只有四挺。但该所造的轻机枪，却以五百元一挺，大批卖给其他杂牌部队。我团在撤退前，将大沽造船所的轻机枪三十多挺全部携带回来了。可惜的是有五百多挺机枪，锁在飞马船舱内待运，无法取出，落入敌手。

是日晚，全团转移到葛沽集中，休息一夜。七月三十日到达小站集中。七月三十一日在小站休息。八月一日沿北碱河经过马厂到大城布防。后又奉命回到津浦铁路以东防御。

## 南北碱河战斗

一九三七年七月二十八日夜，第二十九军第三十八师在天津、廊坊、大沽等处对日本侵略军予以反击后，部队陆续退到马厂一带集中。

不久，第二十九军扩充为第一集团军，第三十七师编为第七十七军，第三十八师师长张自忠因留北平未归，故未改编。

津南作战是第七十七军军长冯治安指挥的。其防御部署是第三十七师守备左翼，第三十八师守备右翼。津浦铁路线为作战地境线，线上属左翼地区。第三十八师派独立第二十六旅在北碱河北岸烧窑盆东西之线防御。我团奉命派一个营在北碱河北小王庄附近占领前进阵地，团部驻金官屯，主阵地在李家屯、大小马家屯等村。我团沿高台田的地边构筑工事，形成由北向东南的弧形阵地。阵地前二三里有一条津盐公路。我的左翼离独立第二十六旅相距数里，右翼没有部队。

这样的配置是有问题的。因前进阵地必要时要撤退，敌就可长驱直入，沿津盐公路前进，有压迫我军于运河畔而加以歼灭的危险。时逢雨季，大雨连绵数日，主阵地全被淹没。驻天津日军部队和战车多辆沿津盐公路南下。我请示上级电话不通，即命部队决开北碱河堤，使阵地前洪水泛滥，以阻止敌人。同时，我团全部开到北碱河占领阵地，团部驻小王庄，致使敌无法活动。日军乃改为由小站沿北碱河北岸大堤向我军右翼攻击。我部后退了二百米。入夜，我团由敌侧背袭击，敌狼狈逃窜。从此我团右翼无战斗。日寇又改为乘船由我左翼，在青纱帐掩蔽下向我阵地进攻。我军居高临下，敌伤亡甚众而逃，遗尸一二百具、步机枪三四十支。从此，我团正面亦无战斗。

日军企图由右翼把我军包围压迫到运河畔歼灭之目的未逞后，改为沿津浦铁路线向我方发动进攻。日军装甲汽艇在运河内骚扰，敌炮火向烧窑盆独立第二十六旅阵地和马厂西侧的运河桥炮击了一个下午，由第三十七师方面突破。

是日晚，我团奉命沿津盐公路向南碱河转移。到达后，正在构筑工事，日寇已开始进攻守沧州的第四十军庞炳勋部。李文田副师长命我团即刻出发，援助庞部作战。出发后约半小时，沧州已失守，我军退回到泊头镇东北地区。第三战区司令长官冯玉祥命第一一二旅北上迂回到砖桥车站，截断日军的后路，策应刘多荃部队反攻泊头镇作战。次日一早到达砖桥车站附近，侦知只有一排日军守卫，我们当即占领车站。日军龟缩在碉楼内顽抗。部队把铁轨拆除了一段。下午闻刘多荃部反攻失败，我部沿津浦线以东向山东撤退。第三十八师全部由济阳渡过黄河，沿黄河大堤南岸到东阿县休息了几天，又到黄河北岸新乡、道口附近村庄待命。此时，宋哲元来向部队讲话，给官兵打气，准备沿平汉铁路线以东地区北上，策应娘子关孙连仲部作战。

## 策应娘子关作战

宋哲元策应娘子关孙连仲部的作战计划，我是在秦德纯那里看到的。各兵团的任务和行动：第五十九军（原第三十八师）为第一线兵团，经大名、广平等地区前进，威胁敌侧背，策应娘子关方面作战；第二线兵团为第七十七军冯治安部。

先头部队第一一二旅旅长黄维纲派我团为前卫。我团行至归广平，听到了枪声，才知道独立第二十六旅李致远的部队已与敌军遭遇。但是事前我们就知道独立第二十六旅在右侧与我团齐头并进。按敌情应派左侧支队掩护大军安全行进。这次来犯之敌也是由左侧邯郸方面来的。关于敌友军情况上级向不通报部下，使我们如盲人骑瞎马，怎能不被动。

独立第二十六旅同敌军遭遇后，随即我团和第二二三团也遭到敌之进攻。战斗了一天多的时间，双方消耗弹药不少，我方只有十数人受伤，只听到枪声，并未见敌前进。显然可以看出敌人是佯攻，目的是掩护其主力向我后方运动。

大名是战略要地。守大名的是第二线兵团何基沣师的汤传声、吉星文两个旅。当他们发现敌人时尚未及关闭城门，敌战车和步兵就冲进了城。何师长愤而自戕，幸未击中要害，被及时抢救过来。大名失守使第五十九军腹背受敌，非常被动。我们的长官说："守大名的卢沟桥抗战的英雄们不该这样地给我们开玩笑。"一九三七年十一月十日，第五十九军奉命绕道山东管陶县渡河南下，回到道口附近整顿。派董升堂旅在龙王庙河南防御，阻止日军南犯。第七十七军退到东明县境整训。

一九三七年十一月底十二月初，张自忠回到部队，任第五十九军代军长，把部队编为两个师，每师两个旅：第三十八师师长黄维纲，两个旅是第一一二旅旅长李金镇，第一一四旅旅长董升堂；第一八〇师师长刘振三，两个旅是独立第二十六旅旅长张宗衡，第三十九旅旅长祁光远。

（一九八〇年）

94

# 第七十四师抗战的七七前后

许文庆<sup>※</sup>

## 七七前的七十四师

第七十四师成立于一九三〇年年底，师长乔立志（一九三三年春李汉章为第二任师长；一九四〇年夏至抗战胜利，李益智为第三任师长），隶属于国民党军第三路军，总指挥韩复榘。

一九三〇年中原大战前，韩复榘被蒋介石以高官厚禄收买，叛冯投蒋，被蒋介石任命为第三路军总指挥。中原大战开始后，韩复榘不愿在河南与冯正面作战，这正合蒋介石的心意，乃将其调至山东方面，对阎锡山军作战。后来阎、冯大败，蒋介石以韩复榘在山东对阎军作战有功，一方面任命他为山东省政府主席，接替陈调元；另一方面又允许他扩编军队，新成立两个丙种师（一师两旅四团制）。第七十四师就是在这种背景下以韩复榘的基本师之一的第二十九师第八十六旅（旅长乔立志）为基础先成立起来的；石友三与东北军张学良作战失败后，残部撤

---

※　作者当时系第五十五军第七十四师参谋处长。

退山东境内，韩复榘又以石友三败兵充实了第七十四师一个团。这时，第七十四师才以一师两旅四团的编制，完整地建立起来。当时驻扎在山东益都县（青州）。

一九三一年九一八事变，东北三省沦陷，日本军国主义者根据其灭亡全中国的既定方针，对华北步步紧逼。在这种形势下，一九三六年至一九三七年七七事变前夕，原驻鲁东潍坊地区的第七十四师，协同在连云港以北的孙连仲第二十六路军第三十军，在潍坊以东地区南至连云港之间构筑钢筋水泥碉堡国防工事。当时该师辖两个旅四个团：第二二〇旅旅长李益智，第二二一旅旅长马贯一；第四三九团团长江保元，第四四〇团团长傅国曾，第四四三团团长黄芳俊，第四四四团团长郭其溶。由于日本侵华日益猖狂，全师官兵都抱有对日一战的思想和决心，因此在构筑工事中，官兵上下齐心协力，都表现了积极认真、不怕劳累的精神，当时的情景实深感人。

## 奔赴德州初战抗敌

七七事变揭开了全民族抗敌侵略的帷幕。这时第三路军总指挥韩复榘通令全军停止休假，全面进入备战状态。第七十四师奉令由原驻地潍坊一带，推进至高密以东地区，借事先构筑的国防工事，防备日寇由青岛登陆。但日军并未在胶东沿海进犯，而以两路主力大军沿平汉、津浦铁路南下，我两路国军均未能阻截住敌军。

沿津浦铁路南犯的敌军，于一九三七年十一月初逼近了山东的德州，威胁到济南。韩复榘急调第二十二师、第二十九师、第七十四师开赴德州地区。以津浦铁路为中心，在铁路东西两侧占领阵地，向北布防，截击沿铁路南犯之敌。第二十九师在铁路东侧，第二十二师在铁路正面，第七十四师在铁路西侧。当敌军攻击前进时，首先与铁路西侧的第七十四师发生了战斗，敌军攻势凶猛，战斗异常激烈。但第七十四师及其侧翼友军，同仇敌忾，坚持对战，奋战达三昼夜，敌军毫无进展，我官兵伤亡甚众，第四四四团阵亡营长一员。

第三天清晨，韩复榘带少数随从人员，从济阳渡过黄河，骑摩托车预备到德州前线鼓励士气，指挥督战。这时日军因在津浦路德州地区被我军阻击，几天不能前进，乃另组织了一支快速突击部队，辖步兵两千余人、坦克二十余辆，事先于夜间秘密集结在庆云以北地区。适值韩复榘渡过黄河欲赴德州前线督战之时，发动了快速攻势，向惠民、济阳方向挺进。

这时，我任驻惠民的山东省第五保安区司令部参谋长，奉令率所部民团两营，仓促开赴惠民县城以北的刘坡坞，占据土围，堵截这股敌军；而这股敌军到达刘坡坞后，只以一小部对该围塞进行攻击射击，其主力大部绕过寨围，以坦克作先头，径向南继续挺进，一直窜至济阳黄河北岸，并沿黄河北岸向东扩展。韩复榘险被敌俘虏，仓皇逃过黄河南岸。

而在德州地区正与敌酣战的第二十二、第二十九、第七十四等三个师，闻此突变，深感侧后受敌威胁，惊慌失措，急忙向黄河南岸溃退。事先准备破坏济南以北泺口镇黄河大铁桥的工兵，看到我大军混乱败退渡桥过河，也极恐慌，竟然在大桥上尚有很多的渡桥官兵时就引火爆炸了，以致第二十二师第六十四旅旅长宁纯孝走在桥的中间，也被炸落河中牺牲了。

德州沦陷后，第七十四师首先撤退至平原车站以西附近，旋又退至禹城，节节向南后撤。到十二月初，第七十四师乃由洛口以西的齐河渡口过了黄河，即在洛口镇以西的黄河南岸对敌防守，右翼接第二十九师，此师的右翼为第二十二师。这就以黄河作天险，对沿津浦铁路南犯之敌形成了一道防线。这是第七十四师在八年抗战中的第一个战役。

## 万福河的防守作战

以黄河作防线固属天险，但是黄河在山东境内长达数百里，不可能全线布防。韩复榘只是在济南以北沿黄河南岸以第二十二、第二十九、第七十四等三个师的兵力防守。在这三师的左右两翼并无友军，亦不做阻止敌人渡河的准备工作（如将河中船只都控制在河的南岸等措施），因此这种防御近似儿戏。一九三七年十二月上旬，在黄河南岸布防后，敌军并未立即进行渡河攻击。约在十二月中旬，敌军密派大土匪刘桂堂（刘黑七）组织挺进队，化装成商人，在第二十二师的右侧空隙地段，偷渡黄河。随后一股敌军亦即紧跟渡过黄河，并径向济南以东胶济铁路的周村、张店车站袭击。该地本无守军，敌人轻而易举地占领了该交通要地。

这时，驻守济南的韩复榘极为惊慌。在此情况下，第五战区司令长官李宗仁命令韩复榘率所属部队退入沂蒙山区，以作后备。韩复榘抗命不听，竟擅自命令所部一下撤退到鲁西南的金乡、鱼台一带，而且他的后勤辎重在此之前早已撤至河南漯河、舞阳一带了。韩复榘的抗命不从，当时在他的部队中也没引起什么猜测，大家对他抗战还是信任的。后来，他因不听命令，破坏抗战而被枪决，官兵们都认为这是罪有应得的下场。

到一九三八年一月初，第七十四师分布在济南以西的齐河县对岸的黄河南岸防线上。由于敌军在济阳以东渡过黄河后，向胶济铁路的周村、张店挺进，济南总部已受威胁。因此我部也奉令向南撤退，经长清、肥城、汶上、嘉祥之线，到达了金乡地区，即在该县城以北的万福河南岸布防。占领济南之敌主力仍继续沿津浦铁路南犯，并以一部很快地占领了济宁。第七十四师在万福河南岸布防，是对济宁之敌防守，右翼为第二十九师（该师右翼迄南阳湖边）而左翼无友军，系空隙地带。

万福河的水并不深，有许多地方可以徒涉，而且河面也不很宽。

约在一月下旬，第三集团军下设立了两个军的番号：一为第十二军，军长以原第二十师师长孙桐萱升任，辖第二十师、第二十二师、第八十一师及手枪旅；二为第五十五军，以原第二十九师师长曹福林升任，辖第二十九师及第七十四师。韩复榘在武汉被枪决后，孙桐萱升任第三集团军总司令，仍兼十二军军长；曹福林为副总司令，仍兼五十五军军长。

进占济宁之敌，很快就推进至万福河的北岸，与第七十四师和第二十九师隔河对峙。在此阶段，敌军虽没发动大规模的渡河强攻，但借其炮火的优势，并用升起的气球观测我军目标，指挥其炮兵对我射击，因此我军官兵多遭伤亡。而我军炮兵数目既少，射程又近，如对敌炮还击，即遭其毁灭性的报复射击。约在二月底三月初之间，敌军两千余人，以二百多骑兵为先头，在第七十四师左翼空隙地区，绕道渡过了万福河，向该师左翼后侧袭击。这时第七十四师除以少数兵力坚守原防线外，急速集中主力，向渡过河之敌迎头痛击，发生了极为激烈的近战。师长骑摩托车赶赴前线亲自督战，第二二一旅第四四三团第二营营长乐国治阵亡，第四四四团团长郭其溶负重伤，敌我双方伤亡都很重。从早晨六时许拼杀到十时许，敌不支，乃在其隔河炮兵射击掩护下，仓皇渡河退去。我第七十四师亦未渡河追击。清扫战场时，有二十余敌军死尸未能运走，俘获敌军战马两匹。这次战斗后，第七十四师第二二〇旅第四三九团团长江保元、第四四〇团团长傅国曾因作战不力被撤职。

从一九三八年一月到五月初，第七十四师在万福河南岸与济宁之敌隔河对峙。其间经常发生小规模的对战，这是因为敌军主力是在津浦铁路线上的徐州、台儿庄一带，而济宁敌军乃是掩护其主力军右侧和维护其后方铁路交通的，所以在万福河一线对第七十四师发动较大规模的进攻，也只是一种欺骗性的佯攻。在这一阶段的战斗中，第七十四师负伤官兵被抢救下来后，即用汽车运至陇海铁路柳河车站，再转救护列车后送。但在用汽车运送时，途中为了躲避敌机轰炸，车行很快，而乡村道路又很不平，颠簸很大，重伤官兵常有致死者。

五月中旬，我五战区部队在津浦铁路线上阻敌主力部队南下，先是在徐州、台儿庄一带曾给敌军以打击，取得了较大胜利，但最终还是陷于日军合围。徐州一带大军有的沿陇海铁路西撤，有的向西南撤退。在这种形势下，驻防鲁西南金乡、鱼台地区的第五十五军奉令向河南周口店地区集结，补充兵员整训。当时由于一般官兵抗敌士气旺盛，闻听部队又向后撤，很多人对上级产生不满情绪，甚至出现了第二二〇旅第四四〇团第一营抗命不下防线的情况。后经该团团长、营长的多方劝导说服，才得服从命令后撤下来。到此，第七十四师在鲁西南金乡境内万福河的战役即告结束。

（一九八五年）

# 第四十九军沧州捷地之战

李铁醒<sup></sup>

　　沧州捷地战役，是抗日战争初期，在华北战场津浦铁路线上掩护由天津撤退的我军的一次激烈战斗。当时我是东北军第四十九军第一〇九师第三二五旅第六四九团的中校团附（即副团长）。现将记忆所及，亲身经历和耳闻目睹当时的情况，追述如下。

## 战前敌我概况

　　一九三六年西安事变和平解决后，东北军由陕甘宁边区奉命东调，在豫南、豫东、皖北和苏北地区进行改编。其中，东北军第一〇五师改为国民革命军第四十九军，驻防河南南阳待命抗日。我当时所在的东北军第一〇五师第一旅第一团改编为第四十九军（中将军长刘多荃，军部驻防河南南阳城内）第一〇九师（中将师长赵毅，师部驻南阳城内）第三二五旅（少将旅长赵镇藩，旅部驻唐河县城）第六四九团（上校团长

※　作者当时系第四十九军第一〇九师第三二五旅第六四九团团附。

张治邦），驻防河南南阳唐河一带整训待命抗日，我任该团中校团附。

东北军自从九一八事变后，由于失守东北，挨骂受气，全体官兵随时都愿抗日打出山海关，收复东北失地。西安事变活捉蒋介石"兵谏"就是为了抗日。消灭日寇，打回老家去，这是东北军全体官兵的共同心声，也是我们卧薪尝胆、枕戈待旦多年的心愿。

一九三七年七月七日，日本侵略军在河北省宛平县卢沟桥发动了七七事变，我驻卢沟桥的第二十九军（军长宋哲元）第三十七师（师长冯治安）第二一九团（团长吉星文）奋起抵抗，从此揭开了全国八年抗战的帷幕。

七七事变发生后，我东北军第四十九军奉命由河南南阳调往河北省沧州地区，在沧（沧州）石（石家庄）公路东段及津浦铁路以东至渤海滨之线构筑阵地进行防御，担负掩护友军由天津撤退的任务。

我第四十九军第一〇九师第三二五旅第六四九团于七月二十五日奉命由河南南阳唐河出发，于一九三七年八月初在陇海铁路兰封（今兰考县城）车站召开誓师动员大会，由团长张治邦、中校团附李铁醒对全团官兵作了一次慷慨激昂的誓师动员讲话。张团长以"消灭侵略敌人，收复国家领土是我们东北军唯一的责任"为题，继之我也以"杀倭寇披甲还乡打回老家去收复东北失地"为题作了动员讲话。而后，全团开赴河北沧州捷地一带。我团的任务是接替沧州西下花园阵地，阻止日寇前进，掩护友军撤退。右翼为第六五〇团。

一九三七年秋，正值河北省涨大水，沧州以西地区一片汪洋，尽成泽国。沧州捷地以东地区地势较高，我第四十九军沿运河、捷地、碱河、黄骅、赵家堡之线构筑阵地，昼夜不停轮流施工。国难当头，民情振奋，人民群众协助我军征集材料，并帮助构筑阵地，抗日情绪颇为高涨。

七七事变后，日本侵略军在华北已增至十余万人，兵分三路对北平、天津实行包围。第一路为日寇关东军两个混成旅团由热河向北平挺进；第二路以日寇中国驻屯军一个旅团为主力，准备从东部向北平进攻；第三路日寇由朝鲜调来第二十师团经由天津向北平开来。日寇并派大批飞机在北平、天津上空和平汉、津浦铁路两线进行侦察轰炸，平津形势更加危急。

七月二十八日，日寇分多路向北平第二十九军发起总攻，并以南宛为重点目标。我第二十九军遭到日寇猛烈攻击，伤亡甚众，副军长佟麟阁和第一三二师师长赵登禹壮烈战死，北平沦陷于日本帝国主义之手。七月二十九日，驻天津第二十九军与进攻日寇展开激战。七月三十日，天津失守。

日军侵占平津后继续南犯。由天津南下之敌攻占静海之后，沿运河和津浦铁路线前进。由于运河涨水泛滥，日寇以装甲汽艇和水陆两用坦克掩护步兵进攻，其步兵均带有救生圈，在其飞机大炮火力掩护下，利用装甲汽艇、水陆两用坦克在前，沿运河猛冲。马厂、青县我友军阵地先后被突破，张自忠师、庞炳勋军纷纷后撤，边战边退转战月余。

## 捷地战斗经过

当时东北军第四十九军兵力部署如下。

以第一○九师和第一○五师（欠一个旅）为第一线，在沧州捷地运河以东沿捷地碱河、后藤庄、黄骅、赵家堡之线进行防御。两师以后藤庄、孟村为战斗分界线，在旧县东西之线构筑第二线阵地。军指挥所在孟村附近。

第一○九师以第三二五旅和第三二七旅（欠一个团）配置于沧州捷地运河以东沿捷地碱河至后藤庄为第一线，以张家、王庄之线为分界线，线上属第三二七旅。以一个团在砖河东西之线构筑二线阵地。师指挥所在刘庄附近。

第三二五旅以第六四九团和第六五○团（欠一个营）为第一线，

在沧州捷地沿运河以东捷地碱河南岸构筑阵地，并在刘庄东南之线构筑预备阵地。旅指挥所在刘庄附近。任务是阻止当面日寇进攻，掩护津浦铁路线由天津撤退的第三十八师张自忠部和庞炳勋部队向南撤退。

第六四九团奉命后，立即接替阵地，加强构筑阵地进行防御。

一九三七年九月，日军突破静海、青县第三十八师张自忠部队的防线，乘装甲车和水陆两用坦克、橡皮舟、汽艇等沿运河和津浦铁路前进，到达沧州，向我主阵地进行猛烈攻击，均被我军击退。

九月二十日凌晨，日寇气球升空，随风飘荡于我阵地上空，视察观测。根据观测，日军先以飞机向我阵地投弹轰炸，继之以炮兵集中向我阵地猛烈射击。因运河以西遍地洪水，其步兵都带有救生圈，在其炮火掩护下乘汽艇向我阵地猛攻。以水陆两用坦克为先锋，步兵跟随前进。我军以平射炮将其水陆两用坦克和汽艇击毁数辆，使日寇不敢前进，而成为对峙状态。

九月二十一日拂晓，日军出动飞机对我沧州阵地轮番轰炸。上午七时许，敌先用炮兵向我阵地猛烈轰击，继之出动六批水陆两用坦克和装甲汽艇，掩护其步兵进攻。我军凭借阵地工事沉着应战，发扬火力，予日寇以严重杀伤。其中争夺关帝庙制高点战斗最为激烈。当日寇炮击时，我则以少数人监视，大部进入掩蔽部待命冲锋；待日寇炮火稍停，或其炮兵延伸射击时，其步兵冲来，我军即以炽烈火力进行射击。激战至午后四时许，我团第一连吴荫华连长率领全连官兵反复冲锋夺回了关帝庙阵地。第一次冲锋，吴连长负伤夺回了阵地，打得日寇丢盔落甲狼狈逃走。不久，日军发起第二次冲锋，吴连长裹伤再度高喊杀敌，把日寇大部歼灭于堑壕中。未几，日军又发动第三次冲锋，吴连长高喊杀敌，亲自打死日寇指挥官，在与日寇肉搏时中弹阵亡，壮烈殉国。由于吴连长英勇杀敌而战死，我团官兵更加仇恨日寇，奋勇杀敌，誓为吴荫华连长报仇雪恨。在我军的殊死拼杀下，日军终于败退，我军守住了原阵地。是日战斗中，敌我均伤亡惨重，日寇伤亡尤甚。我击落敌机两架，击毁水陆两用坦克数辆，以及汽艇多只。入夜后，只有稀疏的枪声，两军互相对峙。此战掩护了我友军第三十八师张自忠部队由军右翼安全陆续撤退。传闻，张自忠师的官兵路过我军阵地时说："谁说我们在天津、北平不抗日，佟麟阁副军长、赵登禹师长等都阵亡了，我们是有信心抗日，和你们东北军共同抗日。"我军闻之，非常振奋，增添了抗日的信心和决心。

九月二十二日，日寇从早至晚用飞机侦察轰炸，还不时用炮兵向我阵地射击，我团严阵以待。这时华北战场上，我军既无飞机，又无高射炮，日寇的气球升空，任意观测，可以说制空权完全在日寇控制下。但是我军并不气馁，以我们的劣势武器，凭借华北的大洪水，与日寇战斗。官兵都知道守住阵地则生，失掉阵地则死，养兵千日，用兵一时，杀敌报国义不容辞。我们判断这一天日军可能夜间来进犯，因此各营连做了夜间战斗的充分准备，包括夜间射击设施、阵地前增设障碍物、埋设地雷等。

果然不出所料，是日夜十时许，突然火光冲天，日寇用照明弹交织于天空，阵地前如同白昼。我团以既定的火力射击，凭借阵地既设地雷，将日军来犯的水陆两用坦克炸翻，其汽艇也多被炸沉或被水浪冲翻。日军人仰船翻，死伤甚多，死尸随运河的洪流滚滚漂泊而去。我团阵地虽有几处曾被日寇冲入，但经过肉搏，反复争夺，终于守住了阵地。我军获得胜利，士气益壮。一夜酣战精疲力竭，天明发现我阵地前有日寇尸体多具，但都在敌我双方火力控制下，敌几次派人来抢死尸，都被打死打伤而退回。

九月二十三日，自拂晓到中午，日军又发起数次攻击，均被我击退。连日来的激烈战斗，都是以我团担任铁路和运河堤坝正面为日军进攻的主要方面，其他方面虽也发生战斗，都没有我团正面战斗激烈。正午十二时左右，日寇曾集中兵力，向我团阵地猛烈进攻，我以严密火网，沉着应战，敌屡次增援，均被我击退。午后，战斗更为激烈，日飞机轰炸，炮火集中射击我阵地，掩护其步兵进攻。在日寇攻至我阵地前时，我防守部队即发起冲锋，以激烈的白刃战斗，将来犯的日寇歼灭于阵地内，终于保全了阵地。负伤下来的八连官兵说："日寇凶恶极啦，攻击我们的阵地，八连连长穆春茂用连发手枪打死了几个敌人。当他的子弹打完了时，一个敌人就给穆连长一刺刀。穆连长夺过了那个敌人的枪，反把那个敌人刺死了。接连又来了几个日寇刺他，他虽然受伤，但又高又壮的穆连长以压倒一切的战斗精神，连续刺死了几个日本兵，最后壮烈牺牲了。穆连长真是勇猛的好连长啊！"

九月二十四日，战斗继续进行，以争夺运河堤坝上的关帝庙制高点最为激烈。我军几度冲锋，反复争夺，第一营少校营长王肖孔身先士卒，率领全营夺回关帝庙阵地。在指挥战斗中，他负伤不下火线，裹伤再战，支撑危局。日寇再度来犯，他奋不顾身，奋勇当先，以连发手枪打死打伤许多日寇，并将日寇指挥官中村少佐击毙，使日寇败退。不幸的是，王营长也被日寇炮弹炸死，壮烈殉国。第二营少校营长张莹洁在率领预备队增援冲锋搏斗中，也身负重伤。我团连续作战五昼夜，多次杀退敌人，坚守阵地，博得上级嘉奖。终因伤亡过重，于九月二十四日夜十时奉命由我军应鸿纶旅接替我团防御阵地，全团后退至团指挥所附近休整。

## 夜雨掩护撤退

一九三七年九月二十五日晨，我东北军第四十九军完成掩护友军张自忠师和庞炳勋军的撤退任务后，又奉命担任了掩护全军撤退的任务。

我团刚换防由第一线撤下来，又于夜十二时奉命在捷地占领阵地，掩护全军撤退。我团第一、第二营为第一线，在捷地之线占领阵地，阻止日寇追击。第三营占领预备阵地，待第一线第一、第二营撤退后，转为后卫跟进。

是夜大雨滂沱，我军在狂风暴雨中严阵以待。我第一线部队于九月二十五日晨四时隐蔽撤出阵地，由第三营右翼撤回到张格庄。撤退顺序为：第一营，团直属各连（机、迫、平、通），其后为第二营，第三营转为后卫，在第二营后三百米跟进。部队沿津浦铁路东侧沧州、南皮大道前进。

我团的行动，日寇当夜并未发现，我们安然地撤出了沧州捷地。事后据团情报员汇报说：二十五日上午，日寇始发现我军撤退，方前出占领我军阵地。

我军撤出沧州捷地后，在南皮县休息一天。十月二日，我第四十九军奉命夜袭泊头而占领之，旋又奉命撤出泊头，继续向济南转进。路过吴桥（花园）时，方知第六战区司令长官冯玉祥将军已将指挥部转移到山东黄河南岸洛口。我团随军撤退到山东黄河南岸长清县孝里铺，准备在黄河南岸构筑阵地。后因八一三上海战起，上海战事紧张，我军又调上海，参加淞沪抗日战役。

这次在沧州捷地作战，我第六四九团在阴雨连绵中奋战五昼夜，阵亡第一营少校营长王肖孔、第一连上尉连长吴荫华、第六连上尉连长宋自启、第八连上尉连长穆春茂等。第二营少校营长张莹洁等负重伤。全团共伤亡营、连、排长三十余人，占全团官长总数的三分之一，伤亡士兵三百余人。沧州捷地之战给日寇一次沉重打击，胜利完成了掩护友军安全撤退任务，获得军、师的嘉奖表扬。张治邦团长因母丧返回南阳奔丧，李铁醒以战功晋升上校团长，其他官兵亦分别论功行赏、晋升，负伤的官兵送后方医院诊治，阵亡的家属予以抚恤，妥善安置。

附：

# 河南兰封誓师动员大会李铁醒讲话手稿
## 《杀倭寇披甲还乡打回老家去收复东北失地》

弟兄们：

方才张团长给我们讲了，我团奉命北上抗日，杀敌报国的机会来了，我们都要坚决遵照贯彻执行，奋勇杀敌，有进无退，胜利地完成任务。你们都是随我多年南征北战的老弟兄，同生死，共患难，始终不渝。我现在讲四点，与大家共同奔向前方，杀敌报国。

一、保持我军的光荣传统，奋勇杀敌抗日。

二、我们的长官都是联共抗日的名将，我们追随他们披甲还乡。

三、我们都是参加西安事变临潼华清池"兵谏"抗日的志士，要贯彻始终。

四、抗日杀敌报国打回东北老家去，收复东北失地是我们的职责。

首先，要发扬我军的光荣传统，奋勇杀敌抗日。我军是从一九二八年六月四日，先大元帅张作霖在沈阳皇姑屯被日寇炸死，张学良副司令继承东北大统之后，由张副司令的卫队发展起来的。先是扩编为统带部，进而编成东北军第一〇五师，今又编成东北军第四十九军。我们始终是追随张学良副司令南征北战抗日，战无不胜攻无不克的队伍，有光荣的战斗传统。我们这次奉命北上抗日，都要奋勇杀敌，打回东北老家去，为张副司令争光。张副司令屡次告示我们，东北是我们丢的，我们有责任收回东北失地。因为国难家仇我们必须抗日，我们一定要保持我军的光荣传统，杀敌报国收复东北失地。

其次，我们的长官都是联共抗日的名将，我们要追随他们披甲还乡。我们东北军第四十九军是新改编的，但我们的长官都是联共抗日的名将，我们要追随他们披甲还乡。我们的军长刘多荃是西安事变向蒋介石委员长"兵谏"的总指挥，是张副司令的心腹人，也是坚决贯彻张副司令联共抗日停止内战主张，坚决抗日的人。我们第一〇九师师长赵毅，九一八事变时任东北军第二十二旅旅长，在保卫哈尔滨的双城抗日阻击战时，他曾对双城父老说："我是军人，军人的天职就是保卫国家疆土，保卫人民不被敌人侵犯，请双城父老兄弟放心，我赵毅愿同双城父老同甘共苦，生死与共，共同存亡，至于如何抵抗日军入侵，乃军事机密，不能细说……"他率领部队在一九三二年一月三十一日的双城抗日阻击战中，把日寇打得落花流水，人翻马毙，成为赫赫抗日名将，人人敬重。我们第三二五旅旅长赵镇藩是东北军第六十七军参谋长调来充任旅长，他是东北军联共抗日最早的人。一九三六年春，第六十七军军长王以哲与第六十七军赵参谋长奉张学良副司令之命，在陕北洛川与中共代表李克农在陕北洛川秘密会谈，订下了停止内战、联共抗日密约。弟兄们还都能记得，一九三六年春，我们团到陕北洛川保卫张副司令视察护路，四月初我们又保卫张副司令到陕北肤施视察护路，实则就是保卫张副司令先在陕北洛川与中共中央联络局长李克农会谈，停止内战联共抗日，以后到肤施是张学良副司令与周恩来中共副主席秘密会谈，订下了停止内战共同抗日的密约。我们团长张治邦也是抗日的名将，九一八事变时任吉林绥芬河一带东北军第二十一旅旅长。当时李杜将军为吉林自卫军总司令，任命张治邦为左路军总指挥，冯占海为右路军总指挥，丁超为中路军总指挥。一九三二年初，日军经舒兰向宁安进犯，当时张治邦总指挥指挥部队在哈尔滨至绥芬河中东铁路沿线与日寇激战，打得日寇胆战心惊。我李铁醒在九一八事变时同许多老弟兄一样，参加保卫锦州，鏖战于大凌河、小凌河、紫荆山一带，使日寇不敢进犯辽西。弟兄们，我们都是卫队的老人，都参加过辽西抗日保卫锦州，经过辽西血战，后因锦州划为中立地区，才奉命撤退关内的。长城抗战，我团捍卫北平，到西安后我们曾保卫张学良副司令到洛川与中共联络部长李克农秘密会议，又保卫张学良副司令到陕北肤施与中共副主席周恩来秘密会谈，订下停止内战、联共抗日密约。西安事变时，张学良副司令亲自给我下达手谕："令李铁醒带第一团七个连即刻到临潼华清池请蒋委员长来西安，停止内战，要求抗日，对蒋委员长不得有所伤害。此令。"奉此命令，我率领大家由韦曲乘大汽车前往临潼华清池，向蒋委员长"兵谏"，这些事大家都历历在目。我们都是卧薪尝胆、枕戈待旦多年，我们的长官都是抗日的战将，也是在抗日战场上富有经验的名将。希望弟兄们追随长官奋勇杀敌，消灭日寇，以雪国耻，收复东北失地。

其三，我们都是参加西安事变临潼华清池"兵谏"抗日的志士，要贯彻始终。弟兄们，西安事变时，大都随我参加临潼华清池请蒋委员长停止内战联共抗日。我们请蒋委员长由山上下来的时候，蒋委员长经过我们的部队，我们官兵一致高呼请他停止内战，领导我们抗日。午后，张团长带领你们后续部队到来，我们到临潼华清池"兵谏"的部队归还建制。一回到渭南赤水河，我们就构筑阵地，坚决要求联共抗日，后来得到蒋委员长允许。西安事变和平解决后，政府开始一致对外。这些往事，我们至今还记得。今天，我们奉命赴津浦铁路前线沧州杀日寇，正是我们大家的心愿，也是我们西安事变"兵谏"的目的。今天抗日的时候来到了，希望大家奋勇杀日寇，报仇雪恨。

其四，抗日杀敌报国，打回东北老家去收复东北失地，是我们的职责。我们都是东北军的老弟兄，九一八事变后，我们东北军奉命撤到北平，以后到西安。西安事变后，我们得以停止内战，联共抗日，这是大家共同的心愿，也是我们日日夜夜的梦想，现在我们大家共同唱《我的家在东北松花江上》……（我领唱）

今天，我们有机会打回东北老家去。弟兄们，今天我们抗日杀敌的机会来到了！我相信大家一定能奋勇争先，杀日寇报国家披甲还乡！打回老家去，收复东北失地！我与弟兄们共同杀日寇，胜利完成任务！

# 第二章
# 平津路抗战

# 廊坊抗战始末

崔振伦※

一九三七年七月二十五日开始的廊坊抗日战争，虽然规模不大，持续时间也不长，但对卢沟桥保卫战的全局关系非常重要。对天津方面的敌人，起了很大的钳制和阻止作用。廊坊战斗，我是组织者和执行者之一，当时驻防廊坊一带的是第二十九军第三十八师第一一三旅第二二六团，我是这个团的团长。

## 七七事变前敌我的形势和动态

### 第二十九军第三十八师的情况

一、军事部署

第三十八师师部、第一一四旅旅部和第二二七团、第一一三旅的第二二五团、师部特务团驻南苑；骑兵营驻团河；第一一二旅旅部和第二二三团、第二二四团驻防大沽、小站、葛沽一带；第一一三旅旅部、第

---

※ 作者当时系第二十九军第三十八师第一一三旅第二二六团团长。

二二六团分驻武清县城关①、杨村、河西务，主力在廊坊；第一一四旅第二二八团驻天津附近韩柳墅，其第三营担任天津市政府的警卫；独立第二十六旅旅部及其第一团、第二团分驻马厂、青县一带；独立第三十九旅驻北平东东郊。

二、建制和团以上官长姓名

师长张自忠，副师长李文田、王锡町，参谋长张克侠（后改任翟紫封）；第一一二旅旅长黄维纲，第二二三团团长李金镇，第二二四团团长张宗衡；第一一三旅旅长刘振三，参谋长李树人，副旅长梅贯一，第二二五团团长张文海，第二二六团团长崔振伦；第一一四旅旅长董升堂，第二二七团团长杨干三，第二二八团团长刘文修；独立第二十六旅旅长李致远，第一团团长朱春芳，第二团团长马福荣；特务团团长安克敏。（独立第三十九旅是新建单位，对其官长姓名还不熟悉，无从谈起。）

三、编制和武器配备

第三十八师有三个正规旅。每旅两个团和一个特务连。每团三个营及迫击炮、重机枪各一连。每营四个连，每连三个排，每排三个班，每班十四人。师部有个特务团，分骑兵营、手枪营、工兵营、炮兵营及高射炮、平射炮各一连。除这些部队外，还有两个独立旅，即第二十六旅和第三十九旅。

宋哲元从长城抗战失败后即回察哈尔，冀察政委会成立后就控制着平津两市，在装配上有新改变，利用大沽造船厂制造了一部分轻武器，也从德国、捷克购买些武器。如每团配备八二迫击炮四门，捷克造重机枪四挺。每连配备捷克式或大沽造轻机枪六挺，掷弹筒四个（以后改为连的小炮排）。每个战斗列兵发捷克式步枪一支，刺刀一把，木柄手榴弹四个。连长发手枪一支，排长是冲锋枪或手枪、步枪不等。通信器

---

① 现武清县政府移驻旧武清城关镇以东三十里之杨村镇。

114

材、骡马、军需用品，均有所改善。

四、训练教育

第三十八师（连同整个第二十九军在内）在长城抗战失败后得到三四年的休整机会，在装备补充上有些改善，但在训练教育上，基本上还是旧西北军的老样。

这个师的教育训练，可分为术科训练和学科训练。术科方面：

（1）操场训练。不外各种步法、各种队形的变换以及器械体操等。（2）野外演习。即攻防追退，都是老一套的办法。学科方面一是军事书本，如步兵操典、里外勤务等普通军事常识；二是精神讲话，由连排长或营团附集中讲一讲，内容是爱国主义和民族主义。每逢国耻日，馒头上印上"勿忘国耻"四个字，或者让官兵都躺在铺上凝视天棚，不吃饭，想一想，以示不忘国耻。有伙食节余的团营就买几头活猪，拉到操场用黄纸糊在猪身上，写上"日本帝国主义"，让各连队向猪做冲锋动作。哪个连队刺死了猪，哪个连队就抬走吃了。吃饭时唱吃饭歌："这些饮食，人民供给；我们应该，为民努力。帝国主义，国民之敌；为国为民，我辈天职。"在抗日期间，歌的第三句改为"日本军阀，国民之敌……"没有正规的政治工作制度，也没有政工人员。

## 敌人方面的情况

敌人在天津的东局子、海光寺、飞机场均驻有驻屯军，北平以南之丰台等处均有日军兵营。日军采取各种形式增加驻兵，如通过换防多来少走，逐渐增兵。从卢沟桥战争爆发至廊坊战事之前，光北平一带增加的兵力，经我们监视哨统计，就有三个联队和一些特种兵。其次是经常作野外军事演习，以北平或我军驻地为假想敌，进行攻击演习。开始时，我军还有所戒备；时间久了，习以为常，也就麻痹了。再次是政治拉拢，诱骗第二十九军投降：第一步，要第二十九军脱离国民党独立；第二步，让宋哲元搞华北伪政权。宋哲元既不愿投敌，又不敢断然拒绝，只是采取拖延、苟全的办法，接受了日军向第二十九军和冀察政委会派遣顾问的要求。日军事顾问只是在军部和师部活动，旅团均没有日本顾问。

第三十八师有个日本顾问叫樱井。在一九三七年春天，这个樱井由副师长李文田陪同来到廊坊。这时旅长刘振三因公外出未回，只有旅参谋长李树人和我负责接待。我们感觉很为难，怕说错了话担过。当时在旅部找了一位录事充当翻译。一天上午，副师长李文田陪同樱井去操场检阅部队。当然是副师长检阅，并非日本顾问来检阅，一切操场仪式礼节都是向着副师长的。可是副师长穿的不是军服，而是长袍马褂，显得不像样子。事后才知道，因为副师长与樱井的军衔悬殊，怕不好看，不便着军服。樱井在部队面前讲了话，大意是说："中日同种同文，应该睦邻亲善，共同防共，对付欧美各国……"

## 卢沟桥打响后廊坊方面的情况

第二十九军的领导层受了不抵抗主义的影响，又从反面接受了一九三三年长城抗战失败的教训，对抗战胜利失去信心。为了保住平津的地盘和自己的实力，对日本侵略军始终抱有幻想。卢沟桥已经打起来了，还认为是地方事件，就地谈判解决。和敌人订的临时协定中有"如有日军列车过往，不经廊坊驻军许可不准放行"，来往列车得向廊坊情报站通知。可是日军向北平增兵，始终没利用铁路运输，而是从天津徒步行军开向前方。由于敌人的兵力尚没大批增援上来，所以才集中力量在卢沟桥作战，对廊坊方面暂不进攻。因此七月七日卢沟桥打响了，廊坊无战事。直到七月二十五日，敌人才向廊坊进攻。

在卢沟桥战争未爆发前，第二十九军虽然处在三面被敌包围之中，但几年以来都是和平练兵，思想上既没高度的警惕，在行动上也并没有相当的备战措施。七月七日到二十五日廊坊打响，仅十几天的时间，才做了些简单的备战工作，构筑了简单的工事，把随军家属送回各自的原籍或转移他处。

## 部署情况

第一一三旅旅部、第二二六团团部和特务连驻在廊坊铁路以南，与商民杂居在一起。第一营驻在车站东端的侍卫府（俗称石灰坞）；第二营驻在武清县城关，其第五连驻在杨村；第三营驻在铁路以北的营房内，其第十二连驻河西务；团的迫击炮连驻在铁路北的一个货栈内；机关枪连驻在车站北的一个小村子内。廊坊地势平坦，满地庄稼，枣树很多，沙土地，平顶房，没有大的建筑物，仅有当年德军占领时建筑的两幢西式楼房，面积六千平方米，土围墙。新建平房三列，每列能住一个连队。

廊坊仅有些中小型的商业和摊贩，多半都在路南。路北有三四条窄短的街道，有几家摊贩、饭店和客栈，除了驻军和安次县的公安局派出所外，就是商会及一所小学校。

## 备战情形

卢沟桥打响后，团的措施是：

一、首先把随军眷属限期送走；

二、团部移驻路北，便于指挥作战；

三、构筑防御工事；

四、在万庄车站、落垡车站及廊坊车站两端布置便衣队，必要时准备拆除铁路（这批便衣队都经铁路工人传授了扒路的技术，并携带着扒路工具，一两分钟能拆掉一节铁轨）；

五、把车站和街市隔离开，各街口都用旧枕木、麻包袋堵塞起来，挖一道壕沟，在房顶上垒起各种类型掩体，迫击炮、机关枪都对预定假想目标，测定距离，加以标志。

117

第二十九军的作战指导思想，是备战避战的方针，即使在任何时候任何情况下都不准先敌开火，但是要求寸土不失。在日军方面，为了争取时间，增调兵力作大规模的进攻，对中国政府和第二十九军采取麻痹政策，表现在不撤回在第二十九军的顾问，不拒绝互派代表谈判，使第二十九军领导层始终幻想卢沟桥事件能以地方事件求得解决。

正在这个和战未决、边打边谈的同时，第二十九军副军长兼北平市市长秦德纯对记者发表一篇谈话，大意是说已命令守卢沟桥的部队，卢沟桥就是他们的坟墓，寸土不能让给敌人……廊坊官兵们得知后都很受鼓舞，以全团官兵的名义向师部上书请命，愿到前方杀敌。不久就接到了命令，即是"备战避战"。在七月十五日左右，接到准备出发的命令，这时全团官兵异常兴奋，都擦枪磨刀，做好了随时投入战斗的准备。听说这次预备用七个团的兵力，来歼灭丰台和卢沟桥的敌人，但不知是什么原因，这个命令又撤销了。

因为由天津向北平附近增援的敌人，不能利用铁路（临时协定规定的），除了用汽车运输外就是徒步行军，中间必须经过杨村。驻杨村东口公路边沿的第二营第五连，不管黑天白日，监视着通过的敌人。这个连因处在敌人来往的要道上，警惕性高，也有相当的战斗准备，士气旺盛，随时都可以投入战斗。上级严格的避战命令束缚着他们，有敌不能打，眼看着敌人的辎重和军队日夜不停地开向卢沟桥战场，打我们的友军。全连官兵都义愤填膺，每天数次请缨就地杀敌，均被严令拒绝。有一天，这个连的连长杜巍然用电话请示我批准开火。他说："请团长另委个连长来代替我好了！"我问他这是什么意思？他说："敌人几天来络绎不绝地从门口经过，官兵都忍不下去了，非打不可。如果真打起来，我可担不起这个责任。如不让我们打，就叫我们改装土匪，离开杨村到别处去袭击敌人，打了就跑。你看行不行？"我当时考虑，在上级的避战命令下如果这样干了，我也担不起这个责任，于是先和旅参谋长李树人商

118

量，又去请示师部。结果仍是不准。最使人义愤和难堪的，是敌人的一辆辎重汽车陷入泥窝，走不动了，杜连长见既不让打，又怕这辆汽车在这里待长了会出事，即用电话向我报告，请示如何处理。我又和李参谋长商量，又去请示师部。李文田副师长的指示竟然是：责令这个连的官兵，帮助敌人把车拖出来，快走了事。这不是意味着帮助敌人快去打我们的兄弟部队吗？我照抄传达到连里去，准遭到全连官兵责骂；不传达下去，又得负违抗上级命令的责任。正在左右为难之际，幸亏敌人这辆汽车已经走了。事后才知道这个陷坑是该连有意设置的。以后怕这个连闹出事来，我们负不起责任，就把他们调开了。

## 日军向廊坊我军挑衅

日军依靠《辛丑条约》在北宁路享有驻兵权，因廊坊有我驻军，宋哲元也有声明，"不准利用北宁铁路作军运"，所以在廊坊战争未爆发前，敌人暂没利用平津段作军事运输。但是廊坊在兵要地理上说，是个必争的地方，敌人为了攻陷北平，非把廊坊这个钉子拔掉不可。所以在七月十一日就向廊坊我军挑衅。在这天的中午，我接到万庄车站通知，说："有日军五六名携带通信鸽两笼，到廊坊车站去了。"据此我和参谋长李树人研究（这时旅长刘振三正在庐山受训，师长张自忠在天津任市长，所以师旅都是参谋长或副职代理），决定请安次县廊坊公安分局局长出面交涉，同时也传令我们的官兵不准到车站去。待这几个敌人下车后，局长趋前问其来意，敌人回答是"检查通信的"，并要求让他们到市内去逛逛。局长耐心向他们说明，从车站到市内均被驻军隔绝，不能进去，劝他们早些回去，以免和驻军发生误会。敌人并没坚持要去，答应等有车来后回北平。敌人与局长谈完话后，立即放走了两只通信鸽。公安分局派了两位公安人员陪同他们等车，直到来车走了完事。这是第一次挑衅行动。以后这类事情不断发生，特点是人数一次比一次多，态度一次比一次强硬。我们的对策是随机应变。我们选派机警能干的军官化装成公安人员，暗带短枪，随同公安分局局长与敌人周旋，借此观察敌人的企图，随时报告旅部和团部。同时也派出武装便衣，采取各种方法，敌人来了，就把他们秘密包围起来，以防万一。有一次，十几名敌人仍以检查通信为名来到廊坊车站，下车后佯作无事，到处游逛。有一敌兵爬到电线杆上，四下张望。他发现房顶上有我们哨兵向他们瞄准做射击状，急忙下来，咆哮如雷地向我公安分局局长表示要找驻军司令抗议，说什么他们正在值勤之际，中国兵为什么向他们射击。经公安人员作了解释，并劝阻一番，才算完事。旋即回北平去了。很明显，这些敌人多次来到廊坊的目的是侦察情况，找借口，为攻占廊坊做准备。

二十三日傍晚，接天津车站紧急通知，说"有敌人兵车一列开向北平"。这时敌车离杨村只有一站。当即与杨村、落垡两站站长商量是否有办法阻止敌车前进，他们说没办法阻止。我们的任务是守备廊坊地区阻止敌人前进。打吧，上级不准；阻止吧，又没办法。既要避战，又要寸土不能资敌，在这个矛盾的命令下，真是左右为难。正在紧急时，适有廊坊站长李益三说："我倒有办法，团长能不能为这两个站长负责？"我急问什么办法，表示任何责任我都能负。李站长说，叫这两个站长带着全体职工和一切工具一跑了事。我认为他的话有道理，可以照办，但李参谋长犹豫不决。我当时认为这不是什么了不起的责任，即请两个站长照此办理，都撤到廊坊来。结果敌人的兵车没法开来，算完了。据李益三站长介绍，这个办法是在长期军阀混战中摸索出来的经验，当作战双方谁也惹不起的时候，一跑了之。根据以上情况，我们分析，廊坊的保卫战快要爆发了。正在为难的时候，旅长刘振三二十四日晚从庐山受训回来。我们真是如释重负，松了一口气，认为旅长一回来，不但有了依靠，而且上下为难的担子，也不会这么重了。

## 廊坊战斗的爆发

### 被迫开火

七月二十五日的下午，接到北平师部的通报，有日军兵车一列向廊坊开去，令严加注意。我当即和刘振三旅长研究敌情，商量对策。据我们判断，卢沟桥已经打响十几天了，廊坊又是平津要冲，势在必争；而且敌人最近的活动，又都是带侦察性的，因此认为敌人此来，是决心占领廊坊。据此由旅长向师部请示机宜，便于行动。师部的指示是"让敌人的列车进站或通过，不让敌兵出站进街"。如果此招不通，下一步怎么办？师部的指示一字没提。旅长根据指示精神，交我具体办理。廊坊的部队是我团的两个营，我也没有什么好的办法，照样请公安分局局长出面与到站的敌人兵车交涉。公安分局向敌提出，只准在站内活动，不准出站进街，理由是站外街内都有驻军，以免发生误会（七七事变后安次县政府为廊坊公安分局派了个日语翻译，凡与敌人交涉事情时，都用这个翻译）。当时敌因立足未稳，一面虚与应付，一面又提出："光在站内活动，怎能完成我们的任务呢？"要求请我们的旅长来谈谈。旅长在这样的情况下，当然不能冒险前去，可是又不能不去。于是派了位上尉参谋，代表旅长去和敌人交涉。但敌人仍坚持要旅长亲自来谈，并说"如果旅长不能来谈，派团长来也可"。根据敌人降了格的要求，刘旅长又派第二二六团中校团附杨遇春同李参谋随公安分局局长一道再去交涉。待一伙人到后敌人还和我方人员合拍了照片，而且让杨团附站在中间。照完相后，双方开始谈判。我们的要求是："你们的任务完成后尽快离开廊坊，以免发生误会。"敌人要求出站宿营。我方说："此地有驻军，你们在此宿营绝对不行，还是赶快离开此地。"这样反复争执，终无结果。待我方人员回来后，敌人就行动起来了，分成三四个组列，每组有三十至五十人，全副武装，并带有工具。他们分头出站，选择有

121

利地形开始向着市内方向构筑工事。这时敌人的主力仍在站内隐蔽，不让我方看见。

还在双方谈判时，我和刘旅长随时研究情况，并随时报告师部，请示办法。但是师部在这种一触即发的紧急情况下，下达的指示仍是老一套，即"不准敌人出站进街，不准开枪"。我们还派公安分局局长前去交涉，要求敌人"停止构筑工事，马上离开廊坊，否则发生冲突，由你们负责"。敌人这时更进一步提出强硬要求，要我驻军退出营房让他们宿营，他们就停止构筑工事。刘旅长用电话向师部报告，副师长李文田指示"不能让出营房"。刘旅长说："敌人硬要进怎么办？"副师长说："挡住敌人。"刘旅长问："如何挡法？"副师长说："总之驻地不能让出，也不能先敌开火。"我在电话前听了二人的对话后，就出去看情况，正遇第三营营长邢炳南报告："敌人正对着九连住的街口做工事，工事做完以后一定会向我们开火。"这时第九连连长宋再先也来了，他说："团长，打吧！"我说："你打谁负责？你先回去，我和你们营长商量商量。"我和邢营长商量的结果是，先敌开火，待敌人开火后再向师部报告，说敌人先向我开始进攻，我们为了自卫才还击的。但是这样办了，又瞒不了旅长。我让邢营长回去布置，我去找旅长商量。邢营长说："如果旅长不同意怎么办呢？还是等团长回来再说吧！"

我到刘旅长那里报告邢营长与宋连长先敌开火的意见，刘旅长未置可否，光是低着头吸烟。正在这个时候，忽然听见外边响起了机枪声、炸弹声，夹杂着喊杀声，很激烈。这时刘旅长才拿起电话筒向师部报告，说："敌人已经开始向我们进攻，我们不能等着挨打，怎么办？"我听见电话筒里说："育如（刘旅长的字），你拿着电话机不要放下。"听到这里，我马上出去，观察各处的情况。走到第九连阵地时，见到宋连长，他神情不安地说，这次开火是他连里的一个列兵，叫王春山，他自己集合了五挺轻机枪，没得到任何人的命令就向敌人开火了。我说："敌人先打了咱，咱当然也要打敌人。"我事后考虑，宋连长所说的一个列兵集合了五挺轻机枪，先敌开了火，恐怕这是宋连长亲自办的。不然一个列兵怎么能够集合五挺轻机枪呢？他是怕负责罢了。我又找到邢营长，他说刚才的炸弹声是第十连蒋排长搞的。蒋当时在一家饭馆房顶上（当时在廊坊商民的平房顶都设有隐蔽哨，敌人还没发现），正好房子墙根下有一部分敌人休息，他一听第九连响起了机枪声，他就用集束放手榴弹的办法，每捆五个，投下了五捆。

廊坊的抗日战争，就是这样开始的。这次因为敌人没重武器，只有重机枪、小口径炮，特别是立足未稳又加上他们轻敌，所以伤亡很大。当时已进入黑夜，只听见敌人的伤兵鬼哭狼嚎。敌人曾数次使用猛烈火力作掩护，抢运伤兵，均被击退，又伤亡不少。我军是以主待客，早筑有一定强固程度的工事；又违背了上级命令，先敌开火，争取了主动，因之伤亡不多，损失不大。但是我们估计，敌人这次伤亡很大，又没撤走，绝不会罢休。决定在拂晓前，将车站现有的敌人全部歼灭，夺回车站，以便天亮后对付增援的敌人。我们也估计了形势，自己没有重武器和攻坚的准备，而敌人占领了车站的各种建筑物。如果在天明前歼灭不了他们，敌人援兵来了，势必向我们进攻。要是我们支持不住，再后撤，困难就大了。可是半夜十二点左右时，听刘旅长说，北平方面敌我双方都已经派出调解人，乘汽车前来廊坊进行调解。按时间计算快该来到了，所以又增加了拂晓前歼敌的顾虑，于是就作罢了。下面的决定是在天明前把旅部、团部撤至营房以内；又重新调整了部署，准备敌人拂晓进攻和应付增援之敌。这是七月二十五日的情况。这一天的战斗，在我们来说，既被动，又主动。按上级"备战避战不先敌开火"的作战指导来说是被动的；从下级来说，在敌人的步步进逼下，不顾上级命令先打了敌人，是主动的。

## 二十六日再战

当我回去指示团部向营房内迁移时，刘振三旅长早在等我了。我们正在交换情况，忽然接到报告说，天津之敌开出兵车一列，已到落堡车

站下车，估计此刻敌已下车，集结完了即将开始向我们攻击前进。刘旅
长急找邢营长来，打算用邢营长的名义给敌人写封书信，说明北平中日
双方都派人来进行调解。目的想缓和一下敌我气氛，争取些时间，完成
自己的部署。待找来邢营长，写下不到几行字，从天津飞来九架敌机，
分三个组在我们的营房上空转了一个圈即开始轰炸；紧接着又来了六组
十八架。两次共二十七架飞机，在廊坊上空轮番侦察、扫射、轰炸。邢
营长的信也没用上。当时研究，营园①面积不大（仅六千多平方米），
纯系沙土围墙，素无坚固的防守工事；我们部队现都在市的边沿，正在
敌机的攻击目标下，固守营房是没用的，也守不住。不如把队伍撤至市
外，和敌人作野战倒还有利。这时营房内的房屋大部都被炸塌了，幸亏
我们是在地下室开会的，散会后刚一出门，敌人的炮弹也打过来了。仓
促之间，刘旅长沿着围墙外部利用高粱和芦苇的隐蔽走掉了。旅长走后
我和邢营长跑到营园外边，找了个适当的地方又研究尔后的作战方针以
及通信联络和伤员的转移等问题。决定团的机枪连归邢营长指挥作总掩
护，并作为营的预备队。邢营长即开始作撤退部署，待撤退和占领阵地
的队伍大致就绪后，我就去找旅长去了。走不多远就遇见第十二连连长
鲍俊德。他说，刘旅长到桐柏镇去了。这时看到敌人的炮火和飞机都集
中向营房轰击。我们有八二迫击炮四门，也集中向敌人射击，用活动阵
地的方法，每放上五六炮，就迅速转移阵地，再向敌射击。我们步兵利
用高粱、芦苇的隐蔽，向营房接近，向墙里射击，投掷手榴弹。但敌人
始终不出围墙。敌机终日保持着九个组二十七架飞机，协助其地面部队
作战。

在上午十二时前，我得知旅长已到了桐柏镇。我正要到桐柏镇去见
旅长，刚好旅长派人来找我。旅长已将团的第二营从武清县调到桐柏镇
旅部。我到了桐柏镇，范绍桢营长对我说："需要不需要第二营上去？"

---

① 即营地。

124

我以为他们刚从武清开到，一定很疲劳，就让第二营先吃饭休息。我见到刘旅长，汇报了前方战斗情况。旅长问我今后怎么办，他说反攻廊坊也无意义。我说，去守武清城关如何？旅长说，去武清不如到安次。我们分析了利害后，决定今晚横过落垡铁路向安次县城关①进发。二十六日敌人完全占领了廊坊，其伤亡人数不详。二十七架敌机轰炸了一天，敌人的步兵占领了营房以后，没作进一步攻击，只是机枪大炮向我们盲目射击。那天我们共伤亡四五十名，团部和第三营的行李全部丢光，只是将文件带出来了。

## 主动转移

七月二十六日，我们撤出了廊坊。所谓北平敌我双方派人来调解，根本没见到人影。我们与北平、天津的联络已被中断，无法了解卢沟桥方面的情况，得不到军和师的指导，事实上形成了我们在廊坊独立作战和盲目作战的局面。我们处在卢沟桥和天津中间，如果整个战况不利，是很危险的，只有主动撤退是上策。二十六日晚九时左右，我们由现地出发向安次县城关前进。为了防止敌人的追击或腰击，我把两个营的大部分轻机枪和团的迫击炮交由第三营营附李盛荣带领，向敌人搜索前进。估计李营附他们通过铁路后即向敌人实行急袭，而后迅速脱离敌人，追随大部队到安次县城关会合。

我们通过铁路到安全地带休息时，听到后边枪炮声很激烈，因此，旅长和旅部并没停止休息就走了，我们估计敌人黑夜里摸不清情况，绝对不敢追击。一阵枪炮声响过后，我到后面去看情况。没走多远，正迎上担任掩护退却的张永贤连长，他说有一列敌兵车从天津开向廊坊，在落垡站开出时很慢。他便集合本连所有的九挺轻机枪向这列车射击，并在铁路上埋下了好些手榴弹。敌人列车上的机枪盲目地向铁路两旁乱打

---

① 安次县城关现名光荣村，距廊坊三十里。一九五一年安次县政府迁至廊坊，一九八三年撤销安次县，其属地归廊坊市管辖。

了一阵。这时我们的李营附回来了，我们趁天还不明，就向安次县城关出发前进，和旅部会合。

## 二十七日夜袭廊坊之敌

根据军队的法令，一切军事行动，必须绝对服从上级的命令，没有上级命令而行动，即使对了，也得受处分或斥责。不对的行动，更不要说了。失掉廊坊，对整个卢沟桥战争关系很大，同时，我们撤出廊坊是擅自行动，责任重大。只有夺回已失的阵地，或可将功折罪。我们到安次县城关时，老百姓欢迎我们，并没责骂我们丢掉国土。但这个县的县长张汉权请旅长和我吃饭时，对我们说了不少刺激的话。张县长是军人出身，跟孙传芳当过师长，以后叛孙投卢（永祥）。他向我们说话的大意是：廊坊的情况，不管是在时间上、地点上和敌情上，都和卢沟桥不一样，如上级指示，虽没命令不得向敌人开火，可是也没命令撤出廊坊，如果为了一时的态势不利而撤出，应当伺机恢复廊坊，庶不致有过……我不知旅长内心如何，我当时心里很激动，认为我们虽属军人，守土有责，还不如人家一个县长有远见哩。当即和旅长决定今晚由我带领一个营七个连的兵力向廊坊进发，夜袭敌人，夺回阵地。

廊坊之敌在战斗两天后，伤亡颇重（百余人），立足不甚稳固，守备人数在一个加强连左右。北平此时正在激战，估计敌人从北平向廊坊抽调增援的可能性不大，但从天津方面增援的可能性较大。根据这个判断我们做了如下的部署：

第一营附迫击炮连（缺两门炮）、轻机枪四挺，由营长左景春带领为主攻，以夺回廊坊全歼守敌为目的。

第五连附迫击炮两门、轻机枪两挺，由赵营附带领占领落堡阵地，破坏铁道，堵截由天津增援之敌，确保主攻方面的安全。

第六连附轻机枪连（缺六挺）为预备队，随团长行动，并将由安次县城关到北史家务村的电话线路修整完毕。

下午，我们由安次县城关出发。黄昏前到达离廊坊十里左右的北史家务村，将队伍略加整顿，安下基点，以便与旅部（驻安次县城）联络。一些非战斗员、医务所、伤兵收容所以及县政府随来的人员均在此停下，一切就绪后各按自己的任务分头前进。

我带预备队进至廊坊车站西一华里之蔡庄时，廊坊枪炮声已响了。不多时伤兵下来了。接着左营长的报告也来了，报告内容和伤兵口述的大致相同，即廊坊之敌兵力不大，从北平开来的列车均是伤兵。我们的主要攻击目标是列车上的伤兵，其次是廊坊守敌。听枪声时急时缓，我将这个情况报告刘旅长，旅长指示："在拂晓前将队伍撤下来，先在北史家务村休整一下即回安次。"

袭击廊坊的战斗，我们使用的兵力比敌人大两倍，我对廊坊的地形、市街又熟悉，士气也旺盛，打起来较顺手，所以敌人伤亡重大，敌人的伤兵列车及护卫医务人员全被歼灭；守备之敌除死伤外，大部仓促逃走，只有少数躲在建筑物内的未及逃走。如我不奉令撤出，残敌准能全部消灭，夺回廊坊阵地是有把握的。

我们回到安次县城后受到民众的热烈欢迎和慰问。当天的广播和天津各报都在宣传我军某部收复廊坊、歼敌若干名……虽然有些夸张，但是我们打了个主动胜仗倒是事实。

前边说过，我们前在廊坊未撤出时，由于上级在和战不决的情况下给了我们很大约束，失掉了不少打击敌人的机会。最后在敌人的步步进逼下首先开火的蒋排长、列兵王春山和袭击敌人列车的张连长也是顾虑重重，怕受处分。后来接到上级的指示，即对敌作战的命令，大意是"和谈绝望，遇敌就打"，这几个首先打击敌人的人才如释重负，并且得到了奖励。在我来说，也放下了个包袱。

二十八日，接到命令，去打天津，先到王庆坨集结。行军到永定河，刚要渡河，又接到命令，即向马厂、青县、大城转进，当即转向永清县渡河，到胜芳镇、大城县集结，休整待命。我们走到胜芳镇，遇上从天津退出来的我军人员第二二八团和天津保安队，才知道我们已经放弃天津。据说我军主动作战，给敌人以很大杀伤，但因整个形势对我不利，不得不撤出天津。

# 激战廊坊车站

邢炳南[※]

从七七事变到日军向平津全面进攻的一段时间内，从表面上看是没有发生新的军事冲突。但日军经过这一阶段的准备之后，在七月二十五日下午四时左右，突由天津方向开到廊坊车站一列兵车。初来时声言是交通列车，修理沿途电线，继而便在车站上布置警戒，驱逐车站闲杂人等，并禁止站外的行人进站。第一一三旅旅长刘振三派第二二六团附官吴明海（朝鲜人，能讲日语）到站交涉，要求日军离开廊坊站。日方不但没有圆满地答复，反而要求我军撤出营房，并打了吴明海两个耳光，把吴逐出车站。旅部当即将廊坊车站所发生的事件，以电话向天津市政府报告并请示处理办法。接到的答复是："要忍耐，不要扩大事态，这里马上就派员偕同日方人员乘专车到廊坊去。"此时天津市长兼第三十八师师长张自忠在北平，天津的一切由第三十八师副师长兼天津市公安局局长李文田负责。此时驻廊坊车站营房内的部队，仅有第二二六团第三营，其第九连还驻在站台附近的民房内。

---

※　作者当时系第二十九军第三十八师第一一三旅第二二六团第三营营长。

从日军强占我廊坊车站起，北平和天津的铁路交通即告中断，形势显得极为紧张。第一一三旅一次又一次地向天津打电话联络，但是每次得到的答复，大体上都和第一次的答复一样。到晚七时前后，日军便开始在车站周围构筑工事。同时，我第九连亦将轻机枪架在房顶上，准备应付一切可能的事变。后来第二二六团团长崔振伦决定采取主动，以第三营主力由车站西北端沿铁路向车站之敌进攻，第九连仍在原住处占领阵地，以便夹击车站之敌。当夜十时，第三营即进入攻击准备位置。这时崔振伦团长也来到现地指挥攻击。就在这将要攻击前进的一霎时，突然接到旅长的命令："撤销向车站进攻的计划，速将部队撤回原驻地，听候处理。"并说天津的调解专车马上就来廊坊。于是第三营便又撤回营房。午夜已到，依然不见调解列车到来。就在这时候，旅部忽接天津电话："日兵车一列将由天津开往廊坊，请特别注意。"第三营得此消息后，当即向团长建议：一、速将铁路拆断；二、以第三营主力或另调第一营在铁路拆断处伏击由天津开来之日兵车。这个建议，没有得到旅长和团长的采纳，只允许由第三营派一个连到车站东南扬旗外占领阵地，伏击来敌。第三营即派第十一连担负此项任务。第十一连占领阵地不久，营又接到团的指示："伏击来敌的命令作废，速将第十一连撤回营房。"我们执行这一指示时，第十一连官兵表示"愿与阵地共存亡"，不肯回来。经过几次说服协商，决定第一步先将连的主力撤回，仍留一个排在原地执行伏击任务；第二步才设法把留下的一个排也撤回来。伏击部队撤回后不久，日军由天津开来的兵车，即毫无阻挡地长驱直入廊坊车站。

廊坊车站之敌，得到增援后，便于二十六日早二时开始向我炮击，第三营当即以迫击炮还击。从此时起和天津的电话便中断了。第三营的主力进入营房围墙的既设工事，并将原住民房的第九连也撤到围墙的工事中，全力抗击当面之敌。日军以步炮联合向我发动的攻击，都被我第三营击退。

130

二十六日拂晓时，忽然听到嗡嗡的声音由远而近，原来是日军飞机一队（九架）由天津方向飞来，到廊坊上空稍事盘旋侦察，即向我毫无防空设备的营房进行低空轰炸扫射，敌军同时向我发起进攻。此后，敌机即以九架为编队，不间断地轮番轰炸我营房。上午十时，营房已被敌炮火和飞机炸成一片废墟。但是第三营的全体官兵，凭借着营房围墙的既设工事，依然沉着应战，不仅击退了敌人的疯狂进攻，而且伤亡也很少。有些士兵被炸起的土埋了，他们从土里爬出来，换个地点，继续抗击来犯之敌。

就在这个紧张的时候，刘振三旅长在营房东北角的交通壕内对崔振伦团长说："营房没有死守的必要，你可命三营营长邢炳南从速撤出营房，免受无谓的牺牲。"崔团长即按刘的指示，把我叫到营房东北角的交通壕中，一边走，一边说："旅长已经走了，我们决定不守营房，所有旅部和团部的直属部队，都归你指挥，赶快设法撤离现地，向东撤退。"说完后，崔团长也走了。这时敌机的轮番轰炸更加疯狂，敌地面部队亦趁机发起进攻。我即按崔的指示，一面继续抵抗当面之敌，一面派人寻找旅部和团部的直属部队，让他们利用青纱帐撤到营房东约三千米处，停止待命。在旅团直属部队撤走后，我又指挥本营逐次撤出营房，向东转进，到达营房东约六里之高地时，已经是下午一点左右了。我当即用一个连占领阵地，并将所有部队整顿了一下，清查结果，人员马匹仅有轻微的伤亡。我要求各部队长，务须确实掌握队伍，并分段构筑工事，敌如来犯，即在此地抵抗，绝不后退。这时敌机也分散进行轰炸扫射和侦察，地面之敌再没有追击我们。

我当时一面加强阵地，防敌来攻，一面派营附鲍俊德寻找旅长和团长，在距廊坊二十里的桐柏镇找到刘、崔二人，报告了撤离营房时的情形以及撤退后的处置。刘、崔二人见鲍来到，喜出望外，说："这就有办法了。"当即命令我把所有队伍都带来桐柏镇。傍晚部队到桐柏镇后，刘又决定今晚向安次县城关转进，并命崔团驻武清县城关之第二营及驻廊坊西南之第一营，同时行动，务必在二十七日拂晓前到达安次县城关集结。崔团全部到达安次县城关后，白天稍事休整，即奉旅的命令于当日夜间反攻廊坊。

安次县城关与廊坊相距约三十里，团即按旅的命令于当日午夜到达廊坊附近，以第一、第二营为主攻部队，第三营为预备队，在敌毫无准备的情况下，一举攻进廊坊车站。敌人从梦中惊醒，仓促应战。经过一小时的激烈战斗，廊坊车站绝大部分已为我军占领。就在这关键时刻，团接到旅部的命令："平津两地的情况均不很好，可将部队从速撤回安次县城关，另有计划。"团当即按旅的指示，将部队逐步撤离廊坊，于二十八日返回安次县城关。次日平津报纸都刊登我军收复廊坊的消息，其实是刚刚攻进廊坊，马上又撤走了。

在日军陆空联合向廊坊进攻得手后，又以同样的方式，要求我驻团河的第三十八师骑兵营让出团河，骑兵营拒绝了，因而也遭到日军陆空的联合攻击。

# 天津抗敌记

李致远<sup>※</sup>

## 一

卢沟桥事变发生时，第二十九军第三十七师（冯治安师）在卢沟桥反击了日本侵略者的挑衅。当时我任第二十九军独立第二十六旅旅长，属第三十八师师长张自忠指挥。我旅驻天津外围马厂一带，有两个步兵团和一个警卫连，装备主要是轻武器，只有几门小口径平射炮和十几挺高射机枪。但士兵们要求抗日的心情十分迫切，个个摩拳擦掌，跃跃欲试。

我旅两个步兵团，一个是"朱团"，团长朱春芳，性情直爽，勇于战斗；一个是"马团"，团长马福荣，性情文雅，长于思考。旅参谋长因公出差未归。

七月二十五日夜里，满天阴云，空气闷热。从廊坊一线（由刘振三旅驻防）传来的枪炮声一直未停。我当时在马厂旅部，一夜未眠，等待

---

※ 作者当时系第二十九军第三十八师独立第二十六旅旅长。

着廊坊方面的消息和第三十八师副师长李文田（师长张自忠在北平未回来）从天津来的命令。二十六日晨四点左右，接到刘振三的电话，说廊坊失守，部队损失很大。我即通知部队做好战斗准备，随后乘汽车去天津见副师长李文田。当时在天津的我方主要人员有第三十八师副师长李文田、第三十八师手枪团团长祁光远、市政府秘书长马彦翀、天津保安队队长宁殿武、天津警备司令刘家鸾，还有驻小站的黄维纲旅长等。

在去天津的途中，我想，第三十七师已经在宛平打了十几天，廊坊失守，平津交通断绝，直到现在上级还没有一个明确的指示，看来是非打不行了。见到李文田后，我就问："我们为什么还按兵不动，到底打算怎么办？"李文田见我心情急躁，便说："不要急嘛，我们现在和张师长断了联络，打与不打我一人不好决定。你这一趟来得很好，我明白了你的决心，你先回去掌握住自己的部队，我再试探马彦翀、黄维纲、祁光远他们的想法才能决定。"我说："现在和日本侵略者已经撕破脸了，不打是不行了！我的部队是有把握的。要打还必须拉着天津保安队和警察一块干，不然叫亲日派把这部分力量拉过去向我们开起火来，就不好办了。"李文田说："如果打起来的话，就得拉着这部分力量，你赶快回去把部队向天津靠拢，听候命令吧。"我看李文田有打的决心，就心情愉快地回到马厂。回去后，我立刻把两个团长找来研究了一下，命令朱团立即开赴静海县并占领静海车站，扣住一部分车皮，随时准备开赴天津。马团于二十七日晨再开赴静海待命。

二十七日早上五点左右，接到副师长李文田叫我立刻到静海县去的电话，我立刻赶到静海见李。李说祁光远和宁殿武十点到我家去，我们一块商量一下这个仗怎样打法，于是我们就一起乘汽车到天津去。路上李文田说："我已经和马彦翀商量了，可是没有结果。"接着我俩简单地交谈了一下作战部署。

在李副师长公馆会客室里，宁队长和祁团长已在这里等着了。我们立即围着长桌子坐下来，桌上放着天津市地图。李副师长说："北平方面直到现在还没有命令，战与不战，如何应付当前局面，大家商量一下吧。"大家都同意打，但在时间上发生了分歧。我和李文田主张立即打，宁殿武力主等北平指示。最后大家又分析了天津当时的局势，决定还是立即打。在讨论兵力布置上，又发生了争论，最后李文田作了决定。他先朝我微微一笑，我明白这是表示按照我俩在汽车上商量的做法作决定了。他说，如果现在不打，等到日军兵力增多了，想打也无法打了，因此要立即打。敌人在市中心海光寺驻有一个联队，有十几门炮，而且工事比较坚固；东局子日本飞机场停着三十多架飞机，有一个中队步兵；天津总站和东站还各有一小队日军。大沽口外有日本兵舰和海军陆战队，山海关和廊坊也驻有日军。因此，市内这部分日军，必须迅速消灭。否则敌人援军一到，我们就会被包围，遭到内外夹击，有被消灭的危险。我插话说："要干就干，来个攻其不备，先下手为强，打了再说，副师长下命令吧！"当时我们的兵力有：第三十八师手枪团一千余人，装备较好一些；天津保安队共三个中队，加上武装警察约一千五百人；独立第二十六旅两个团约三千人，共五千余人。黄维纲旅可以马上赶到作总预备队。会议最后决定的兵力配置是：保安队一中队攻取东车站，由宁殿武负责指挥；手枪团全部，配独立第二十六旅一个营及保安第三中队攻占海光寺日本兵营，由祁光远负责指挥；独立第二十六旅，配保安第二中队，攻占天津总站及东局子日本飞机场，消灭守敌，烧毁飞机，由我负责具体指挥；武装警察负责各战场交通和向导。总的指挥由李文田和我负责。决定于二十八日凌晨一时同时开始。

　　会议结束已经是二十七日夜十点钟了，离规定发起战斗时间只有三个小时。好在会议期间我已派传令兵乘小汽车命令朱春芳团即时开赴西南哨门集结待命。会议后，我立刻命令朱团第一营与保安第二中队，每人携带一小水壶汽油、一盒火柴，跑步到东局子占领敌飞机场；第二营由朱团长亲自带领攻占天津总站，我还给他一个手枪连，作为预备队。总指挥部设在西南哨门，我和李文田副师长在那里，可以随时听取战况报告。

## 二

战斗在二十八日凌晨一时开始。战斗刚开始的几个钟点，发展是顺利的。朱春芳带领第二营和保安队一个中队，乘黑夜偷袭了总站，将一小部分敌人压迫到仓库的楼上，占领了总站。

攻占东局子敌机场的部队，因相距较远，部队跑步前进。营长选了两个排长一同跑在最前面，当他们跑到机场时，部队还没有赶到，他们三人就隐蔽在机场门口，用大刀将两个站岗日军砍死。这时由机场内开出一辆小汽车来，他们三人开枪将小汽车打坏，刚好部队也赶到了，一齐冲进机场。日军的飞机驾驶员都睡在飞机下，听见门口枪声，就都上了飞机，开动发动机，准备起飞。部队扑向停在机场上的机群，将汽油倒到飞机上，火柴却划不着（因跑步出汗和天气潮湿，火柴都湿了），只有一个飞机点着了。驻在机场的日军，疯狂向我士兵射击，我士兵一部分设法烧飞机，一部分抵抗。这时有二十多架飞机将要起飞，有些士兵急了，不管管事不管事，用刀乱砍飞机；有的抓着飞机不放，飞机起飞，只好放手掉下来，跌伤了三四个士兵。飞不了的飞机，士兵们用大刀砍，用刺刀刺，用枪打，用手榴弹炸；起了火的飞机，士兵们不管火烫用手撕下着了火的飞机碎片，到别的飞机上引火，霎时机场上烟火冲天。我军喊杀之声惊天动地，将守卫机场的日军压迫到机场办公楼和营房的工事里。起飞了的飞机黑夜里看不清地面，在机场上空乱飞。天亮以后，形势对我们就不利了。我军暴露在机场的平地上。敌机向我军扫射，敌军在楼内居高临下向我们射击，伤亡很大。这次战斗部署，因时间紧迫，我们没能将具体打法交代清楚，士兵又没有经验，如果事前告诉他们，点不着火时，可用手榴弹炸飞机，或先用大刀将飞机的尾巴砍坏，使它不能起飞，这样就不仅烧毁十几架飞机，而能将其全部烧毁了。

攻击东车站的部队，用偷袭的办法在两个小时内占领了东车站，消灭了敌人。总指挥部即命令宁殿武留一个小队（约一连）严守车站，其余（指攻东车站的部队）由宁殿武带领支援海光寺，归祁光远指挥，宁为副指挥。部队完全用市内自动支援的公私卡车接送。

攻击海光寺的部队，因为敌人工事坚固，并有十几门炮向我军轰击，没有得手。

二十九日天亮以后，天津市民纷纷来慰劳我们。虽有几十架敌机（这时有东北飞来的敌机）在天上轰炸扫射，当我部队通过市区时，市民仍夹道鼓掌欢迎，送茶，送饭，送西瓜，还有送手巾、鞋袜的。我通知部队不准要市民的东西，严守纪律。这时有的市民找到我，要求我们接受慰劳品。因为天气太热，我才命令部队可以喝茶水，可以吃西瓜，其余的一律不准要。

天亮后，我增援步兵乘天津市卡车，高举着军旗，来到英法租界。这时各租界听到枪炮声，已在各路口设上了铁丝网或鹿寨和拒马挡着。汽车如绕道过去，要转很远，住在租界内的市民看我们的军队到了，就拥过来鼓掌欢迎，甚至有的巡捕也受到群众抗日爱国热情的影响，主动地把拒马拉开，让运送部队的汽车顺利通过。当部队汽车通过时，群众夹道鼓掌欢迎，民气之高，情绪之热烈，给我们官兵以莫大的鼓舞。

天津市的公私卡车和公共汽车，几乎全部自动地来支援我们运送弹药和部队，汽车司机们抢着将弹药搬到自己的汽车上，冒着敌机的轰炸扫射，开赴前线，有的司机主动帮助炮兵将高射机枪和小炮安装到卡车上，运送到前线。

当时我组织了一部分汽车去静海县路上迎接马团，很快就运到天津。这时战斗打得十分激烈。在海光寺、东局子和总车站的部队遭到日军的炮击和飞机轰炸，伤亡严重，市民为了支援我军，在敌人炮火下主动帮助我们修筑工事。特别是海光寺附近，有些商店将自己的铁门卸下来，运到前沿阵地，在敌人密集的枪炮射击下，前面的人被敌人打倒了，后面的立刻跑上来接替，继续抬着铁门唱着号前进。当时看到群众的抗日热情如此高涨，感动得士兵受伤也不下阵地。不少群众在前线阵地帮助修筑工事时，流了血，也有不少人为此壮烈牺牲。

战事进行到下午一点，情况就十分不利了。我所掌握的预备队只剩下一个营，黄旅又无到来的信息，敌机轰炸得很凶，市政府被炸起火，在南开大学的预备队一个营被炸死伤一百多人，市民百姓死伤也不少。前线要求援军的电话、报告纷纷到来。总指挥部被敌人发觉，十几架飞机轮番轰炸，敌特汉奸大肆活动。和前线的通信断了联络，副师长李文田为了躲炸弹，已经离开指挥所到一里许外之住户处。指挥所里只有我和几个传令兵。在一点半钟左右，我派出两个连支援东局子机场。东局子机场、海光寺总站几个方向的枪炮声很激烈，此时，我心内暗想，只有两连预备队，不到万不得已，是不能拿出去的。就在这时一部小汽车来了，我想这时候谁还坐汽车到这里来。汽车走近停下来，从汽车内走出两个穿便衣的人，原来是祁光远和宁殿武。我迎上去奇怪地问："怎么换上便衣了？海光寺打得怎样？"宁殿武丧气地说："完了！人全打光了！"祁光远叹口气也说："完了！阵地上的人不多了！路上到处是汉奸和日本特务，所以才换上便衣来的。"我感觉他俩有些动摇了，形势确实不妙，我们一块去找李副师长商量。他俩将情况向李文田作了报告，最后提出撤退的建议。我说："无论如何，也得等到天黑才能撤，免受敌机的危害。"李文田将接到的报告给我们看，其中讲到：山海关一列车日军开赴天津，廊坊日军两辆装甲车开赴天津。塘沽来电话说：有一小轮船日军沿大沽河开向天津。我们曾数次电报调黄维纲旅增援，迟迟未到。看来有被围的危险了。我们商量一下，决定撤退，部队集中点在静海县、马厂两地。我还是坚持到天黑再撤，他们都主张即时撤，以免被围。最后决定下午三点开始撤。命令下达后，我和几个副官组织了汽车，将辎重、重武器以及伤员等，在高射机枪掩护下先运走。下午四点左右，基本上运输完毕。到四点半步兵陆续撤下来了。我通知各部队出东南哨门不准走公路，全部从高粱地里撤退。这时我的手枪连从朱团长那儿也回来了，我即派出一个排沿汽车公路布置岗哨，一方面严防汉奸敌特捣乱和破坏，另一方面严禁士兵暴露目标。我在东南哨门外公路上，指挥部队隐蔽撤退。敌机侦察没有找到目标。直到天黑，我才随着两连掩护队离开天津市区，奔赴马厂。经过十五小时的战斗，天津市区陷入敌人之手。

## 三

天津敌军因遭到一定程度的损失，没有力量进行追击，部队撤到马厂后，我们就抓紧时间整顿部队。当时保安队撤到静海县就不走了，副队长是个亲日派，根据我们掌握的情报：保安队已派人到天津与日本人联系，企图叛变。队长宁殿武，下落不明。副师长李文田到沧县第二十九军军部去了。保安队如被拉到日军那方面去，当了伪军，对我们十分不利。我和两个团长商量决定，派马团长去静海县，召集保安队全体讲话，然后派朱团长带全团去接防，强迫保安队到马厂整训，并撤换其大队附。这一计划进行得很顺利。

我于当日晚赶到静海县，召集朱团团、营长商量防守静海的办法。我说："日军很快就会向我们攻击，静海县和车站一定要守住！这次我们不能像在天津市里一样，和日军硬打正规的阵地战，这样我们要吃亏。"县城和车站相距一里。我想，第一营守车站；第二营守城，但是阵地放在城外；第三营在天津市和静海县之间，打游击，敌人来攻静海时主要是在后方打，敌少我就吃掉它，敌多我就跑。第一、第二营各派一个连在本营阵地前方打游击，但是不要进入第三营的区域内，主阵地每连派出一个班，在游击连和主阵地之间作游击，这样敌人一来就到处挨我们的打，绝不使敌人攻到我主阵地。朱团长等都同意我的意见，就按照这个计划布置了兵力。敌人曾有几次进攻，都未到主阵地，就被我们打跑了。有一次敌人用装甲火车，向静海车站进攻，我们早料到他有这一手，已在铁轨上铺上了麦秸，埋上地雷。装甲车不敢前进，敌人下车向车站攻击，我游击营把住后面的铁路，包围了敌人，敌人钻在车内很长时间未出来，在修铁轨时敌人被打死不少，丢掉了十几个尸体逃回去了。就这样守了一个多月，后来第三十七师张凌云旅长带了王维贤团来静海县接防。王维贤和我是同学，我将我们的防守办法告诉了他，建议他也这样办，并陪他们防守了一天，我们就撤到马厂休息。

朱团回到马厂的第五天，张凌云旅长来马厂找我洗澡。我问他那里怎么样，他轻松地说："没事。"正在洗澡的时候，听到静海方向枪炮齐鸣，张旅长穿好衣服就要走。这时来了电话说静海失守了，张旅长匆忙赶回前线。在三点多钟接李文田副师长自军部来电话，命令我旅立即收复静海县。我气愤地说："他们给丢了，叫我们去收复！"李副师长说："你先执行命令吧！这是冯主席的指示（第三十七师师长冯治安兼河北省主席），要张旅长收复静海县城，你负责攻占静海县车站。"我放下电话立即传知各团准备出发。我召集团长说明情况，命令朱团担任主攻，马团支援，今晚偷袭静海车站，我随朱团走，五点出发。过了一会儿，朱团的一个排长来找我，向我说："靠近静海车站东南有一个菜园，菜园内有一间小屋，我们住在车站时，我和看菜园的老头很好，他说我可以带一个班，先占这个小屋，再偷袭车站就容易多了。"我同意这个办法，派他带一个班为先遣班。当他们摸到菜园时找着看园的老头，这个老人轻轻地告诉排长说屋内有四个日本兵，还有一挺轻机关枪，最好在无声中消灭他们。就这样我方占领了小屋子。我和朱团长带着部队沿铁路向静海车站摸去。因连日大雨，水深过膝，部队运动到车站附近时，站着走恐暴露，匍匐前进水又没了顶，只好蹲着向前摸。当我接近菜园，准备将部队布置好再偷袭敌人时，李副师长派传骑送命令来到。宋军长（指第二十九军军长宋哲元）令，即速撤回马厂。我用电话和副师长联络，原来是军长看着阵地太突出，认为就是收回也是无谓的牺牲。

当天我又接到第二十九军军部命令，叫我旅自铁道以东（不包括铁路）唐官屯烧窑盆村沿减河到海边防御，阻止敌人南下。这条减河约二十米宽，满床河水三四米深，两岸堤坝很高，上面长着茂密的芦苇和杂草，岸上还有成荫的柳树。村西约一里处河上有一座大木拱桥，桥面很高，桥下能行船，站在桥上可以看得很远。

部队先头刚到村，就得到情报：日军约一个大队也在这个方向疾进。看来敌人企图由此桥抢渡。我即带着两个团长到桥侦察阵地和敌情，并使部队即到桥南头附近高粱地内隐蔽待命。我向团营长说，敌人要抢渡这条河，如果不把他顶回去，这条防线就垮了。我大声而肯定地说："我们要死守这条河，每团选出'敢死队'，每人带着长把大刀和四个手榴弹，用洋红抹成大红脸，冲过桥去，用大刀砍！"我问谁愿领敢死队，当时朱团长把胸脯一拍激昂地说："我带着去！"说着把上衣一脱，跑到朱团选出的敢死队前说："脱了光背，将红抹上，跟我来！"这一百多人全跟去了，马团选出的一百多人也去了，我看人数太多，想拦住，他们还是都跑过去了。

用长柄大刀，是根据过去的战斗经验，因为我们的刺枪术不敌日军，将大刀把接长三尺，在白刃战时有利。

每人带一包洋红抹脸，据说日本人怕红脸，也是表示我们流血死拼的决心。

这时哨兵报告，有四个日本兵快到桥了，远处还有一队日军，向桥走来。看来他们还不知道这里有我们的军队。朱团长带着士兵像一阵飓风，呼的一声冲过桥去。日军还没搞清红脸是怎么回事，就被大刀劈死不少。这场白刃战，我军大刀飞舞猛冲猛砍，直杀得日军晕头转向，有的拖着枪就跑。日军刺枪术虽好，但是失去效能。我们士兵边杀边追，后面赶来的日军大队，被自己退逃的士兵一冲也乱了。接着我们的"敢死队"也冲过去，有些敌人企图拼刺，但经不住长柄大刀劲猛。一个日本中佐军官骑在马上拿着握刀哇哇乱叫，我们的张排长一刀就把他劈下马来，将握刀、肩牌、徽章缴下。我们的"敢死队"又追了下去。这时我想，士兵们没带枪，总是要吃亏的。我叫司号长吹调号撤回来，可是士兵们喊杀声超过了号声，同时也杀红了眼，只知猛追，调不回来。我命副官骑马追上朱团长才调回来。这次白刃战伤亡不少。我即命马团长带本团沿减河南岸布防，立即派出侦探监视敌人行动，并派人将减河所有船只尽沉河底，派一连人用汽油将木桥烧掉。

我召集团、营长商量防守计划：如果要守住这条河，必须守住河北岸两个村子（村名忘记）。这两个村紧靠河岸，相距一里许。我命朱团长带领本团，守住村子，在河两岸柳树上扯起粗绳，绳贴在水面上，使敌机看不见。来往的兵可以沿着绳子渡河。将附近各村封锁起来，严防汉奸和敌探。朱团在北岸可以灵活作战，南岸随时支援。

第二天敌人就来进攻，朱团把他们顶回去了。以后敌人天天来攻，兵力不断增加，但一直没有攻破。朱春芳灵活布置防线，根据敌人攻势，挖了很多交通沟、盖沟等；今天这样部署，明天那样部署。敌机在低空中乱转。我们抓获的敌探供称，日本飞机在天空对我们阵地拍照，然后在第二天就按空中摄取的我军阵地图布置进攻。而我们就在一夜内改变阵地部署，按照敌人来攻的方向改为侧击夹击对付敌人。我们是远处不打，尽可能发挥手榴弹轻武器的效能。就这样苦战了二十多天，敌人没有攻过这条减河。后来敌人突破邻军阵地，占领我左后侧的马厂，我们只好转移。天津外围战斗到此结束，天津附近全部陷落。

# 第二十九军勇士
# 攻打天津公大第七厂见闻

宋玉升※

　　七七事变后，我亲眼见到由第二十九军的保安队在天津攻打日本人经营的"公大第七厂"的情况。那些保安队员打得英勇顽强，至死不屈。几十年过去了，第二十九军在天津攻打"公大第七厂"这件事，我仍然记忆犹新。今天我把这件事写出来，让全国人民知道，中国人民是不可侮的，在那次战斗中牺牲的六十八名无名英雄，将永远受到人民的尊敬！

## 日本侵略者在天津的暴行

　　提起日本侵略者在天津的暴行，真是说也说不完，我只举几个例子。记得一九三六年南京政府下了一个禁烟令，规定自六月一日起，凡是贩运毒品或者吸毒品的都要枪决或严惩。从那时起，天津市内属于中

---

　　※　作者当时系天津公大第七厂（原华新纱厂）工人。

国政府管辖的地方，大烟馆关门了，在大街上吸白面的绝迹了，可是日本租界里却公开设立大烟馆，公开销售毒品，中国政府不能干涉。日本浪人、朝鲜浪人公开在租界里设立大赌场，招揽中国人到里面聚赌，因此，很多日本人发了大财。许多输了钱的人不是偷就是抢，弄得社会上很不安宁。天津市最大的平民赌场"花会筒"就设在日租界内，日租界内还设有俱乐部，专供高级赌客到里面去玩耍。日本人出入火车站是不受检查的，他们大量收购白银，通过伪"满洲国"运往日本。日本人还大量发行假钞票，每一百张售价七十五元，买主可任意选购票面一元到五元的，也可以任意选购哪家银行发行的钞票，这就大大扰乱了中国的金融市场。七七事变前驻在海光寺的日本军队，经常外出演习，由于军队武装过境，马路上的交通经常为之堵塞。一九三七年四月以后，海河里经常出现浮尸，有时天天出现，有时隔一两天或三四天出现一次。最少时有两三具尸体，最多时一次有七八具。这是哪里来的浮尸呢？有些亲日报纸胡说是吸大烟吸白面的瘾发了，无钱买毒品，自己投河自尽的。可是打捞上来的浮尸都是衣着完整的壮年人，根本不像是吸毒的。实际上是海光寺日本兵营里构筑工事，工事完成后把抓去的中国壮丁杀人灭口，抛尸于海河内。这件事当时住在天津的人是人尽皆知，报纸上也常常登载。报纸上说浮尸是"某国"构筑工事后杀害的民工，"某国"就是日本国的代名词。

## 在公大第七厂受日本人的侮辱

我于一九二五年进入天津华新纱厂当学徒工，该厂的全称叫华新纺织股份有限公司，经理是周叔弢先生（解放后他担任天津市副市长多年）。一九三六年九月份，华新纱厂出卖给日商，当时我们的车间主任（即领班人）叫张文楼。日商接收以后，把中国籍的职员一律清退，光留下工人。七七事变时，我们的车间主任是日本人，名字叫梶本，我在车间里当小组长，一九三八年一月我也被辞退。因为我弟弟是车间里的挡车工，所以我被辞退后仍能住在厂内的工房里。这家收买华新纱厂的日本商号的全称是钟渊纺绩株式会社，厂名改为公大第七厂。旧中国经济萧条，找个工作很不容易，日商就利用中国人找不到工作的困难，用尽一切办法压榨工人。先是降低工资，后来又增加劳动强度，如车间的扫地工原来是四名，他们减为两名，车间的加油工也由四名减为两名，这些工人的劳动强度就增加一倍，谁提出意见就立即被辞退。日商接收以后不到一个月，发了每人一件工作服上衣，扣钱七角，在当时那一件上衣是不值七角钱的，还给每个工人发了一个工作帽。每天上班见到车间主任时，男工要行举手礼，女工要行九十度的鞠躬礼。我们工人们认为这是侮辱人格，每天上班时见到日本人就躲着走，后来这个制度被无形中取消了。日本人还经常动手打人，一发现工人违背了他们那一套操作规程，不是拳打就是脚踢，对男工是如此，对女工也不例外。工人们为了挣碗饭吃，只好忍气吞声，敢怒而不敢言。

## 七七事变后的天津情况

公大第七厂厂址在天津市北站外小于庄。我被辞退以后，失业了四个多月，才在河东区西货场华北煤栈找到了看煤的工作。这个工作虽然脏，总算有了碗饭吃。还在公大第七厂时，有一天听同事们说，第二十九军在卢沟桥和日本军队打起来了，看来不久天津也要发生战争。一九三七年北宁铁路正碰上日本"值年"。所谓"值年"，就是铁路值班，因为北宁路是借外债修建的，一切权力归债权国掌管。那一年由日本值班，一切调度权力归于日本，中国无权干涉。事变后天津西货场停放了很多日本军用车辆，上面装的有煤炭、木材、架桥物资等。天津海光寺是日本军队驻天津的大本营，大批日军从塘沽登陆后即换乘汽车去兵营。从形式上看，天天军运频繁，不知有多少日军由日本本土运到天津。但据了解情况的人说，这是日本人的疑兵计，他们每天白昼由塘沽运来大批士兵，晚上这帮人脱下军装换便衣乘火车去塘沽，第二天又换上军装乘火车到海光寺，运来运去，还是原来那些人。这是用来吓唬中国人的，也叫我军的情报人员弄不清日军的虚实。

自从日商买了华新纱厂，小于庄附近一带地区无形中成了日本人的势力范围。日本人先是大量购买民田和民宅，扩大厂里的车间，招收工人。事变后这里又变成了日本人的军事基地。日本兵全副武装端着刺刀在厂门口巡逻，厂内的日籍职工也都腰束皮带，打上裹腿，厂子门口经常停放着三四辆大型坦克，脱去炮衣，每时每刻都处于紧急战备状态。中国的警察派出所里的枪支全部被收回，我们的警察站岗都是徒手，和全副武装来回巡逻的日本兵形成鲜明的对照。

处在这种情况之下，小于庄的居民们，厂子里的工人们，多么希望我国的军队进入天津，把日本军队赶走呀。当时华北驻军是宋哲元领导的第二十九军，由于第二十九军在喜峰口大败过日军，全国人民都赞扬第二十九军抗日，现在日本兵在天津逞凶，大家都寄希望于第二十九军。有的说第二十九军已经向天津集中，有的说已有一部分第二十九军换了便衣进入天津……小道消息越来越多，居民们、工人们听说第二十九军进入天津，大家都很高兴，认为反正早晚要打仗，趁着日军还没有准备好，我们要先下手为强。

## 攻打公大第七厂

日本人的所作所为，早已点燃小于庄附近居民的愤怒之火，由于手里没有武器，南京政府又不许抗日，只能忍气吞声以待时日。后来工人们终于把公大第七厂的情况反映给第二十九军驻天津附近的部队。七七事变一开始，驻韩柳墅的第二十九军某部官兵数人，化装成泥瓦工与施工的工人进入了大仓组。经过几次侦察，把厂内的建筑物、出入道路及日本人的办公地点、宿舍等处，侦察得清清楚楚，只等天津发生战争时，和里面的工人里应外合歼灭厂里的日本兵。

一九三七年八月二日夜十点多钟，厂内枪声大作，一阵紧似一阵。我被密集枪声惊醒，同屋的工人们也都醒了，大家不约而同地小声说："二十九军攻上来啦，这一回可叫日本人吃几个软枣（指子弹头）吧，他们吃了软枣就要不了厉害啦！"大家小声议论着。我仔细听着枪声，机枪和步枪的声音都很清脆，知道这是敌人的枪声。嘣嘣嘣的老枪声是我军的枪声。从发枪的次数来判断，我军的人数不多，也有可能是节约子弹或者是试探性的射击，故意不暴露我军的实力。到天亮以后，我们看到房顶上有两个日本兵，端着步枪正在向外射击。我们心里都急切地盼望我军赶快打两枪，结束这两个人的性命。正在这个时候，忽然听到嗖嗖的子弹声向院内射来，大家知道这一定是第二十九军攻上来了。我们都回到屋里，从门缝和玻璃窗往外看到日本兵从房顶上朝下面射击，大家暗暗欢喜，知道这是第二十九军越攻越近了。紧接着就听到手榴弹的爆炸声。此时，除去敌人的机枪正在连续发射外，还有两架飞机在上空盘旋。敌机看准了我军都是轻武器，所以飞得很低很慢，飞绕了几周以后投下了两枚炸弹，震的满屋里都是尘土，却没有炸坏房子。白天枪声断断续续打了一天，天黑以后枪声紧了一阵，到后半夜，枪声完全停止了。大家认为可能是日本兵退走了。等到天明，厂里上夜班的工人回来了，他们一天多都没有吃上饭，厂里给每人发了二十枚铜圆。工人们围坐在一起，兴奋地讲述自己亲眼看到的战斗情形。

第二十九军保安队是由工厂西大墙缺口处进来的，那个缺口是泥瓦工上下班的出入地点。进厂的保安队有百十来人，进厂以后兵分三路：第一路先占据发电机房和水塔，这是全厂的最高处，是一个制高点；第二路攻占日本人的办公室；第三路到大门口袭击厂内日军。第一路到达发电机房时，里面只有一个日本人，他见势不好，马上跑到办公室报信去了，保安队员顺利地占领了机房。办公室接到信，立即做了准备，等到第二路到达办公室时，日本人群起抵抗。手持短枪的我军，见火力不如敌人，于是一边射击一边往车间里跑，意在混入工人中间，借工人们的掩护减少伤亡。第三路到达大门口时，立即开枪打倒敌人的一个岗哨，五分钟以后，日本兵才出来应战，双方激烈地对射。我军事先侦察了地形，战斗时利用建筑物作隐蔽，所以伤亡不大。这一路打死了十几个日本人。因为所带子弹用的差不多了，后面又没有接应上，我军暂时退到工厂区，会合第二路一齐战斗。这时候我军两面受敌，车间里的日本兵用短枪向外打，外面的日本兵用机枪朝里打，日军的增援部队来了，我第一路居高临下，打死打伤十几个日本人。这时有一个日军的伍长正在指手画脚地指挥射击，被我军一枪毙命。战斗到天黑，保安队身上携带的子弹快打完了，一天没有吃饭也没有喝水，但是他们的勇气毫无减退。战斗到下半夜，我军在厂外吹起集合号来，这是有计划的撤退，保安队员们仍从西大墙往外退。这时候，敌人潜伏在西大墙附近的两挺机枪一齐扫射，正在撤退中的保安队员遭到了很大伤亡。水塔上面有四位壮士，他们坚持不走，认为援军一定会来接应，所以他们不肯放弃水塔这个制高点。到中午，他们往四周一望，到处都是日本的太阳旗，知道援军无望，便手持上着刺刀的步枪下了水塔，当即与塔下面的日本兵展开了白刃战。这几位壮士的刺枪技术非常熟练，别看他们饿着肚子，但是和敌人拼刺刀时，劲头非常足。他们看到日本人多，知道自己是活不成了，拼上全身力气与敌人格斗，当场刺死六个日本兵。后来他们的力气用尽了，三人当场牺牲，一人被俘。

　　被俘虏的壮士由日军一名准尉审讯，翻译由车间翻译担任，下面是他们的对话：

　　日军问："你们为什么来攻打纱厂？"

　　壮士答："你们是侵略者，光压迫中国人，我们就要消灭你们。"

　　问："这个纱厂是我们日本人经营的，里面的工人应该归我们管理。你们为什么用武力进攻我们的厂子？"

答："纱厂里为什么驻着你们的军队？这个厂子表面上是纱厂，实际上是你们的军事据点。你们在中国的土地上到处设立军事基地、军事据点，你们要扩大侵略，我们当然不允许。"

问："我们在天津驻兵是条约规定的，是你们中国同意了的，你们想撕毁条约吗?"

答："那是强加给我们的不平等条约，就是那个不平等条约，也没有允许在纱厂里驻兵。你们这些强盗太狂妄了，我们在喜峰口教训过你们，这一次也想教训教训你们!"

问："你们的人大部分被打死啦，剩下的都跑啦，你一个人已经被俘，你还这么硬干什么？你不怕死吗?"

答："中国人是有骨气的，你们是强盗，难道一个中国军人怕强盗吗？要杀就杀，随你的便!"

审讯到这里，只见那个日军准尉沉思了一会儿，然后一摆手说："杀!"一声枪响，我们那位壮士牺牲了!

战斗结束三天以后，工厂里的日本人带着两个日本兵找人打扫战场。当时，厂内的中国工人抱着不为敌人劳动的思想，谁也不愿意跟着去。有一个工人叫刘殿举，他站出来说："弟兄们，我们的保安队为国家牺牲，他们是有功劳的，我们不能看着他们的尸体丢在院子里。我们应该好好埋葬他们!"他这一号召，去了二三十人。大家清理了壮士们的尸体，数了数共六十八具。在收拾壮士们的尸体时，工人们想记下他们的名字来，但翻过他们的衣服都没找到。

公大第七厂大门朝北，门外向西约六十米的地方是工人宿舍（当年称老工房）。由此往北七八十米处就是壮士们的安葬之处。参加收尸并安葬的二三十个工人，有我们车间的刘殿举、张宝玉、王福来、王保义、王保仁、张国瑞、沙有震、徐保义等，还有其他车间的一些工人，由于时间太久，我记不起名字了。在炮火停止之后，我离开厂子到朋友家里住了几天，因此，收尸活动我没有参加。我回厂子之后，听工人们

149

说，收尸时发现有五具尸体上带有皮制大刀鞘，判断进厂的保安队员有些是带着大刀的。那一年雨水大，地下水位高，挖不到一尺深就冒出水来，所以埋葬的土坑都挖得很浅。收尸的那一天晚上，厂子里发下来二十多元的清理现场补助费，这一笔钱工人们没有分，都买了纸钱偷偷地到壮士坟前焚烧了。现在看来是迷信，但当时的这一行动，表现出工人们对死难壮士的崇敬与哀思！据翻译透露，那一次攻打公大第七厂，共打死日本人三十四个，打伤五个。工人们说，可能是里应外合没有联系好，也许是临时有了变化，如果看准了敌人那两挺机枪，事先把它打哑了，我军不致死亡那么多人。

日本投降以后，那六十八具忠骨是否重新移葬，我就不清楚了。事情已经过去四十七个年头了，当年收尸并埋葬那些壮士的工人们一定还有健在的，如果我记述的有遗漏和错误，请见证人予以更正。

# 大沽口战斗旗开得胜

栾升堂※

## 张自忠市长注意大沽口防务

一九三六年六月间，天津市市长张自忠为了巩固大沽口的防务，免遭日军的侵犯，以第二十九军第三十八师师长的身份，调来第三十八师第一一二旅进驻小站一带担任警备。其兵力部署如下：以第二二四团团部及该团第二营进驻大沽口，监视海面及塘沽敌军的行动，严防日本浪人走私活动，保护大沽口我地方政权的安全并正常执行任务；以该团第一营进驻葛沽镇，对海河东岸殷汝耕伪政权所属伪军实行监视，防其窜扰；以该团第三营进驻咸水沽镇，防止殷汝耕伪军扰乱，保护天津市至大沽口镇之间的公路畅通；第一一二旅旅部及第二二三团（团长李金镇）进驻小站镇，为预备队，随时策应第二二四团的作战。各团、营到达指定的位置以后，要积极训练队伍，尽最大努力搜集敌情，做好防御

---

※ 作者当时系第二十九军第三十八师第一一二旅第二二四团第二营副营长。

工事，并与保安部队、警察配合好，做好治安工作，一旦敌人进犯，要坚决自卫，不能退让。

大沽口镇设有镇公所、陆地公安局、水上公安局和大沽造船所。张自忠接任市长以后，曾到大沽口视察，对以上四个单位作了内部调整，他亲自指示四个单位的负责人，要大胆行使自己的职权，出了事由市政府负责，不要怕日本人。

## 日本浪人与高丽的闹事及第三十八师的对策

大沽口镇规模较大，情况复杂，镇内住有一部分日本浪人和高丽人。他们都以开设妓院、烟馆及赌场为业，以美女、鸦片及赌博为诱饵，把一些中国人引诱进去，抽大烟、吸白面，狂嫖滥赌，害得一些中国人倾家荡产，把人变成鬼，广大群众对日本浪人及高丽人恨之入骨。但镇公所却执行南京政府的"睦邻友好"政策，听之任之，不敢过问。

一九三六年八月间，第二二四团团部派迫击炮连张继德连长组织稽查队，负责大沽口镇街道治安保卫工作。有一天稽查队查到日本浪人开设的大烟馆时，看到许多大烟鬼钻进这个大烟馆里抽大烟、抽白面，秩序异常混乱，稽查队当即予以制止。日本浪人不服，他们蛮不讲理地说："这是我们日本人开设的烟馆，你们中国稽查队无权干涉！"稽查员当即严词斥责说："这是我们中国的地方，为什么我们不能管！你们太猖狂啦！"迫击炮连的官兵，原来就恨透了日本人欺侮中国人，这一次亲眼看到日本浪人的蛮横，怒不可遏，七手八脚把大烟馆捣毁了。日本浪人马上去报告塘沽日本驻屯军，日本驻屯军以中国稽查队侮辱日本"侨民"为借口，立即向第二二四团团部提出强烈抗议，并提出三项要求：一、第二二四团团长必须亲自去日本驻屯军当面赔礼道歉；二、严惩肇事人；三、保证今后不再发生类似事件。团长张宗衡接到通知后不予理睬。经过多次交涉，为了敷衍日军，把张继德免了迫击炮连连长职，另任其他连连长。大烟馆被捣毁后，人多畏避，生意萧条，日本浪人被迫将它关闭，跑到塘沽去了。

一九三七年春，日本的通信兵在万年桥修理电线，桥两端设岗哨，禁止行人通过。约半个小时，电线修好了，日本兵在桥上休息，打扑克，想过桥的人越聚越多，日兵就是不许通过。正在这个时候，第二二四团的机枪连收操回来，要通过万年桥，连长邱云成命令金排长向日本岗哨交涉，说明队伍要回连吃饭，需要通过万年桥。日本通信兵小队长恶声恶气地说："我们还没有修好电线，无论任何人，一律不准通过。"一面说着一面又加设了岗哨，他并指使岗哨上了刺刀，端枪站在桥头上。金排长说："这是我们中国的地方，你们无权断绝交通，无权阻止行人，我们非通过不可！"金排长立即命令重机枪就地架枪，他自己带着步枪（上刺刀）、冲锋枪直冲到桥上。日军不敢阻止，于是全连官兵整整齐齐雄赳赳地通过了万年桥，聚集在后面的群众，也跟着该连全部通过了万年桥。事后日方又向团部提出了口头抗议，团里据理驳斥，日方理屈词穷，只得说了一些"中日亲善""中日共存共荣"等滥调，这件事就这样不了了之。

## 大沽口战斗

七七事变后，处在国防前线的大沽口驻军第二二四团第二营蒋树勋营长作了如下部署：以第五连（连长杨荆洲）守卫大沽口炮台及附近街道，严密监视海面上的敌舰活动；以第七连（连长赵子华）守卫造船所，监视海河对岸塘沽日军的活动，右接第五连，左与第六连联络；以第六连为左翼连，沿海河警卫，右接第七连，左与团的重机枪连联络，严密监视对岸塘沽日军的活动；第八连为预备队，担任营部的警卫。各连在阵地既设工事的基础上增筑永久性工事，利用造船所现存钢板加强工事的掩盖，要求能抵抗敌人榴弹炮频频轰击，保证工事内的人员安全。

约在八月五日前后，敌人在塘沽海河堤岸上配置二十多门榴弹炮；在塘沽港停靠着三只兵舰，另有登陆艇二十多艘，似有进犯大沽的企图。我军严阵以待。第二天早六时三十分，塘沽的日军炮兵及敌舰上的炮火突然一齐向我军开火，炮火的重点指向大沽口炮台、造船所及曹锟公馆（团部所在地）。敌炮弹首先落在第二营营部门口，副营长栾升堂立即命令士兵入掩体隐蔽，由于哨兵动作稍慢，致使两名哨兵受伤。接着敌人的炮弹向着上述三个目标大量发射，使造船厂厂房多处起火，镇上居民受伤的很多。上午十时左右，敌人登陆艇十多艘向我阵地海岸线驶来，要强行登陆攻占大沽口镇。我第一线连待敌汽艇接近海岸时，当即予以迎头痛击，打毁汽艇两艘，艇上日军死伤过半，其余敌艇狼狈逃回塘沽。时隔不久，敌人兵舰上和河堤上的炮兵疯狂向我第一线阵地轰击。十二时左右，日军又出动汽艇、登陆艇向我造船所驶来，当被我第七连击退，敌登陆企图未逞。

日军进攻失败后，敌炮火集中向造船所弹药库及第二营营部轰击，把营部房屋都炸毁了，弹药库里一部分弹药爆炸了，炮声和弹药爆炸声响成一片，硝烟弥漫，震耳欲聋。正在爆炸的时候，塘沽的日军出动了二十多只汽艇，只向我第七连造船所阵地驶来，我第七连及迫击炮连集中火力向敌艇射击，经过激烈的枪战，敌人遭到重大伤亡，败回了塘沽海河岸边。趁敌人退回的时候，我第七连官兵冒着敌人的炮火，跑步前进到存放枪支的仓库，抢救出手枪一百多支，轻机枪三十多挺，还抢救出步枪子弹和手枪子弹几十箱。当时把手枪分配给全营班长以上干部每人一支，营部的士兵每人一支，轻机枪分发给各连，加强了火力。这些枪支，原来送交到天津市政府，因被敌人封锁海运，未待运走，当敌人炮轰造船所时，该所所长担心这一批武器被敌炮火击毁，遂向我作了汇报。我立即派队伍抢救出来，并分发给部队使用。

午后二时左右，敌炮停止射击，第一一二旅旅长黄维纲派了旅部的陈号长，骑着摩托卡车到营部来了解战斗情况。陈号长说，敌人的炮火打得这么厉害，旅长接不到前方的报告，电话要不通，非常着急，旅长就依炮弹爆炸声判断，第二营的官兵一定有重大伤亡，甚至于全部牺牲，不然的话，不至于不向旅部报告战斗情况。陈号长又说，我看到旅长这样挂念前方的官兵，我自愿骑摩托卡车到这里来一趟，了解一下这里的实际情况。黄旅长一方面希望我到前方来看看，但是听到前方炮声这么激烈，又担心我撂到半路上完不成任务，为此犹豫不决。我向旅长再三请求，旅长才同意我到前方来。陈号长接着说，张宗衡团长和王荔江团附现在铁帽子桥临时指挥部，他们对大沽的情况也不了解，都在为二营的官兵担心。我听说各级领导对我营这么关心，我们表示无限感激。我向营长请示，乘他的车把我带到铁帽子桥，亲自向张团长汇报战况，然后再向旅长汇报。经过蒋营长批准，我坐在陈号长的摩托卡车上飞速奔向团部。我到团部后立即向张团长汇报。接着用电话向黄维纲旅长详细汇报了战况。我说，敌人的炮火确实厉害，由于造船所里有的是钢板，用它作掩盖工事非常坚固。敌炮火轰击时，我们进入掩蔽工事。敌人认为已把我们打垮了，开着汽艇企图登陆，等到敌人接近岸边进入我有效射程时，我们发扬炽盛的火力，予以迎头痛击，敌人几次试图登陆终未得逞。我接着汇报说，敌人从上午六时三十分开始用炮火轰击，直到下午二时才停止，除营部门前两名哨兵受伤外，其余官兵无一伤亡，打死打伤敌人至少在百名以上。我们没有伤亡，主要是借助工事的作用，其次是全营官兵服从命令听指挥，战斗动作迅速。一下命令隐蔽，全营立即进入掩蔽工事；一下命令出击，全营又迅速进入阵地，猛烈射击敌人……黄旅长原来估计第二营可能全部牺牲，听到我的汇报显得特别高兴。他说，敌炮如此众多，发射的炮弹上万发，你们全营只受伤两人，这真是奇迹！从这次战斗中得出两条经验：第一是不论行军多么疲劳，到达阵地后一定要构筑好工事；第二是一定要教育官兵服从命令听指挥。张宗衡团长指示我说，敌舰再开炮射击时，要用迫击炮射击敌舰的烟筒，可把塘沽海岸美国的煤油库打着，把塘沽的敌舰烧毁。我回到大沽营地，向蒋树勋营长作了汇报，并提出张团长的两点指示如何执行。经过研究认为，打着美国的煤油库，涉及面太大，决定不执行。下午三时左右，敌炮又向我第一线阵地轰击，我迫击炮火朝着敌舰烟筒开炮，炮弹没有击中烟筒，却落到敌舰上，敌舰因而远离海岸，躲到我迫击炮有效射程以外抛锚。下午五时，敌飞机一架飞临我阵地上空侦察达半小时之久，敌炮亦停止射击，入夜战况转入沉寂。

第三天拂晓前，第二营接到团部命令，要旨如下：一、着第二营留一个连在大沽担任守卫，敌人以强大兵力强行登陆时，听命令撤退；二、该营务于拂晓前撤离大沽，到小站附近×村集结待命；三、此次撤出大沽系战略上的撤退，行动务必秘密，军用物资能带走的尽量带走。蒋营长接到命令后，着第八连（连长夏振卿）留下来守卫大沽，夏振卿愉快地接受了任务，并要求多留子弹和急救药包，以便敌人来犯时作坚强抵抗。经过蒋树勋、夏振卿和我三人商量，夏振卿连以一个排守旧炮台，一个排守造船所，以一个排守万年桥，连部设置在造船所，还规定了联络信号和撤退信号。第八连又守卫了一天一夜，敌人也没有登陆，之后该连奉命撤回到营部所在地减河小王庄。

附：大沽口战斗第二营主要干部名单

营长蒋树勋，四川人，北京师大毕业生，西北军干部学校毕业；

副营长栾升堂，山东临清人，第二集团军军官学校毕业生；

第五连连长杨荆洲，河南舞阳人，行伍出身；

第六连连长赵青云，河南西平人，行伍出身；

第七连连长赵子华，河北人，行伍出身；

第八连连长夏振卿，河南太康人，行伍出身。

# 第 三 章

## 平绥路东段抗战

# 七七事变及张家口战役

刘汝明[※]

## 七七事变

从北伐完成到七七事变期间，日本军阀为能实现田中义一奏折中的侵略政策，曾在中国各地不断制造问题，借故侵略，他们不但希望中国政治上四分五裂，更不愿中国强盛。九一八、一·二八与长城战役都是日寇明目张胆的军事侵略。民国二十四年（一九三五年），二十九军驻防华北，日寇原以为可以欺骗利用，并妄想使华北脱离中央。民国二十六年春，日寇要求在丰台建营房，驻日军，并强行修筑沧石铁路，更以野外演习为借口，企图强行进入宛平城。我官兵以守土有责，坚拒日军无理要求。是时，二十九军共有四个步兵师，一个骑兵师。副军长佟麟阁率军部及一三二师赵登禹部驻南苑、团河；骑兵师大部也在南苑；三十七师冯治安部驻西苑、卢沟桥；三十八师张自忠部驻天津大沽附近；

---

※ 作者当时系第二十九军第一四三师师长兼察哈尔省政府主席，后为第七集团军副总司令，大陆解放后去台湾。

我率一四三师驻张家口、宣化及怀来一带。

七月七日夜十一时四十分，日军借口寻找一名失踪日兵，欲入宛平城搜查，遭守军拒绝。八日晨五时，日军包围宛平城东、东南及东北三面，六时开始炮击宛平城。守将吉星文即下令反击，神圣抗战于是爆发。

八日、九日两日双方均增兵，敌增一营，我增二营。当时日军在华北兵力不厚，自知非大事增援不能取胜，于是遣特务机关长松井与我方接洽，认为事出误会，希望停战。我方也有不少人士主张再忍受一段时期，俾中央有较多时间预做准备。双方遂各返原防。

七月十六日，宋由山东老家返回北平①。十七日我由张家口赴平见宋。宋有事，我便先去看参谋长张樾亭。张邀副军长佟麟阁、师长赵登禹、前二十九军参谋长张维藩（当时为平绥铁路局局长）共叙，并检讨对日军的动态。张樾亭认为二十九军目前过于分散，易遭敌各个击破。他主张二十九军应在平津铁路以南、固安县以北，选有利地点与敌决战；北平方面应将主力集结南苑、北苑、西苑三地，北平城内仅留少数部队为宜。我曾建议将察省地区交与友军，我将部队先集结在北平以北地区待命。我们五人商定了五六点意见，由张樾亭送宋决定。但事隔多日未见批示，推究原因可能因宋甫自山东返平致政务羁身，或因想到如此调动军队关系很大，须得中央核准。七月二十一日下午三时许，我正与宋谈话，接获消息谓日军一部千余人正由古北口向南口与北平间的沙河疾进，似有截断平绥铁路的企图。宋当即命我速返张家口，并说回去准备作战，倘战事发生后万一联络中断或不得已时，可向蔚县撤退，再沿平汉路转进。我回住处后，宋又来电话催行。下午五时我乘火车离平，车过沙河站后约十分钟，日军即赶抵沙河，强行拆除路轨五百米。日军这一行动的目的，显在阻止我回张家口。

---

① 宋哲元由鲁返平日期有误，应为十一日抵津，十九日抵平。

七月二十八日晨，日军以一个半师团配属炮兵三个团，战车百余辆，在空军掩护下向南苑我军部攻击。敌机首先轰炸我骑、炮及步兵营房，致我骡马伤亡大半。敌步兵与战车由东南北三面同时攻击，另有敌一部窜抵小红门①，企图切断南苑与北平间公路。天明时，敌战车与步兵逼近军部，副军长佟麟阁、师长赵登禹奋战牺牲。

宋与随行人员于二十八日夜九时秘密离平，经由西直门、三家店，绕道长辛店南，到达保定。当时舍弟汝珍的步兵旅仍留北平担任城防，归张自忠指挥。两天后，步兵旅改着警察制服。

平津撤守后，察哈尔位置突出，形成三面受敌。我乃电请中央增援，中央命驻平地泉的十三军及二十一师（师长李仙洲）、八十四师（师长高桂滋）入察，归我指挥。汤恩伯军长于八月六日莅察，我率省府各厅处长到三十里外的孔家庄车站欢迎。与汤军长同来的有二人，经介绍后，悉一位为苟参谋，另一位为《大公报》记者范长江。高师长一行住省府西九里地的水母宫，水母宫南不远处有赐儿山，是张家口著名风景胜地。我请高师长等前来与汤军长共同商讨防务，判定日军攻察可能有三条路线：一、南口；二、独石口；三、张家口。高师长当即表示愿去防守独石口，我就将原在独石口的保安第二旅交他指挥，并建议汤军长接防张家口，我本人去守南口，因为民国十五年我曾在南口力拒直奉联军四个月，对该处地形十分熟悉。但汤军长认为我主持察政，不宜远离省会，并且他的部队由平地泉上车到南口下车很方便，他坚决要去守南口。于是，十三军于八月八日、九日两日②由平地泉经张家口向南口输送。

八月九日，弹药数十万发运抵下花园。十日，我去视察弹药状况，客车甫抵下花园车站，日机四五架来袭，列车尚未停妥，已落弹数枚，我与随行人员遂到站台后掩蔽，见一便衣人为炸弹破片擦伤。此人自称

---

① 应为大红门。

② 此文所记第十三军赴南口作战日期有误，请参阅本书吴绍周文。

亦为列车乘客，欲去南口，并出示名片，接看时，竟是十三军八十九师师长王仲廉（介仁）。我因与王从未谋面，故虽同车而不识。我与介仁就是在这种情况下相识的。七七事变以后，日机轰炸客车这是头一次。也许是日军知道我与介仁在车上，特来轰炸。我在张家口车站上车可能被日军便探发现，报给日机，日机追来正好到下花园车站追上，计算时间倒像不是专来炸弹药的。

敌机在车站附近低飞轰炸，并向我存放弹药处投弹，幸无大损失，仅车厢炸毁一节，路轨略有损坏，并伤亡十余人。警报解除后不久，路轨修复，王师长继续南下，我视察弹药后返回省府。

中央派鹿钟麟携款来察省劳军，鹿说要去给家母请安。我告诉他，家母已于一周前绕道大同、太原、石家庄去汉口，并谢谢他的心意。鹿遂询问敌军与友军的情形，我请鹿建议中央，将李、高两师拨归汤军长指挥，以利作战。我曾为此事向中央电呈两次，均未获复。鹿依我所请给中央上电后两天，中央复电照准。从此，汤军长指挥十三军及李、高两师守独石口与南口，我率一四三师和两个保安旅守万全县、汉诺坝、张家口及常峪口。

## 张家口战役

十三军接防南口时，张自忠见情势不利，潜赴天津，并着舍弟迅速率部突围。舍弟乃由南口、得胜口以东山地钻隙到达察省延庆县东十里处十三军防地。汤军长以电话告诉我说，由北平过来身着警察制服的四五千人，指挥官姓刘，声称要找刘主席。我说正是舍弟汝珍，请赐关照。汤军长并说他们最好能换上军服，我答说一时实赶制不及，汤军长慨允代我设法。于是十三军的一个师，现已不复记忆为第四师抑另一师拨赠军服四千套，给舍弟所部换上。舍弟的两个团俱是一年多的新兵，以后改为独立第二十七旅。

八月十六日下午八时，傅作义乘专车由柴沟堡到张家口与吾晤面，因为中央新命傅作义为第七集团军总司令，我为第七集团军副总司令，我二人在省府谈了三个半小时，十一点半始离去。傅此来我二人谈得很多，关于我军进攻与防守的计划，也谈到日军可能由热河多伦方面来及进犯的目标，也谈到如何策动李守信伪军反正。八月十二日，我遵阎长官①令与傅作义部会攻张北，以解张家口之危。攻击开始后第二日，傅军主力陈长捷师及另一独立旅突然撤走，转用于南口方面。我虽孤军作战，但仍于八月二十日攻占张北外围玻璃彩等要点。此时，敌关东军参谋长亲率两个摩托化混成旅团（铃木旅团及本间旅团）及一个机械化旅团，与以汽车牵引的榴弹炮一联队，由热河驰援张北。甫到战场，便以步兵两个联队，战车数十辆，在空军掩护下，向我攻击张北部队反扑。我军因缺乏高射炮及战防武器，颇难与敌机及战车相抗。二十一日午，保安第一旅旅长马玉田阵亡，官兵死伤数百人，入夜退守神威台。神威台北距张北五十里，南距万全县四十里，距张家口八十里。二十二日敌又攻神威台，敌机及炮兵向我轰击至暮，继以李守信伪军为前驱攻我阵地，遭我地雷炸毙甚众，仍未得逞。二十三日拂晓，敌再以战车协同步兵约两个联队在飞机与炮兵掩护下猛扑神威台，同时以另一部由我左翼迂回，攻击神威台南四十里的万全县。二十三日夜十二时，神威台陷于敌手。此役我阵亡步兵营长王宪纯、李华林二员，迫击炮营长宋志高一员。敌续沿公路压迫万全县。二十四日晨，万全县北、西南两面受敌。我曾指定舒效孔营长率加强营死守，并令舒紧闭各城门，以泥土填实门洞，舒营长虽将四门紧闭，但未以泥土填满，门洞上端尚留三四尺空隙。日军将炮推近城门，直对北西二门各射十余发，致城门碎裂，门洞内积土也遭击散，舒营长首先阵亡。敌人于下午三时又攻占万全，并随即以步兵一联队，炮兵一营，沿公路直趋张家口。

---

① 即第二战区司令长官阎锡山。

我军连夜在距张家口西十八里的一处山隘赶筑坚固工事，由刘广信团防守，一端依托赐儿山，另一端依托水母宫附近高地。张家口北汉诺坝方面也加强防守。我在这些地区集中兵力坚守，官兵亦均摩拳擦掌准备与敌一拼。我与指挥所人员在水母宫。

二十四日正午，敌炮向我西山口方面阵地轰击，但直到天黑仍未见敌步兵行动。我们预料敌将重演攻击神威台故技，先实施夜间攻击，占领有利地形以便利大规模的拂晓攻击。

张家口北面汉诺坝阵地已遭受千余日军及山炮与迫击炮的攻击，迄二十四日夜仍在激战中。我二十三日、二十四日两日都给傅总司令作义打电报电话，要求他派一部进驻孔家庄。他答应命现驻柴沟堡之独立旅进驻孔家庄。二十四日下午四时，我听到报告，有原驻柴沟堡的晋军一个独立旅进入孔家庄。我急派参谋前往联络，发现孔家庄现无友军。村民称下午三时许确曾有晋军一营人到达，晚九时又都离去。但夜十一时左右敌战车百余辆，与载步兵的汽车百余辆到达孔家庄，并仍陆续有部队增加。据此判断，敌在西山口方面的行动只是佯攻，主攻方向似是由万全县向南迂回先占孔家庄，再向北攻击张家口。我急以电话与赐儿山南面刘田团长联络。刘田团原驻南口，在十三军到了南口交防后，开往赐儿山南端准备防守赐儿山，距火车道十几里，故令该团前往腰击由孔家庄北犯之敌最方便。但因线路故障，经派人查线后，直至二十五日晨一时半始接通。我告知刘团长说，孔家庄前两小时到有日军战车百余辆，步兵两三千名，该敌有由孔家庄沿铁路左侧的牛车道进犯张家口企图，并命他即刻前往堵截腰击。刘团即沿赐儿山南麓向东疾进，晨四时许与北进之敌在张家口以南十三四里处遭遇，展开激战。我军乘天色仍暗，以手榴弹及十五公分重迫击炮弹炸敌战车，半小时中毁敌战车十余辆。敌队伍先头战车虽已通过作战地点，但闻后方发生战斗，均裹足不前，欲行后退，又被毁损战车堵塞，便拥挤在隘路中混战到天明。天色既明，我军位置暴露，敌遂得以优势炮火向我轰击，并以战车协同步兵实施反击。战况对我渐趋不利。我速以大卡车二十辆,将西山口方面的一团预备队向孔家庄以北增援。车经张家口市区时,因车行太快,一辆于转弯时倾覆,死三人,伤二十余人,车损坏不能用。一时道路亦为覆车阻塞。虽迅速清理现场后继续南奔,但已延误数十分钟。待预备队团接近战场时,刘团长已阵亡,刘团生还者五百余人,亦已不支,后撤。此役我共伤亡团长以下一千三百余人。生还官兵中有营长李继业一员,现住台北县板桥。

二十五日晨八时,敌以炮兵及飞机掩护步兵一联队攻我赐儿山西山头。午后一时,西南面一个山头失守,我军沿赐儿山山脊撤往较高处。此山东西绵亘三十里,南北十二里,东端较高,地形对我有利。但山上俱是岩石,不易构筑工事,且少林木,掩蔽不良。我军以麻袋装土堆成掩体,但山上泥土既少,这类工事亦不够坚实。三时,敌飞机、炮兵与步兵又来攻,我工事尽毁,敌炮弹破片与山上岩石碎屑使我官兵伤亡累累,不得已暂退。但每俟敌机远去,我随即反攻夺回阵地,如此失而复得者四次。最后一次复得时,击毙敌大佐一名,掳获望远镜、地图与攻击张家口、大同命令各一。

八月二十六日八时整,敌步炮空又协同进犯。我守军拼死抵抗至中午,刘广信团长受伤,官兵伤亡甚众,我退守八角台。八角台为赐儿山最高处,且位于赐儿山东端,俯瞰张家口,地势重要,敌人志在必得。故日军于得手后不稍停留即进扑八角台。十时,我与刘团长电话联络。刘虽负伤,但仍告我不需增援。我认为八角台对保卫张家口关系重大,决命旅长李金田率李凤科团与温得恒团增援。李凤科团当时住东营房,距八角台虽较近,但跑步上山亦需一小时数十分钟。迨李凤科团抵达八角台附近时,八角台已于半小时前失守。三时左右,李金田率温得恒团赶抵八角台,遂合力反攻,四时又将八角台夺回。李凤科团长右腿重伤,李团连长以上军官除营附一、连长二外,伤亡殆尽。李团长疗伤二月始愈,但迄今仍不能跑步,目前家居台中。旅长李金田亦于此役中左臂受伤，坚拒后送，仍留山上指挥，入夜，因血流甚多，经官兵苦劝下山。

我夺回八角台后数分钟，大雨倾注，思忖敌机必不能来。不料五时左右，敌机两批共五架先后飞来，在赐儿山西头敌军上空盘旋。当时我的指挥所仍在水母宫山巅，远眺赐儿山甚为清晰。我见敌机盘旋十余分钟后，投下一些物件，料是敌军于激战后弹药短绌，因此实施紧急空投补给。

张家口北四十里汉诺坝方面，敌人仍在不断攻击，但因地形险峻，迄未得逞。西山口方面除敌人断续炮击外，并无激烈战事。

八月二十七日晨八时，敌人以密集炮火、更多敌机，掩护步兵再攻八角台。一小时后，八角台重沦敌手，敌利用八角台架设山炮向省府所在地射击。幸我已于二十六日在张家口通宣化的公路附近预置野炮四门，对向八角台，距离亦经测定，依稀记得为五千米，所以敌炮开始射击后仅数分钟，即遭我制压归于沉寂。但省府已落弹三十余枚，幸仅伤卫兵一人。

此时，我不但已无力反攻赐儿山，而且张家口对外交通除通宣化公路仍可利用外，其他各方面均遭敌人截断。屏障宣化公路的常峪口方面，亦有敌千余附炮四门正向我防守该地的一个保安团攻击。倘宣化不守，我将四面受敌，所幸二十五日刘团长在孔家庄以北炸毁敌战车三十余辆，目前仍在原地修理。据报完好的战车亦停留在孔家庄，又敌因惧我偷袭，将步兵留驻孔家庄防护。事实上，我已无余力再去袭击敌人的战车，但敌战车倘一旦整顿就绪，则这二百余辆战车无论用于哪一方面，我们都无法应付。西山口方面虽无激烈战事，但距市区最近，仅十八里，如被攻破，敌人于两小时内可抵张家口。所以我已没有时间再向上级请示当前的处置。前些时，我曾派省府建设厅张厅长去太原见阎长官，阎曾指示必要时可向晋察边界的蔚县附近转进。中央亦指示，万不得已时，应将铁路、桥梁、机车破坏，向察省西南转进。当日上午十时，我在省府召集军政首长会议，会中决定向蔚县转进。我一面向上级报告，一面下令转进。省府单位与各部队按命令规定的时间，依序通过市区南宣化公路上的出发点。我与张厅长于下午一时半离开省府，在宣化公路旁炮兵阵地附近督导各部队通过。

日军攻察首日，即以飞机轰炸省府，致省府房屋大半毁损，仅一间会客厅及东院会议室尚完整。这次会议是十天来的第一次会议，也是最后一次，就在这仅存的会议室召开。日机第一次轰炸省府后，厅处长曾向我建议让省府人员搬到宣化办公。宣化距张家口仅六十里，距南口则一百八十里。

# 第十三军南口抗日纪实

吴绍周※

第十三军一九三七年八月的南口战役，是七七事变以后，蒋介石嫡系部队被迫投入战斗较早的一仗，战斗比较激烈。当时我任第十三军参谋长。特就回忆所及，提供史料参考。唯事隔二十余年，印象多已模糊，写稿时，既无参考资料，也无地图可查，承当时在第八十九师的吴祖震先生和杨柳营先生帮助回忆，遂能作出约略的记述。

## 车运南口

日本帝国主义侵占平津以后，一面进窥冀省南部，一面以截断察绥为目的，进攻南口。时汤恩伯的第十三军集结平地泉、丰镇一带整训。七月下旬的一天，汤恩伯被蒋介石召见后，由南京返部，约集第四师师长王万龄、第八十九师师长王仲廉、第四师副师长兼旅长陈大庆和参谋长吴绍周进行密商，传达蒋介石的决定：第十三军开南口，归傅作义指

---

※ 作者当时系第十三军参谋长。

挥。蒋介石限第十三军于八月初到达南口防地，又要汤在任何艰难情况下，必须守住十天半月，再由卫立煌部增援。

这次商谈的结果，决定进行紧急思想动员，由营长以上的部队长带头，普遍发动官兵写抗日决心书。师长们"请缨杀敌"的文章，送到报纸去发表。汤恩伯还无可奈何地谈了一通精神战胜物质的大道理，另外决定先派我赴张家口向刘汝明接洽防务。

约为七月二十五日，我带少校参谋彭静秋由平地泉到张家口向刘汝明接洽。刘的答复出乎我的意外，他说南口目前问题不大，前晌有敌骑兵骚扰，已被他们击退，现无大规模活动。对第十三军的接防，表示尚未接到命令。晚间，刘的参谋长杨然到旅社找我，表示欢迎第十三军接防，但部队不能通过张家口，理由是客军过境，怕引起军民误会。我问："南口是敌人必争之地，大战迫在眉睫，刘主席（刘汝明时为察哈尔省政府主席）对平绥线上形势，究竟如何估计？"杨然是陈诚派在刘部工作的人，态度比较诚实，他表示"希望十三军立即开来，但问题并不是你我所能解决的"。示意要我速回，由汤恩伯向南京请示。我除电告汤恩伯外，决计在张家口再留一天，窥察刘汝明究竟是怎样的情况。显而易见，张家口呈现很安静，没有战时紧张的气氛，连防空设备都没有，更令人刺目的是街上仍看到日本人照常行动，听说天主堂还驻有他们的特务机关。在我停留的一天当中，刘的交际科长以购赠车票为名，连续两次来问我动身的时间。我也知道这里不容久住，即回到平地泉。汤恩伯已经电蒋介石请示，蒋回电是派鹿钟麟对刘汝明进行说服，并令部队先向大同集中，戒备前进。事后据汤恩伯了解：蒋介石曾将汤的请示电报批交冯玉祥处理，因冯主张抗日，经常作诗讽刺蒋军回避作战，刘汝明为冯一手提拔的旧部，冯当然了解蒋的用意，即在原电上批复：如所报属实，请依法拿办。后仍由蒋找冯商量，才决定请鹿钟麟一行。

七月三十日，我同汤恩伯到大同迎候鹿钟麟，他见面即告知已有电报给刘汝明，并风趣地说："我送你们去！"鹿亦为刘的老上司，经在大同用电话找刘谈话后，刘始允许部队由张家口通过，但仍提出不得下车停留。汤恩伯看到军中将领对刘汝明愤愤不平，怕在过境或接防当中发生冲突，又想到今后作战时须与地方取得协调，复请鹿钟麟同赴张垣，借以对刘疏通关系，刘部原在南口的军队，令其先撤张家口及热河边境。鹿均慨然应允。

八月一日，汤恩伯决定第八十九师罗芳珪的第五二九团先由大同出发，我与王仲廉陪同鹿钟麟一起随车赴张家口，而敌人飞机亦于是日上午轰炸大同至南口一段铁路。当我们的列车开出不久，大同车站即落弹数枚。车经下花园时，铁轨又被炸毁，并炸伤罗团士兵数名。经护路员工抢修后，才于深夜继续前进。刘汝明亲到车站迎接鹿钟麟时，我同王仲廉亦被邀在张家口一宿。次早，汤恩伯来电，令对张垣情况严密注意。

而后，第十三军便一直在敌机狂炸中陆续车运。幸敌机轰炸时间多为上午，一到下午或凌晨，被炸毁的轨道，经护路员工昼夜抢修，仍可选择时机通车。唯每天最多只能抢运一次，每次列车最多又只能运走一团，致部队延至八月三日，还只运到南口三个团。不过我同王仲廉的师部及直属部队已于先一天到达。

## 兵力部署及援军概述

当时南口刘汝明部已经撤走，剩下的一些地方部队也没有人作防务移交，相率离去。蒋介石所说的国防工事，只是秦始皇遗下的一段万里长城，其余就是依山傍岭一堆堆的石块，其中当然也有军阀混战时期的破堡残垒。经集合第八十九师第二六五旅营长以上部队长侦察后，我们的阵地部署大致如次。

一、八达岭、居庸关、南口沿铁道线正面为第八十九师作战地区；南口车站、龙虎台（又名关公岭）为该师罗芳珪的第五二九团阵地，即正面第一线。

二、南口东边得胜口、苏林口为第八十九师谭乃大的第五三〇团阵地，即右翼第一线。

三、居庸关南边的凤凰台、青龙桥为第八十九师舒荣的第五三四团预备队位置，即正面第二线。

四、八达岭或三堡车站附近的岔道、荕涧子为第八十九师李守正的第五三三团集结的预备队位置，即第五三四团的正后面，为正面第三线。

五、居庸关西边的横岭城、镇边城、十八家（长城分段路门）一带为第四师作战地区，即南口左翼。其第一线在横岭城以西一带山地，预备队位置在十八家。后又向前移动。

六、居庸关以西和横岭城东边（即第八十九师，第四师中间地区）的黄老院、吊明湖、白杨城，为吴绍周支队作战地区，其第一线在吊明湖南边山地，预备队位置在榛子岭。

吴支队以第四师刘汉兴的第二十二团及临时增援的河北民军朱怀冰师所属的两个团编成（详后）。

七、第八十九师炮兵阵地在居庸关以南山地，第四师炮兵阵地在横岭城附近。

八、第八十九师师部驻康庄车站，其前方指挥所位置在居庸关。

第四师师部驻横岭城，前方指挥所在该城南边前进约七华里地方。

吴绍周支队司令部驻榛子岭。

第十三军军部及所属补充团驻怀来。

以后增援的朱怀冰师部亦驻怀来。

第十三军抗日的重兵器情况：炮兵，仅第八十九师有日本大正式的山炮九门，且为使用过时的陈货，射程最多四千米或五千米；其他炮兵情况不明，但还比不上第八十九师。当时据我所知第四师只有几门小炮，另有用绳子拉上山去的战防炮两门，是苏联试制品，直到使用时，才发现所领到的炮弹，是一些试射炮弹（领不到彻甲弹）。在南口战役中，敌人恃其优势炮兵，每天同时用山炮轰击我第一线，野炮轰击我第二线，重炮和铁道重炮轰击我第三线。我军不仅山炮、小炮无法抬头，以后连迫击炮、重机关枪也时常停顿，以免暴露目标，不敢轻易使用。据第八十九师第二六七旅小炮连连长杨柳营说，他每天伏在山头，只能听炮，不敢回炮。该师两个旅的所谓小炮连，实际只有小炮两门，每门只配有炮弹一百发左右。

南口战役使用的兵力，原只限于第十三军所属的两个师和一个补充团，但实际动员的部队却在三个军乃至四个军以上。自战斗开始，汤恩伯仅到过居庸关一次，以后即坐在怀来向各方面求援。凡被视为可调的部队，他都指名电请蒋介石，傅作义、刘峙、卫立煌，乃至阎锡山的部队，他都请求调用。这些被调动的部队，有到达的和没有到达的两部分。

一、河北民军朱怀冰师，在战斗展开一星期后，首先到达。朱系保定军校毕业，著有《孙子兵法释义》，对察绥情况熟悉，更主要的是蒋介石因他同刘汝明关系较好，示意汤恩伯以临时兼代第十三军参谋长诱他。所属三个团：以两团编归吴绍周支队投入战斗，一团随师部驻怀来，并担任军部警卫。因第十三军原属警卫团（即补充团），已加入第一线。

二、李仙洲的第二十一师在战斗到第十天南口沦陷后才到。该师计三旅六个团，除一部在居庸关投入战斗外，主力集结京庄南边地区，作为反攻南口的总预备队。后为十八家作战主力，并掩护全军退却。

三、高桂滋的第八十四师比李仙洲部约迟到三天，时李守信伪军由多伦向居庸关方面移动。汤恩伯令高驻沙城一带，向热河边境警戒。

第八十四师为陕北地方部队，官兵有抗日要求，增援较速。第十三军驻永定河时，该师驻绥德附近。高、汤二人联系密切，其所属的几个团长又与我为军校高教班同学。他们由绥德取道黄河军渡，经太原，徒步出雁门关，东向平型关，到达怀来。

四、八月二十三日左右，战斗接近尾声，阎锡山驰援的一个旅到达。时第四师在镇边城吃紧，汤恩伯令该旅先以一个团开十八家接防，其旅长（姓名忘记）托词拒绝，汤一怒之下，电请傅作义直接指挥。后经了解：阎锡山起先考虑如居庸关不守，山西门户的大同、雁门关必相继沦陷，出兵动机本来就是维护自己的老巢。后见南口败绩已成定局，该旅在怀来徘徊两天，仍由阎锡山来电调回。

五、陕北地方部队高双成师（番号忘记），实系陕北土酋井岳秀的地主武装。井病毙后，汤恩伯在绥德利用与高为士官同学关系，密电蒋介石请将该师并编第十三军建制，并先派其炮兵营长为高师参谋长，密切联络。南口告急时，高率部由米脂驰援，到达张家口附近，亦被刘汝明拒绝过境。这不仅使南口战役受影响，且使汤恩伯对高部的兼并亦成泡影。

六、汤恩伯对各方面援军，认为唯一可靠的是蒋介石当局应允的卫立煌部，但卫始终未发一兵一卒。后汤派第八十九师副师长龙慕韩驰往保定面请，又因大雨，一再拖延。

龙不得已，仅携回卫的回信返部复命，汤气愤将信弃之地下。以后两人时有矛盾，实由此始。

七、由于卫立煌部迟迟不到，傅作义令第三十五军驰援，复因平绥路被敌截断，无法通过。

上述各路援军，除朱怀冰的三个团和李仙洲所部参加过较短时间的战斗外，其余动员的军、师、旅都未到达。因汤恩伯的惊慌叫喊，加上蒋介石的判断错误和部署混乱，致本来只须三四个师的战场，竟疲惫人马达两倍以上。

南口战役，除上述各部队和各方面的物质支援外，当时名记者范长江曾深入前线考察。他在七七事变以后，即考察了陕北、包绥一带辽阔地区。他写的旨在宣传抗日的《青山角》一书，就是在平地泉写成的。

范长江自到南口前线，日夜搜集战地军民生活和战斗情况，写成生动的报道，南京上海各报纸及时发表，鼓舞后方人民同仇敌忾，激励前方将士抗日民族意志，发挥了很大的宣传作用。

## 龙虎台战斗

南口战役是八月四日正式展开的，即在第八十九师先头部队到达阵地后两天，其后续部队和第十三军军部及补充团尚在车运中。第四师是战到第三天以后，才全部到达。而敌军板垣师团早在昌平集结，其空军自八月一日——即我军由大同出发之日起，已不断轰炸南口车站。我阵地工事的建筑和加强，主要是靠夜间施工。四日上午，敌步骑混合部队一千余人在空军掩护下，开始向我龙虎台第一线进犯，该处为南口阵地唯一制高点。敌机由山头到车站轮番轰炸达数小时，接着骑兵进袭。我车站工事没有钢板掩体，守兵仍沉着应战，敌未得逞。下午，东西两边山地同时展开激战，敌主攻龙虎台，炮火密集如雨，但敌步兵始终不敢逼近。是日我炮兵阵地一所被毁，阵亡排长一员，士兵伤亡数十人，敌死伤人马较我为多。

五日以后，敌步兵配合战车全面进攻，在其优势的炮火轰击和空军整天不停地狂炸下，持续两日，双方伤亡惨重。我龙虎台左边山头被敌一度攻陷，旋于当晚反攻克复，俘获敌兵数名。南口右翼得胜口阵地，连日被敌攻击，均为我第八十九师谭乃大团击退。

七日，敌先以空军集中轰炸龙虎台阵地，后以步兵一小队，一班、两班或三五人一组，连续向我山头爬进，由拂晓战到下午，尸横遍地。最后敌人竟使用毒瓦斯，我台上守军一加强排全部牺牲。敌死伤数倍于我，一联队长为我击毙。是为南口战役杀得风云变色的一仗。龙虎台后为敌人抢占。次日，王仲廉责令第二六五旅旅长李铣负责收复。李自战斗开始即蹲伏掩蔽部，惊恐万状，几次向王仲廉哭闹。时第八十九师直属部队已大半增援第一线，王乃率军部补充团一个营驰赴南口车站，命罗芳珪团第二营营长李谨率兵两连，乘夜反攻龙虎台。该团竟于深夜克复，毙敌二十余名，生擒两名，我伤亡官兵约五十人以上。而后王仲廉即进驻旅指挥所附近，令李铣退后休息，李托病在居庸关就医两天，仍回第一线，从此两人失调。龙虎台收复的第二天，敌机配合炮火轰炸更猛，罗芳珪所驻掩蔽部被炸塌。王仲廉未经核实，即以罗阵亡急电汤恩伯转报，南京上海各报随即登出"罗芳珪全团殉国"的消息。实际罗经过抢救即脱离了危险。

龙虎台战斗的八天中，敌先以一大队全线冲锋，因死伤逐次增加，不久即改为一中队，后又逐渐减为一小队，乃至一班轮番冲击。这样敌人的死伤减少，而我军牺牲却天天增多。大家总结经验：决定当敌炮和空军联合轰击时，隐伏不动，一到敌步兵接近，即奋起猛击。但终因我炮兵在敌人的压制下，无力回击，官兵感到坐待轰炸，不啻等候死亡，各连、排长均要求采取主动，向敌作短距离突击。士兵则大喊一命拼一命，以求得肉搏为快。王仲廉察觉士气可用，立即配备一些机动部队，利用敌人疲困时机，常常在傍晚以小部队进行猛袭，伤亡转为敌多我少。敌人使用的兵力转而增多，战场上有时我也可掌握主动。

罗芳珪团战了整整八天以后，仅余官兵四百余人，舒荣的第五三四团及军部补充团的两个营亦全部上了第一线。敌军的山下旅团，因兵力消耗过半，改由铃木旅团接替，继续进攻。我军阵地的好些山头，经常是白天被敌攻陷，晚间又由我夺回。有的连长及排、班长并常以收复山头争胜，且能以少胜多，每攻必克，并击落敌机一架，击毁坦克车两辆。敌酋板垣亦不得不公开承认在南口遭到了坚强的抵抗。

南口战斗到第十天，汤恩伯见援兵迟迟不到，决心收缩兵力，退守居庸关。战争开始不久，蒋介石曾要汤死守八天（前曾说十天半月），后由卫立煌接替。现既超过期限，汤乃将撤出南口的计划和上阶段的作战情况总结，电告蒋介石，还通电各有关方面，目的乃表功与求援。此电报虽难免有所渲染，但也有不可否认的我广大官兵流血牺牲的事实。这电报发出以后，便应该按汤自己的计划于十五日撤退，因他的决心不够，到十六日又是一整天的血战。左翼谭乃大团先自溃退，连长刘舜辉等多人阵亡，龙虎台我守兵最后一排又壮烈牺牲。是晚退守居庸关南边一带山地。

## 居庸关战斗

居庸关我军部署的情况是，正南面为第八十九师舒荣的第五三四团，右翼及左边山地为李守正的第五三三团和由苏林口转移的谭乃大第五三〇团之一部，王仲廉的师指挥所驻在关上。当南口激战期间，居庸关一线，同时卷入敌人炮火和空军的不断轰炸中。南口到居庸关的铁道和公路，更经常被敌坦克车冲入，直达长城脚下。我建筑在沿路两边山脚的夹壕，组成交叉火网，在与紧随战车后面的敌步兵以两次痛歼之后，路口和隧道中间便很久未发生过战事。但敌坦克车队仍驰驱如故，我手榴弹无法阻挡。有一次，第八十九师少校参谋吴祖震率工兵利用敌机投下没有爆炸的两颗炸弹，加上信管，代替地雷，埋藏路口，第一次炸毁了敌一辆坦克车。后南口退却，我工兵营将路基破坏，敌战车无法活动。敌步兵再使用毒气弹，企图从隧道进攻关口，被我守兵诱至中途，奋勇击退，一次歼敌数十名。此后敌人不敢再来。

居庸关的战斗是山地战。敌人照例是先轰炸，再冲锋。每次必狂炸一阵以后，其步兵再以纵深配备，向我展开波浪式的冲击。我军凭险固守，苦战数日，阵地仍屹然未动。但官兵伤亡惨重，连长牛桂卿等三员先后殉职。牛在阵地一度失守时，负伤不退，手榴弹投尽以后，复用石头击敌，终将阵地恢复，斩获甚众。以后敌人常在轰炸数小时后，先以三两个步兵向我阵地试攻，只须我军放一枪，又速退去，再行轰炸，再行试攻。我守兵即利用这样的试攻，设伏以待。敌兵常被歼灭和活捉，因而感到无法应付。故居庸关的战斗，整日只听到炸弹声震天，听到机枪和手榴弹声音较少，敌人能够冲入我阵地的次数也不多。我官兵并以能诱敌上山聚歼，互相夸耀。

在上述情况下，敌在居庸关使用的步兵、骑兵、战车，乃至毒瓦斯，已无法发挥多大的作用。他们恃以无恐的，是空军和炮兵的联合轰射。我军为了分散敌人轰炸的目标，以少数兵力，广占山头，设疑兵，扰乱敌轰击目标，消耗敌人和减少我伤亡，收效较大。

战斗约五天以后，我第五三四团曾以部分兵力乘机出击，但在被迫退回原阵地，立脚未稳时，敌以优势兵力集中猛攻，连陷两个山头，几致我全线动摇。在搏斗中，我军各勤杂人员、炊事兵、马夫等均投入激战，该团某营营长负重伤，连长蒙定国阵亡。后经李仙洲部增援，始转危为安。但李部初到，地形不熟，不久亦被敌冲散，其所失阵地仍由第八十九师的两个连奋战收复，再交李部接防。

李仙洲的第二十一师到达以后，王仲廉建议居庸关由李部接防，而以熟悉地形的第八十九师收复南口车站。正当问题未作决定的时候，敌人对居庸关的攻势突然停止，将主力转移到白杨城，向我右翼攻取镇边城、横岭城，企图由十八家越过长城，进犯张家口，截断我军后路。居庸关战斗暂告缓和。

## 吊明湖战斗

吊明湖的战斗，是因敌情变化临时发生的，主要是打击敌人向我右翼进攻的企图，同时牵制其对我镇边城和横岭城的攻势。

十八日左右，第八十九师副师长龙慕韩向卫立煌乞师由保定回部，报告敌人增兵白杨城，企图从我第四师、第八十九师的夹缝地区中间突破，并先消灭第四师。时王万龄在怀来养病，该师副师长陈大庆在横岭城告急。汤恩伯乃决定以第四师刘汉兴的第二十二团、朱怀冰部原驻康庄的两个团、第八十九师工兵营，令我组织支队司令部，前往堵击。军参谋长职务由朱怀冰暂时兼代。我先率工兵营进入吊明湖侦察地形，白杨城已为敌骑兵盘踞，因令工兵营先占领吊明湖西南边一带山地（即靠近白杨城方面），同时在东北面山头赶筑工事。但当我回军部的次日，吊明湖被敌攻占，工兵营长门长春抵抗一阵，溃退到石峡口附近。

大约是二十日，我进驻榛子岭，刘汉兴团担任前面攻击，朱怀冰的一团担任由白杨城通居庸关的沿途警戒。朱师另一个团和工兵营随支队司令部驻榛子岭为预备队。汤恩伯顾虑朱怀冰部的战斗力不强，要我以守为主。因陈大庆和在镇边城的马励武（第四师第十一旅旅长）感到吊明湖之敌对他们的威胁太大，坚决要求协同出击，我乃令刘汉兴进攻吊明湖北边敌阵的山头。激战两日，敌退守湖的南岸，与我军隔湖对峙。双方进攻，均从东西湖岸边山地进出，主要在东边山地上。对我军有利形势是：敌战车无法活动，我迫击炮至此发挥了巨大的威力；同时在南口战役中，敌很少用步兵直接冲锋，而我军爬山作战，较为熟练，一至短兵相接，杀伤敌兵甚众。敌我反复冲杀，持续了三天。二十五日或二十六日，终将敌军击溃，吊明湖克复。我刘团伤亡达五百余人，第二营营长壮烈殉职。朱怀冰部在陆续增援中，死伤较少。湖边民房二十余栋，悉成灰烬。

## 横岭城、镇边城的战斗

第四师在南口左翼的战斗，大约在二十日以后才转入紧张阶段。在此以前，汤恩伯、王万龄等并没有切实注意到敌人绕出左翼的企图，又由于南口、居庸关两处战斗的坚持，陈大庆、马励武等狂热地提出"夺取昌平，打到北平去"的口号，而希望把南口左翼的任务转移给增援部队，且认为只要向昌平施行奇袭，使敌人腹背受敌，比把兵力搁在南口左翼要灵活得多；左翼只留些警戒部队，就可凭险侥幸取胜。汤恩伯对第四师将领好大喜功的轻敌思想，表面虽没首肯，但对我表示过有同样意图。比较稳当的是等援兵集结以后，再视情况决定。时李仙洲、高桂滋两师已陆续开到，民心士气，确曾可用。汤并在一个晚上召集各师师长到怀来开会，计划反攻南口，同时也准备向昌平出击。马励武在镇边城同敌接触的第一天，敌一小队三十余人，在长城一垛口内为我石觉团围困。石以兵力一排，利用山势，扼守垛口出路，每天用手榴弹投掷，官兵们瓮中捉鳖，士气高涨（后这三十余敌人到我军撤退时，饿毙一部分，并未最后消灭）。他们接连两日打得很出色，又击落敌侦察机一架。第四师"打到北平去"的口号，已得到汤恩伯的默许，喊得更加响亮。

　　直到镇边城危急，横岭城亦同时被敌猛攻，敌人由十八家袭取康庄，直趋张垣的企图，更加明显，这才知道第四师的主力均集中在横岭城和镇边城一带高地，对十八家认为地势低洼难守，仅留少数兵力担任路口警戒，是失策。而敌人对我左翼各据点的进攻，除移南口、居庸关的主力集中使用外，并另由昌平开来高木旅团全线展开总攻。那几天的情况是：吊明湖收复的当天，居庸关之敌又继续蠢动，接着是镇边城失守，横岭城相继陷落。十八家原来就没有固定部队负责，汤恩伯临时令阎锡山所派来的一个旅增援，又遭到拒绝，最后只有李仙洲部上去。李部到十八家时，由横岭城溃退的陈大庆部因敌乘胜追击，无法立足，在阵容混乱中，复被敌炮火居高临下集中轰射，搏斗之惨，血流成河，李部一团长阵亡。汤恩伯为牵制敌军攻势，复令吴绍周支队向白杨城出击。因地形险恶，由吊明湖向南前进的路口山势耸立，为敌炮火封锁，我军亦只能采用炮战。南口抗战形势，已到最后关头。

　　八月二十八日，汤恩伯退出怀来，部队向桑干河一带退却。

　　值得一提的是，南口战役，我报效祖国的广大士兵前仆后继，从无一人被俘，而敌军除运尸车辆日必数起外，且为我生获约二十名以上。

# 第八十九师南口作战概况

苗秀霖[※]

七七事变后，原驻在内蒙古集宁丰镇地区的第十三军汤恩伯部，奉命进占南口之线，抗击日本帝国主义西侵。七月底准备，八月初开始车运，第八十九师为军的先头部队，以团为单位由丰镇县分乘火车东进，十多个小时方到达目的地。

八月四日上午，十多辆列车在张家口前后均遭到敌机轰炸和扫射，各列车部队均在车上下以高射武器进行还击，士兵愤恨也以步枪射击，迫使敌机不敢在低空飞行，因此我伤亡较少。师长王仲廉、参谋长吴绍周随第一列车到张家口看望联系。其时，察哈尔省政府主席刘汝明改乘京包快车，在车站暴露了目标，上午十一时到下花园车站，敌机突然临头，对快车投弹六枚，车头车厢多处炸坏，伤亡中外乘客多人，站台人员逃走，电讯中断，军车被迫停在各站。我当时任第八十九师副官主任，指挥师部列车在后一站同车站站长商量，同意无路签开车，缓缓前进。距下花园约十里，司机不敢前进，我不得已取下自行车两辆，带一

※　作者当时系第十三军第八十九师副官主任。

传令兵，沿铁道边小路，骑车到下花园。只见人员逃散一空，炸死的旅客仍在车上无人管，也没见有伤亡的军人。在南山区村内，我找到了车站人员，请他们回站执行任务。我到山南小村找到了师长等，见无伤亡，精神稍安定，便一同到车站改为夜间行车。

部队于八月十日前全部到达指定地区，第二六五旅第五二九团在南口正面构筑工事，准备死战。

八月十日以后，战斗已由卢沟桥附近移至涿县附近。敌扩大战线，侵占京包铁路和山西省要地，派一个师团兵力向南口进犯，在南口以东经过两日前哨战，我军退入主阵地带。敌在南口正面放列大小火炮七十余门，战车五十余辆，铁道装甲车两列，对我进行战斗。敌机不断轰炸。其步兵以南口东北一里的十多米高的凤凰台为基点，在飞机炮火的掩护下，以其军国主义武士道精神训练官兵，我们在后山用望远镜清楚地看到其官兵同在操场训练。不管我军如何猛烈射击，很少有弯腰的，中弹倒地还认为是效忠天皇。这只是初战现象。而我军战壕都挖在陵线上，战法是敌人打炮时，官兵均去陵线隐蔽，只留少数监视哨。炮火停止，敌步兵来攻击，我迅速进入阵地射击，这样我们的伤亡较敌为轻。

第八十九师师部把怀来县让给军部，移至康庄车站南榆林堡村内。战斗开始，师指挥所在第一线，我主持后方，办理前后联系补给运输。战斗后期，后方师部也移到车站东山洞列车上。战斗紧张之际，我经常乘车到前方看战况。在师部所驻洞边的铁路工作人员的住房内，热闹非常，还有人唱京戏或小调。不管上空的敌机如何猖狂，他们都不怕。

由于战争的激烈，牺牲还是大的，负伤的有工兵营长门长春、步兵营长李友于等六人，连长伤亡二十八九人。第五二九团在南口正面浴血奋战一周，伤亡惨重。师长王仲廉报军长汤恩伯电南京统帅部说："南口守备部队第五二九团团长罗芳珪以下与阵地共存亡，全团壮烈牺牲。"当时各报均登载了此消息。由于该团牺牲过大，换到后方来休整，傍晚路过榆林堡，我在南门外迎接慰问他们，暗中清点其官兵人数，原两千四百人的该团，尚存一千二百余人，伤亡一半，可谓之大矣。

南口抗战，日军板垣师团由于地势险要，久攻不下，又增加了两个旅团，除在南口主攻外，向两翼延伸，北至延庆南四五十里，寻找薄弱点。我军陆续参加南口抗战的部队有晋军两个旅、第三十五军傅作义部一个师，最后第二十一师李仙洲部也参加了。敌终于在南口西南约四十里处一个山谷（地名记不清，约今日官厅水库南端），以炮兵突然袭击，冲破了长城沿山谷向怀来县城挺进，已到距县城约四十里某处，京包铁路及各部队后方交通，将被切断，在长城线上各部队均有被包围的危险。总指挥汤恩伯下令总撤退，约在八月二十二日当南口正面居庸关后山激烈战斗之际，不得以放弃有利杀敌地形而后撤。是日下午，我由岔道派小部队向怀来县抗战武装联系，回报说怀来以东及铁路员工已逃亡一空。我派人在康庄车站向西监视，并报告师部。师长说第一线在黄昏撤离，命我带留守人员夜八时先行向怀来县北四十里某处前进。我命百余官兵把所有物品全抛掉，每人携带伤兵留下的步枪、机枪一支至三支和部分弹药。一辆特装的车头我不忍炸掉，只把最重要的风闸卸掉，令司机随军行进。在行军时派出小部队侧卫，拂晓前在驻处和师部会合。据报，黄昏怀来车站已发现敌人向新保安车站南行，在涿鹿城北宿营。这个小县城城埠整齐坚固，商民不了解全民抗战重大意义。基于过去战争士兵抢劫的危害，遂紧闭城门派民团防守，不让我们进城，造成了许多麻烦。我们不愿冲突，只好边城而过。下午继续南行。第五二九团已先过河，师部黄昏时到河边，山洪突然暴发，顷刻万马奔腾，咆哮而下，挡住去路。后面敌人已离不远，官兵万分着急，师当派一个营对新保安方向警戒。约十时，在下游二里处抢行徒涉的士兵手拉着手，有的人抓住马骡尾巴，但也有不少人被冲走，一夜之间全部渡完。次日晨，小河又恢复了原状。

南口撤退虽是有计划的行动，但铁路以北的部队要绕道铁路以南，冲破敌人的封锁线，故跑散的很多。我曾去蔚县收容到一个炮兵连和五百多伤兵。入紫荆关、西陵、易县的部队，均经太行山南行，给养全无，适值苹果成熟时节，官兵都用以充饥，给人民带来危害。

# 井儿沟、喜峰砦战斗

高建白※

一九三七年七月九日晚，我旅奉师部佳亥参一电转蒋介石佳辰蟹已两侍参海电文说："信阳孙军（孙连仲）、运城庞军（庞炳勋）、绥德高师（高桂滋）即向石家庄集中，各部到达，统归宋主任明轩（宋哲元）指挥。"蒋介石本来还想同日本妥协，但由于共产党的伟大号召和全国人民的强烈要求，不得不参加抗日。他一方面怕共产党抗日把人民的武装力量壮大起来，多方阻挠八路军的参战；另一方面又想借刀杀人，利用抗日战争先把杂牌异己部队消灭掉，所以首先把第八十四师等部队开到前线参战。这阴谋是人人都了解的。不过当时我们受到共产党的号召和鼓舞，激于多年抗日救国的心愿与热情，也愿意首先开到最前线，尽军人御侮报国的战斗责任。我旅全体官兵奉命后，都兴奋地整理行装，准备出发。忽然师部又转来蒋介石命令说："第八十四师高桂滋部迅速集中汾阳待命。"师部随又命令："着高建白旅十三日由瓦窑堡出发，十四日到绥德集结。"那时正是初伏，我二五一旅以强行军速度一天半

---

※　作者当时系第十七军第八十四师第二五一旅旅长。

赶到绥德。随即奉令冒雨渡黄河，转入山西境内。十九日到了汾阳，改乘火车去大同待命。夜里过太原时，受到军民的热烈欢送。二十日夜十二时到了晋北原平镇下车，露营于郊野。虽然草褥露被，每个人的心却是火热的，认为只要早一秒钟到前线都是好的。当夜我视察士兵的战斗情绪，也非常高涨，这是一年来所没有见到的。次日，烈日当空，我旅徒步行军，过了雁门天险。我在雁门关瞭望祖国山川地势，真是雄伟而可爱，在酷热的气候中，行军十日。从二十四日起，为了避免骄阳炎热，改为夜行军。在明亮的月夜里过了怀仁，到达大同。在这时得到蒋介石的电报，任命高桂滋为第十七军军长，仍兼第八十四师师长。同时命令第二十一师李仙洲部隶属十七军建制。那时第二十一师正由陕北向大同前进中。紧接着又得到蒋介石的电报：十七军临时配属十三军归汤恩伯指挥。汤恩伯率领所属各部担任南口之线对敌防御任务。汤指示第十三军第四师、第八十九师担任南口正面堵击的任务，第十七军第八十四师担任南口的左翼。师令二五一旅与十三军联系担任平路口、塘子口等二十余口防戍长城的任务。那时察哈尔的张北一带归刘汝明军防御（刘兼察哈尔主席）。

我旅八月五日开到赤城县属的样田堡。我们以一旅之众，担任一百余里的国防线，兵力是比较单薄些，因此我决定先发制人，力求主动。在敌机不时威胁、轰炸中，我旅于旬日内，完成各据点工事。此地正当南口侧背，于十四日前方各口相继发现敌踪。当地民众爱国情绪，极为热烈，自动报告敌情者接踵而来。十六日下午得确报，我吕晓韬团马勉民营正面之平路口外井儿沟，有敌一团之众盘踞，指挥者是藤井少佐，武器精良，向我积极挑战，策应南口敌军。巴图营子一带，亦有敌盘踞，相应声援。我旅为歼灭井儿沟敌主力计，令艾团关营向巴图营子之敌施行佯攻袭击以钳制之，密派吕晓韬团长率马营全部及张营四、五两连于十六日拂晓乘夜雨出长城，急行二十余里。于十七日夜四时，天尚未曙，井儿沟之敌，已处我严密包围之中，出其不意，施以突击，敌猝

185

不及备，仓皇应战。我官兵精神百倍，在枪林弹雨中，直扑敌巢，冲锋肉搏。正午十二时战斗结束，敌大部覆灭，藤井少佐，仅以身免。

井儿沟胜利之后，日伪军相继携械投诚。由沽源增来塘子口外喜峰砦等处敌一团之众，为敌教导第五团，综计敌骑步兵各一团，我乘战胜余威，令艾捷三团长星夜率众出击，我于大雨滂沱中驰赴龙门所指挥。二十日晨三时，在风雨中艾团进抵喜峰砦部署，将敌包围于村内，以一部直冲村之中心。此时敌众虽倍于我，唯因出其不意，攻其不备，敌惊慌失措，不战自乱，自相逃命。虽曾有一部一度作顽强的抵抗，终因我士气旺盛，英勇冲锋肉搏，敌自相践踏，流血遍地，除少数骑兵乘夜逃窜外，敌步兵一团骑兵一队，都被我聚歼。七时半战斗结束，我再获大胜。

井儿沟、喜峰砦两役我俘敌二百八十余名，敌伤亡则三倍之，夺获迫击炮六门，轻重机枪十三挺，手枪三十一支，步枪九十一支，马一百二十余匹，朝鲜金票三千余元，日本旗帜五面。在井儿沟、喜峰砦两役中，由于我的政治和军事思想水平所限，平日鼓励官兵痛歼敌人，以多斩杀为首要要求，没有重视搜寻文件和擒获俘虏，因此两役用全力于肉搏，致使本可擒获之敌，反而逃跑了，敌人的文件，也没有顾得检查。在井儿沟战役中敌藤井少佐向一个伪军官哀求："万一我被擒了，请念同僚之谊，代为求情，我是绝不忘恩的。"（藤井少佐的大黑乘马和战刀，都被我们得来。）这时关外由沽源调来的伪军一部，内有伪军姜团长，见我旅英勇抗战，屡歼日军，派员拿着血书来投诚，表示愿全团反正，请求改编。我一面密报高军长，一面函姜团长，叫他准备绑送敌指挥官以为真诚表示，约定二十七日夜间反正，一举而收复察北。那时我们的士兵摩拳擦掌，振奋无比，切盼再下命令北进，军官的心情也非常乐观兴奋，生怕得不到作战任务。不料二十六日得到张北刘汝明放弃、南口汤恩伯战败的相继失利情报，跟着又知道敌由南口、张北、柴沟堡分路合进要大包围察境各军。我全体官兵，得到这个消息都愤恨切齿地说："该死！该死！"接着我旅奉到命令："着二五一旅在沙城一带布防，掩护各友军退却！"有什么办法？我们只有忍痛回师。二十六日情况逐渐恶化。旅以一昼夜急行军二百余里，布防于长安岭、沙城之线，掩护各友军退却，并阻击进犯之敌。二十七日夜十二时，各友军在我掩护下，相继渡过桑干河。我部于极艰辛状况下，完成掩护任务后，不幸陷于敌包围圈内，由长安岭至沙城全线展开血战。二十八日，敌机十余架在我阵地上空猛烈轰炸，大炮声、机枪声，震耳欲聋。敌众我寡被截数段，我官兵横冲直撞，于下午先后冲出敌包围线，唯吕团二营仍在敌层层包围中，激战至傍晚，大部壮烈牺牲，所余突出重围，经两日后，才集结于涿鹿县境。我到了广灵第十七军军部，看到汤恩伯，他灰溜溜地对我说："我惭愧得很，我这次在南口把什么都丢了，现在只有把队伍集结补充起来，整顿一下，我们继续来干吧。"这时汤恩伯的第十三军，蒋介石另调他处，我们第十七军隶属于第二战区，归阎锡山指挥。自渡桑干河后，即奉命循蔚县、广灵大道节节造线防御。我军八十四师李少棠旅在大烧岭阵地与日军发生激战，敌数次猛攻，战况极为严重。就在这个关头，右翼友军被敌压迫后撤，第八十四师阵地突击，奉令转移，于二十一日晨十时又接到命令入平型关整顿，晋北关外十三县至此相继陷入敌手。

# 血战长城内外

陈长捷<sup>※</sup>

## 日军进犯南口，长城骡子圈失守

七七事变，已临民族存亡关头，在北平的宋哲元第二十九军被日本侵略军袭击，退于长辛店迄永定河线上抵抗，华北战局展开。蒋介石划河北和察哈尔为第一战区，任参谋总长程潜为司令长官，于保定成立司令长官部，指挥平汉线方面的作战。划绥、晋为第二战区，任阎锡山为司令长官，任傅作义为第七集团军总司令，率在晋北和绥远各部队，于平绥线上作战。为威胁日军在北平集中并牵制其南进，先着汤恩伯第十三军循平绥线进入居庸关、南口地区的长城线上活动。

一九三七年八月七日，日军向南口进攻，汤军王仲廉第八十九师在南口居庸关正面，王万龄第四师一部在居庸关南，均沿内长城险要占领阵地。第四师主力尚随军司令部在怀来。日军板垣第五师团陆续到北平

---

※ 作者当时系第七集团军第三十五军（俗称晋绥军）第七十二师师长。

188

西区集结，汤军不敢主动出击，坐让敌人从容集结完毕，自由选择攻击方向。居庸关正面对战经旬，日军渐向两翼扩展。朱怀冰第九十四师和高桂滋第八十四师东开怀来，朱师增加于居庸关北翼的延庆方面，第四师主力增加到南翼，沿长城线亘于横岭城。热河伪蒙骑兵一部进犯怀来北侧的龙关，高师迎击蒙伪军于赤城、龙关间，有所俘获。沿平绥线进攻的日军主力转移于南翼，指向官厅方向，和第四师争夺长城线上制高山头，日趋激烈。李仙洲第二十一师再开到怀来，即插入于第八十九师和第四师中间。李师是刘珍年杂牌军所改造，素质脆弱，初就阵地，立脚未稳，其右翼骡子圈据点即被日军突击占领，战线被突破一部，突破点逼近怀来，形势顿形紧张。汤恩伯急电分向蒋、阎和傅再请增援。

## 晋军第七十二师急援怀来

骡子圈失守，汤恩伯大告危急。当时傅作义掌握着第三十五军的孙兰峰、董其武、马延守三个三团制的独立旅（马旅是临时配属的），集结在平地泉、丰镇间，赵承绶和门炳岳两支骑兵部队从大同渐向长城外的兴和、张北方向活动，均准备以对付日酋东条的挺进纵队，将伺其接近张北，突起掩击其侧背。犹顾虑刘汝明军不肯负担张垣正面的一时抵抗，又准备李服膺第六十一军于阳高、天镇、柴沟堡间，以便适时推进张垣，代刘汝明负责守备。为此不愿打破所准备的兵团而为零星的增援使用，一方叫汤坚定支持，吸引敌主力使胶着于长城线，待集团主力转移攻势；一方亦坚请另派一部晋军赴援怀来。同时，蒋对汤的呼救，亦就长城形势，作了全盘策划，从平汉线遣出有力兵团，配合傅集团的出击张北，而向南口敌之南翼抄击，对阎作了紧急援汤的指令。阎锡山还是出于敷衍，指命尚在雁门山前构筑工事，未经动员装备的我第七十二师赴援，说是我师和汤军两度合作甚好，赴援可期密切得力。但又拖住我师的尾巴，要我师留下一个团于浑源北山，整理并监守原来工事，并以我师未经动员装备为词，指示汤恩伯斟酌情势暂为控置，待机另有应用。

全面抗战经月了，阎锡山对晋军只将在平绥线上傅作义第三十五军（三个独立旅计九个团）、李服膺第六十一军（一个乙种师、一个独立旅计七个团）、赵承绶骑兵军（三个旅计六个团），给以动员装备。我率领的第七十二师尚置在雁北工地，不加以战时装备，八月十三日，阎仓促电令该师开赴南口前敌。当时官兵愤于日军的侵凌，抗战情绪极为奋跃，部队里虽尚乏战时通信、卫生、辎重、兵战等动员装备，亦无难色，即日从工地出发，星夜载驰，于两日夜间，即赶到平绥线阳高县车站集结。照阎指命，原来拟留下第二一七旅梁春溥旅长和程继贤第四三四团监理工事，梁旅长坚请不愿置身后方，仍率旅属曹炳第四三三团同赴前敌。阳高集结毕，分四列车进发，张树桢第四一六团在先，师部及直属部队继之。第二〇八旅旅长率高金波第四一五团，梁春溥旅长率曹炳第四三三团，依次相继向怀来输送。南口、居庸关剧战已经旬了，后方部队通过张垣车站，仍受刘汝明所限制，必须挨到夜间才得偷越，输送迟滞备受日机轰炸，受了不少损失。

第七十二师先头张树桢团于八月十六日清晨到达怀来，在十五日夜里失守骡子圈的第二十一师右翼部队约同第四师左翼石觉旅协力反攻骡子圈。石旅向骡子圈东南抄击，以不少的牺牲夺取了重要的长城岭上制高点八五〇高地，以俯瞰骡子圈敌后方。但是第二十一师右翼旅的进攻骡子圈竟被敌的逆击而溃乱下来，一时怀来形势又形紧张，恰好张树桢团到达，汤恩伯为遏阻骡子圈之敌径冲怀来，即命张团进于长城岭，以掩护怀来和第四师的左侧。

## 朱怀冰干预汤恩伯的指挥

长城线剧战经旬，部署于延庆方面的第九十四师尚未发现敌情，师长朱怀冰特经汤恩伯捧为参赞留在怀来军部，对前敌指挥咨而后行，同食共处，十分密切。汤十分粗鄙而虚骄，只工逢迎而昧于方略，他从蒋中央军校的教导总队长得了张治中教育长的扶植，出任第四师师长，在参加江西反共战争里，紧抱陈诚粗腿，不断幸进。当担负南口前敌任务时，日日尚要向在上海前敌的陈诚和张治中等陈报军情。陈诚理解汤的"能力"，特叫汤把朱怀冰师长留在他跟前作为导师（朱曾任陈诚的庐山军官训练团办公厅主任），所有汤每日呈蒋和分报陈、张的文电，均托朱主稿，以适合"机宜"。当骡子圈紧急，李仙洲师长紧喊危殆时，在怀来未有控制部队可供应付，军参谋处建议从延庆方面抽出第九十四师主力到怀来，加入第二十一师右翼和石觉旅协力以防制骡子圈突破口。朱怀冰竟不愿他的第九十四师投到激烈的主战斗方面，而不加赞同，且夸大居庸关北翼承担着牵制敌军向龙关大迂回方面，轻与调动，势将影响居庸关正面。在晋军第七十二师未到之前，他为汤出主意，认为龙关方面仅是少数热河伪蒙骑兵，没有战斗力，已经高桂滋师一击，退缩去赤城塞外，可以从龙关方面抽来第八十四师主力，有此后方主力军增到，比从延庆回调第九十四师，尚有振作士气的作用。汤恩伯和高桂滋共事于陕北的反共各役，明知想调度该部投于应急方面，不是凭一纸命令所得实现，但亦不便有违所倚智囊、俨同盟军的朱先生（汤对朱的恭维称呼）意见。便请朱以电话向高商洽。高对朱转达"汤的意旨"，在电话上满口唯诺，并立刻奔赴怀来，显若急难不遑宁处。他并未为朱怀冰的饰词所欺蒙，对骡子圈的反攻崩溃，以及居庸关、延庆各方实际情况，掌握清清楚楚，对待朱的调弄，已有所安排。高到达怀来，即从龙关方面频频传来赤城伪军重兴南进。继之，又重以有日军大纵队增加的紧急情报，催高返部主持。高显得镇定，传谕该部云："龙关重地，关系全军侧后安全，须坚强守御，任何牺牲不得动摇。"这样作态，无异对所设中央军的失守骡子圈据点，不能拼死夺回，加以讥讽。高并不以所谓"龙关紧急"返其部队去，仿照朱怀冰的方式，自动待在汤的左右，给汤多添一员义务参赞。由是彼此心照地急盼晋军第七十二师到来，以为应急使用，又对阎锡山对该师的遥制有所怀虑。

## 横岭城鏖战

出乎汤、朱的怀虑，第七十二师先头张树桢团到达怀来，汤、朱对张团长告知骡子圈反攻失败及怀来受到威胁的紧急情况，张团长不等待师的集结，立即接受汤的指示。急行十八里，到长城岭下的长城沟口，阻止日军向怀来插入，收容了第二十一师溃部，在长城沟山头占领了掩护第四师左翼阵地，怀来一时慌乱形势，借以稳定。骡子圈突破口继续扩大，第二十一师右翼受敌压迫继续退缩，第四师石觉旅左翼团虽然占了八五〇高地，但陷于孤立突出，受到敌火的三面压制，死伤辄出。十七日午后发现敌军一股不下一联队向四师右翼镇边城方向前进。十七日晚，第七十二师全部于怀来下车完毕，汤、朱以上述紧急情况相告，商定以第七十二师协助四师石旅夺回骡子圈，使石旅占领八五〇高地后，和第四师主力共同守备横岭城、镇边城，以巩固军的右翼，向洋河南岸接受从平汉线方面来援兵团。我慨然承担任务，在师的辎重和兵站分布未到之前，即进入山地，请汤军兵站予以接济。其时张树桢团掩护着长城沟口，阻止骡子圈突破口向石旅左后方扩大，战斗经日已有伤亡，尚无担架救护，亦赖汤军拨出卫生队一部附属，设立了师临时野战医院于长城沟，以为收容伤患者。

八月十八日早，晋军第七十二师部队由旅长吕瑞英率高金波第四一五团，旅长梁春溥率曹炳第四三三团相继进于长城线；我先率骑兵连、炮兵连到长城沟山上张树桢团位置。在所经过和靠近长城的十八里长的山峦地势，几乎全与地图所示不相符。当时尚无实测军用详明地形图。从汤部领得的竟是前清光绪年间四十年前所草制的编撰图，未经实测，对长城区的山川实际诸不相符。张团长明敏又积极，他已先期亲临前敌，爬上山头，把骡子圈、八五〇高地联系横岭城一线的形势、敌我双方所占位置，测绘明晰，呈出要图。又就所调查说明第二十一师士气颓丧，反攻骡子圈的失败。由于自相惊扰，现在骡子圈之敌在长城沟和八五〇高地我军的前后压制下，不能径下怀来。但是八五〇高地亦在敌三面瞰击下，十分孤危，将成双方争夺的焦点，要夺回骡子圈非占稳八五〇高地不可。他建议准备应援石旅，并自告奋勇推进该团和石旅联系，准备敌攻逼八五〇高地时，不待命令即行突起反击，或协力石旅截断占领骡子圈敌后方的联系，而夺取敌人所占长城上各碉楼。我赞许他的建议，叫他做好准备。我又向横岭城走去，拟和第四师王万龄师长协商和石旅协力攻夺骡子圈以进出于八五〇高地前方，粉碎敌之攻势。行不几里，第四师副师长陈大庆先已迎来，声称敌正向四师右翼横岭城进攻，目击又有三股敌向镇边城方向活动，可能迂回于怀来后方去。他神情显得很张皇，并道汤以第四师电话找我有新的指示，即相偕到第四师的指挥所。王师长带着病，处在挖成深邃的掩蔽洞里，接通军部电话，仍是朱怀冰代汤发言："军依四师晨间情报，敌沿洋河向军右侧后迂回。骡子圈之敌尚沉静。第七十二师须先接替第四师横岭城右翼团阵地，并堵击向镇边城迂回之敌。"由是陈大庆据以要求第七十二师先接横岭城战线，撤下第四师右翼一个团，以转移于左翼为支援石旅准备。但鉴于当前八五〇高地的危险，要求仍留张团于石旅左侧，受石觉旅长指挥。第四师参谋长王××是山西人，对晋军表现得接近，特向我直陈，横岭城前岭和八五〇高地两剧战地区，第四师部队的实力和士气均近于消竭，非得生力军接替，难再支持若干时间。由是决定以第二〇八旅吕瑞英旅长率高金波第四一五团和炮兵连即接横岭城前岭阵地；以第二一七旅梁春溥旅长率曹炳第四三三团和骑兵连向镇边城活动，截击向怀来迂回之敌；由梁旅派出张翼营，附以骑兵连为右侧支队，进出洋河南岸活动警戒，相机联系平汉方面北进兵团。张树桢团暂置于长城沟、横岭城受石觉旅长指挥，以待第四师从横岭城撤下之部相交代。特与第四师约定各控制一个有力之团，拟乘敌攻击顿挫，断然进行反击，不坐而挨打。

八月十九日拂晓前，吕瑞英旅高金波团逐段接替第四师横岭城前岭阵地。正值日军发动拂晓攻击，第四师部分阵地竟未待交替妥当而匆匆离开，有两个山头被敌占领，团长高金波亲率两营死战强敌，始经夺回，高团长和李炳申营长均负伤。高团长仍坚持留在前线，调整部署，抵抗敌的继续进攻。旅长吕瑞英推进炮兵连使接近长城线，倾注炮火于阵地前沿，才击垮了连续进攻之敌。当战况激烈中，第四师撤回岭下部队，讹传敌军冲垮我师接防部队。当时前方通信设备交接未妥，但听敌我枪炮声和手榴弹爆炸声激烈地相交杂，莫名前线究竟如何。陈大庆又起惶惑，频来电话探问战况，第七十二师参谋长李铭鼎告以师长已经率特务连上山应战去了，鏖战正剧，工兵连亦调去，可能稳定下来。横岭城前岭鏖战经午，高团坚守阵地，将连续进攻之敌击垮。过午敌再兴攻击，从八五〇高地亘横岭城间蒙敌极优势的各种炮兵轰击，我山炮兵被制压无能还击，师炮兵参谋到前线指导以单炮活动于步兵阵地之后，作为游动炮兵，参与前线战斗，专以制压敌轻重机关枪火点，以次摧毁敌步兵进攻据点，起了巨大的效用。日暮前，高团把岭前当面之敌击退山下，可惜放列在长城岭线上的第四师山炮营以德制卜福斯重山炮，射程可及七八千米，固定在一个阵地上，不以人力扶助活动，始终被多数敌炮所制压，而寂然无声，不能对后却之敌予以摧击；而从横岭城岭上撤下之团经一日尚未能整理，陈大庆不肯即让张树桢团即来横岭城，便坐视敌人后溃，无能乘其顿挫出以反击。

## 争夺八五〇高地

二十日，敌主攻点转向石觉旅，八五〇高地突出前方，敌炮火集中轰击该高地。敌步兵从三面向该高地逼攻，守兵抗拒甚力，第四师炮兵仍被敌所制压不敢推进直接为之支援。激战到午，该高地被敌攻占，石觉旅长请张树桢团急援，张团立刻推进其第一营向八五〇高地反扑，在激烈冲扑中李营长受重伤，随即阵亡。张团长先到石旅指挥所，目击情况危急，认为八五〇高地如被敌占稳，骡子圈突破口更要扩大，怀来和居庸关均将大受威胁，他即举全团投入反攻。正当敌人纷纷向八五〇高地抢上，并有敌机协同扩大战果时，立行展开二、三两营，增加第一营前线，不顾敌人的压制，他亲自指挥两营的重机枪和团迫击炮，集中强大火力倾注于八五〇高地，支援前线仰攻，敌弹亦密如豪雨，第三营营长孙瑞祥于发动冲锋中壮烈阵亡。在紧急状况下，张树桢团长复亲率一连预备队，投入第三营战线，再发动冲锋。正当部队冒着强烈敌火，再接再厉地冲夺山头中，张团长腹和胸部中了数弹倒下，犹喊命团附马宗俊督队继续冲上，直到马团附把八五〇高地夺回，将尚留在山顶的日军悉数歼灭时，他仍强起，要卫士扶上山去，尚叫全团仅余的一个营长和团附布置守备，坚守下来，却以流血未及包扎，又坐倒，勉强写着报告："八五〇高地夺回来，职重伤不支，部队和阵地，命团附……"尚未写出团附姓名，即又倒下，阵亡在他所关切决心要夺回的八五〇高地上。张树桢团长是河北省河间人，保定军官学校第九期学生，他治军勤勉，积资以少将军衔任团长，为晋军抗战第一个为国家民族英勇牺牲的团长，未完成的绝笔报告，由石觉旅长转到第七十二师来，同致以赞悼，且鼓励着士气！

八五〇高地的争夺战，经过虽仅五六小时，一度拉锯反复，极为惨剧。第四师石旅的伤亡未计外，只第七十二师张团就阵亡团长和两个营长，其他干部和士兵亦伤亡过半，仗着士兵的勇敢搏斗，夺回该要点而确保下来。敌军不敢再向该处碰撞，使锁在骡子圈长城碉上的敌后路永被截断，不能再进以威胁怀来，第四师左翼赖以稳固。但是第四师和第七十二师的两个坚强团亦蒙受了严重的残损，没有余力以乘机反击挫折于阵前之敌。

## 横岭城二次恶斗

八月二十一日午后，横岭城前岭之敌又形活跃，炮击辄兴。吕旅长从炮兵观测所上目击不下一联队之敌分三路向横岭城前岭高团潜进，判断当夜将有一场夜战。高金波团长依敌各路活动的形势，组织奋勇队，布置于各山腹的冲要小径上，构筑秘密伏击小据点，配备轻机枪、冲锋枪和大量手榴弹。每据点以排长指挥一个奋勇班据守，像在阵前三五百米线上处处扎下钉子一样。对进袭之敌，先放任其前攀越过，从敌后以大力予以抄击，特定灯号和阵地相呼应。吕旅长再推进单炮到阵地前沿与迫击炮相协同，以制压敌的掷弹小炮（当时敌人所独有的步兵携带小六〇炮恃为冲锋前的主要兵器），依阵前钉点奋勇班的灯光和照明弹的指导，各山炮更准备发射零线子母弹对逼袭阵前之敌加以霰击。横岭城前岭全线做了充分准备。近黄昏，敌的炮击更烈，高团阵地大部被摧毁，前后方交通通信均阻断，犹坚据不动。午夜后，敌之各路潜逼到我阵地前，被我阵前各据点火力的突然抄击零乱纷窜，尚再折再进冲到阵前，几次激荡恶斗，高团守兵依所预备的步炮协同，将敌击溃。拂晓后进行阵前扫荡，敌军死亡累累，获步枪一百七十余支，轻机枪四挺，六〇炮十七个，俘敌受伤的上尉中队长一员，从其图囊中拣得五万分之一地形图一份（昌平、张垣间六张）。图是九一八前所秘密测绘，关东军印发每军官以战斗所应用的部分。测绘地形地貌备极精细，举小庄和独立家屋与长城上的石碉、砖碉，历历明晰，其处心积虑的侵略战略，甚为周密。而我方所用本国地图犹是前清非实测的编撰图，且只要团长以上各仅有一份的十万分之一图，对照实际竟把长城线上重要的镇边城搬到洋河（永定河上游）北岸来，竟遂使我梁旅依师图上指命以一团活动于镇边城，就近到洋河南岸实地去，而和师右翼失去联络两日，又经纠正才重返北岸来。

从日俘查知当面敌军为板垣第五师团的一个旅团，于攻夺八五〇高地被反击垮下后，转向横岭城夜袭，又失败了。第七十二师派在洋河南岸的张翼支队报告：洋河两岸只是敌骑兵，约一个联队，主力在河的北岸，有三四支各几十名骑兵的搜索队在河南岸各地活动，查探通怀来小路。洋河到处本可徒涉，连日暴雨骤涨，勉强漕渡，常被湍流所覆没。

综合南口战地的敌情，是敌板垣第五师团和另一个独立旅团，只北翼赤城方面为伪军步骑杂编的一个师，南翼沿洋河活动是日军骑兵联队；居庸关正面有重炮兵和若干轻型坦克；山炮兵则配属各联队活动于各山区。

## 没有实践的歼敌计划

八五〇高地的争夺和横岭城两度恶斗，粉碎了日军一个旅团。王、陈两师整顿了八五〇高地迄横岭城间的阵线后，士气十分振奋，曾请以右翼为重点，抽出两个整团，突起反击，压迫当面之敌于山地外。汤恩伯和朱怀冰经过考虑之后，终以骡子圈一点未经夺回，感到怀来仍受威胁，未作采纳。

据我方飞机侦察，日军东条纵队从多伦南下，已经沽源正向张北前进中。傅作义拟即发动第三十五军继赵承绥骑兵军挺进之后，向张北进出，以三倍于敌的兵力，迅速击灭敌东条纵队后，即越宣化东出，带动长城全线，以席卷北平。傅作义怀着这个积极企图，亲自出马到张垣。劝刘汝明和日军决绝关系，拘押日特，决心作战。并于过阳高时，面命李服膺指挥第六十一军（李俊功的第六十八师和刘潭馥独立旅共七个团），断然向柴沟堡、万全进入察区，以强迫刘汝明对日作战。傅又到怀来前线和汤、朱、高等见面，宣达了集团军主力即向张北出击的积极计划和配合平汉线上第十四集团军总司令卫立煌所部第十四军从涿州向青白口潜进，以抄击南口战地的敌侧后，共同会歼敌军于军都山（即长城线）的前景。

汤恩伯和卫立煌电报联系之后，知道第十四军于二十二日全部从涿州出发，分两纵队向镇边城、青白口间洋河线上北进。计程五日，约二十六日以后可到达洋河以南地区。这个情报和准备歼敌的指示，传达到各部，大大鼓舞着军心，尤以第七十二师右翼梁春溥旅和张翼支队更积极向洋河两岸活动，以接应卫军的到来。但是汤、朱犹坚持须先攻下骡子圈，解除对怀来的威胁，以利全线出击的发展。

## 再攻骡子圈失利

傅作义答应汤、朱的要求，回到大同即从第三十五军建制内调出马延守独立第七旅到怀来，专负攻取骡子圈任务，且准备待张北会战向东发展时，用马旅推动居庸关前线联系延庆转移攻势。

晋军马延守独立第七旅随李服膺军进入察区之后，于八月二十三日迅速来到怀来，对长城岭的骡子圈一带形势未经详加侦察，尚以日军仅占长城线上两个碉楼，至多兵力不过一大队，其后方已被我八五〇高地的火力所遮截，强支多日业已衰竭不振，可以强攻一扑而下。他颇自负他的"强劲生力军"，未曾考虑汤军参谋处建议（从八五〇高地左侧绕过，依八五〇高地我石旅的支援，乘夜向敌后方袭攻），竟凭一股豪气轻敌，照旧就第二十一师右翼展开，用所配属的山炮猛射骡子圈，压迫敌军退入长城线的石碉内。炮兵已再无能为力，就亲督四个营逼攻而上，达到山腰，受到日军的掷弹筒、轻重机枪的阻击，死伤惨重。经过一日，一再冲击，终成顿挫。再兴夜袭时，敌军从各方已准备好炮火，对之集射，使其蒙受了极大损害，退下山来，有两营不堪收拾。一时粗疏"豪气"见夺，即退回怀来整理。汤、朱所属意要夺回骡子圈，以策怀来安闲的愿望落了空，又是仅取监视，以不了了之！

## 张家口失守

正在期待卫立煌军北来和傅集团主力进出张北以转变战局时，刘汝明主席对晋军李服膺第六十一军到达察西郭磊庄、万全地区，仍拒绝其进入张垣布防，仅以察区保安队于张垣以北警戒，作为敷衍。且竟放走公开设在张垣的日军特务机关，让它以汽车逃往多伦，向东条日酋联系。刘还妄想敌东条纵队仅对晋军打击，摆出张垣的"中立"姿态，把他属于第二十九军系统的一个大师，移避于察南，连同省政府和家当都搬到蔚县去。李服膺亦复颟顸不省，还在等待刘汝明让出张垣再作部署。由是便利了敌军东条纵队的长驱直入。二十六日夜，平绥线上的郭磊庄车站被敌截断，敌骑遂不战而扑进张垣。刘汝明放弃了张垣，撤往蔚县，李服膺部亦慌张向柴沟堡退缩。

## 分区固守

张垣失守，南口战地的总后方被敌截断，在龙关的高桂滋第八十四师最先受到威胁。卫立煌第十四军的先头虽于二十六日驱逐敌骑，到达洋河南岸，但为洪水激湍所阻碍，不得即渡洋河。时又阴雨绵绵，洪流续涨，卫军遂被沿河警戒的骑兵联队所牵制，不得参与长城线的作战。

傅作义对于张垣失守和卫军阻水的事故，受到意外打击，其作战志气仍然是积极而坚定的，严令李服膺第六十一军以全力反攻，夺回张垣，命汤恩伯镇定不要动摇，兼顾后方，紧缩阵线，分区固守要点，以待南北主力军的发展。傅电到达前方，汤总部讨论形势，认为李军已失机后缩，再反攻张垣绝无成果；洋河水落非短期可望，卫军北进亦有困难；当面敌军将乘机发动全线进攻，感到危机逼迫。据以后汤的参谋长万建藩告诉我，从那时以后，朱怀冰黯然不再有所谋议，听任总部参谋处依傅电要旨，划分全战地为五个固守区：先调龙关的高桂滋第八十四师到下花园，阻扼铁道线固守，对张垣方面，掩护怀来后方；第二十一师向居庸关、康庄与八十九师靠拢，对南口正面固守，以王仲廉师长为指挥官；第九十四师仍在延庆，紧缩阵线，为长城线的左固守区，朱怀冰为指挥官；第四、第七十二师在横岭城、镇边城为长城线的右固守区，以我为指挥官；怀来县城为中心守区，以马延守独立第七旅固守，下花园的高师适应情况，准备夹击占据张垣之敌，横岭城、镇边城陈师，相机驱逐洋河北岸敌骑，接应卫军北渡，共击当面之敌。至于汤总部位置，原应坚定同守在怀来中心区，作各区固守的意志支持，参谋处所拟定的却经汤更改为必要时向樊山堡移动，解析为便利和卫立煌总部谋取联系。这就暗示了将转变作战正面于洋河南岸，亦即放弃长城线的抗战，而向平汉线方面靠拢了。

先是独立第七旅不肯进入怀来城固守，汤总部遂向樊山堡转移。高师撤离龙关到下花园，闻知汤总部已离开怀来，就不停步走向蔚县和刘汝明靠近起来。朱怀冰不曾去延庆负责守备，而是让第九十四师开到怀来，跟着汤总部作为义务的护卫，同到樊山堡去。马旅以朱、高两部的自由行动，它更有"理由"也走去蔚县。只有居庸关和横岭城两区，还在依然固守着。横岭城的右翼旅，极力压迫洋河北岸的敌骑，尚设法为在洋河架桥征集材料，准备接应卫军北渡，据洋河南张支队报告，洋河南岸敌骑被驱逐，不退遏北岸而是深入镇边城后方，绕向怀来西面去活动。这又引起横岭城后方受扰的顾虑。

一日后，王仲廉在居庸关发觉延庆朱师撤走，失去犄角形势，总部离怀来，独立第七旅不在守城，第二十一师虽然靠拢康庄，尚无力负担兼对侧后的防御，认为局势突变，在未奉汤的指示前特电第四师王万龄师长商议共同"妥当"行动。王万龄带病在军，一切以副师长陈大庆为灵魂，陈大庆持王仲廉电到横岭城小庙的第七十二师指挥部见我说："右地区不能再固守下去了！"他要求作转移的打算与处置，且肯定王仲廉发电后，第二十一师和第八十九师部队已经撤守。我告以受命固守此区，再未得傅、汤命令指示，不便自由行动。且据张支队报告我骑兵已联系上卫军第十四师，洋河洪流渐退，可以期待卫军的急援，如果我们不坚持固守长城线上，将使卫军贸然过河，失所倚据，陷于背河受扼的危殆。陈大庆喋喋呶呶，在一日里三次来促我速打主意，入夜又持王仲廉通报电（第八十九师同二十一师已得汤许可撤离居庸关守区）相示，且言怀来城已有敌骑侵入，第十三军留在怀来城的兵站散亡到第四师来，他坚决要求我下令撤守，否则第四师部队亦将自由行动。我再告以未直接奉到汤电，不能以王仲廉的通报为凭，而为顾虑卫军进近洋河的安全，即便居庸关已经弃守，我区更应勉负重责。其时我犹信傅军一出动，张垣立可夺回，吸引敌军深入怀来，使傅、卫两主力军从南北两方出于机动猛击，仍是极好的会战形势。其夜横岭城当面之敌，一度发动凶猛的攻击，两师前线仍极镇定，协力将敌击退。横岭城、镇边城当面之敌，已经被接近洋河的卫军所吸引。铁道正面之敌虽然占了居庸关，但由于八五〇高地和横岭城前岭各要点我军屹然固守，故尚未敢轻行深入于怀来。

## 横岭城突围

李服膺没有用其第六十一军全力反击张垣，仅在郭磊庄敷衍应战，收容了进入万全的部队退回孔家庄，所谓反攻张垣竟成空言。挺进于张北的骑兵军，望敌运输车的风驰疑为坦克成群，竞相回避观望，让敌肆意南进。傅闻汤总部移去樊山堡，马旅亦弃怀来西奔，于是傅军的东进亦告停止，不得以命令长城前线弃守。二十九日，汤总部始从樊山堡传来傅令，第四师较早接到，陈大庆振振有词据以责我，声称已陷重围，如何是好？第七十二师参谋长李铭鼎告我说："两师士气还好，要镇定勿乱军心！"于是商拟突围计划。按当时敌我形势，若从横岭城后方钻长城沟出去，不但要引起慌乱，且正落于敌已形成的阻击围截环套中，目下两师不能分路各自行动，只有专力向敌薄弱点进攻，乘敌昨夜攻击顿挫的惶惑迟疑，可以向敌方打开一个突破口，以出击的态势进出于敌侧方，再行转进。经决定以横岭城第七十二师右翼吕瑞英旅猛攻敌南翼步、骑兵接合部，冲出敌侧；以梁春溥旅扩大突破口，掩护第四师经镇边城逐步南撤，向板达峪以南越山转进；第四师右翼旅先协同第七十二师吕旅出击，以次掩护吕旅侧后；在洋河南的张翼支队向向阳口、沿河城以南驱逐敌骑，联系卫军，接应第四师南渡洋河。处严重形势下，两师的前线三个旅长尚极镇定依照计划互相协力，出击勇猛，出敌意外，进展十分顺利。南口敌主力正在配合张垣的占领，从居庸关沿铁道向怀来作深远的追击，不虞我的八五〇高地和横岭城守军未为它的夜攻压迫后退，且突起摧垮它的南翼，而和洋河以南的卫军呼应起来。

第四师安全撤过洋河以南后，第七十二师以高金波、曹炳两团交互掩护，亦于当日晚渡了洋河。入夜高、曹两团相次来会于沿河城，遂与敌完全脱离。张支队再驱逐深入横岭城后岭的敌骑，掩护第四师越梁家山，走向小龙门。

## 汤军脱离第二战区序列

在横岭城的两师向敌方突围，安全撤过洋河南岸后，汤恩伯认为南口抗战就此结束，无心再在第二战区作战，遂下了简单通令：第四师联系卫立煌第十四军向涿州转进，归于平汉线方面；王仲廉第八十九师、朱怀冰第九十四师亦随第四师之后，向平汉线转移；陈长捷率第七十二师和马延守独立第七旅向山西雁北归还晋军建制。只对尚混处在蔚县的第八十四和第二十一两师未作指示。汤的这样区处，分散了作战序列，当然是揣度着蒋介石的意旨的。阎锡山对汤恩伯把所谓中央军转移出第二战区，极为不满，一方向蒋电争，一方仍以司令长官名义，命令汤恩伯指挥退出南口战地各部队，向晋东北的广灵、灵丘转进。并以在广灵布防的晋军刘奉宾第七十三师增补汤军序列，给汤以守备广灵、灵丘边境的任务，搞得汤恩伯进退失据。经蒋介石叫徐永昌几次向阎饰词说："十三军的王万龄、王仲廉、朱怀冰各师损折过重，不能任战，使开赴河北顺德①从事补充。"尚折中地叫高桂滋、李仙洲两师留下。阎锡山仍要汤恩伯负责指挥该两师，担起防守灵丘的任务。汤不得已应命了，却不带第十三军司令部，仅只身经灵丘进入平型关，以尚完好的高桂滋第八十四师部署于平型关以北的团城口预设的"国防工事"线上，使李仙洲第二十一师集结于团城口后方的恒山下整理，以为团城口支援。

张垣失陷，南口弃守，山西东北边境暴露在前敌。太原的第二战区基地，日受日机的战略轰炸，阎锡山为避免轰炸的威胁，以出发前敌为名跑到雁门关下的岭底村，设立第二战区"行营"。汤恩伯到团城口部署好高、李两师后，即奔赴代县岭底"行营"，向阎面报。蒋介石随即来电要汤速赴河北顺德整补第十三军，另有任务。由是汤恩伯经太原出娘子关离晋，第十三军正式和第二战区脱离，而高桂滋、李仙洲两师遂归入杨爱源（正）、孙楚（副）的第六集团军序列。

晋军马延守独立第七旅从怀来西越涿鹿到怀安，依傅作义指示撤于大同以北地区，复归第三十五军建制。我第七十二师绕到沿河城，一路上尚不断受沿着洋河的日军骑兵联队的追截，在梁家山以宋恒宾营协力张支队对敌骑作一度的反击，始摆脱其纠缠，然后越内长城，退到倒喇嘴、西河营，进入山西广灵县。晋军第七十三师师长刘奉宾转送阎电，令第七十二师开到雁北应县集结待命。

---

① 顺德是邢台的古称，辖境相当今邢台地区的巨鹿、广宗以西，沙河以北，抵河以南地区。

# 长城脚下的骡子圈、横岭城战斗

## 王龙岗[※]

我第七十二师部队在抗日战争中打的第一仗是南口战役。师长陈长捷，福建闽侯人，当年四十五岁，是一位善于带兵作战的良将。他带第二〇八旅和第二一七旅参战。第二〇八旅旅长吕瑞英，辖两个团：第四一五团，团长高金波；第四一六团，团长张树桢。第二一七旅旅长梁春溥，也辖两个团：第四三三团，团长曹炳；第四三四团，团长程继贤。我当时任第四一六团第一营第三连第一排中尉排长。此外，第七十二师还辖一个方振武旅，未去南口。

一九三七年七月三十日，第七十二师奉命调往天镇县附近待命。八月十六日下午五时许，奉命乘火车出发，经怀安、宣化、孔家庄、下花园、沙城、怀来，至青龙桥下车，即徒步急行军向南进发。八月十七日下午六时左右，到达青龙桥以南、居庸关以西各十里左右的骡子圈高地时，即与日军板垣师团发生了战斗。激战至九时许，由于天已黑，枪炮

---

※ 作者现名王翰，当时系第七集团军第三十五军第七十二师第二〇八旅第四一六团第一营第三连第一排排长，战斗中升任第二连连长。

都失去作用，随即展开白刃格斗。双方为争夺阵地，进行拉锯式的拼杀达二十三次。在第二十二次为夺回失去阵地的战斗中，团长张树桢亲自组织奋勇队，并在发起冲锋前，对官兵们讲了话。他说："我们军人的天职是保卫国土，我们神圣的领土一寸也不能丢，失掉的一定要拼命把它夺回来。不成功，便成仁！"说罢，他当即脱去上衣，光着膀子，身先士卒，带领官兵向敌阵地冲去。经过反复冲杀，我们失去的阵地终于夺了回来。但是张团长却献出了自己宝贵的生命。团以下官兵死伤一半以上。我的右臂受了伤。

夺回阵地以后，全团不足五百人。中校团附柴生全当即决定，将全团整编为一个营，由第一营营长高占奎率领战斗。第一营第一连及第二营全体，合编为第一连。第一营第二、三两连合编为第二连。我因伤轻未下火线，被任命为第二连连长。第三营全体改编为第三连。我们第二连只有官兵三十九人，步枪二十六支，轻机枪六挺，冲锋枪三支，手枪四支。三个营的机枪连和团的迫击炮连合编为机炮连，由原迫击炮连连长率领。

八月十八日拂晓前，我们由骡子圈阵地转移到横岭城，即依长城为阵地。我们整整战斗了两天一夜。敌人进攻时，上有飞机轰炸扫射，下有山炮、野炮轰击，对我们的杀伤和威胁都很大。在二百米左右的近距离，敌人用掷弹筒打我们的死角。在这种态势下，我们机枪、步枪不能很好发挥作用，手榴弹又够不上。所以我们处于劣势，伤亡很大。

八月二十日夜十时许，我们奉命撤离横岭城阵地。在横岭城，我团位置于全师的前哨阵地，我连又在团阵地前长城外面的小高地上。我们这个小高地未被重视，敌人越过这块小高地向主阵地进攻。我们完成阻击任务时，想撤回主阵地已不可能了，只好迂回于敌后，绕道撤回主阵地，随全师转移。

# 八五〇高地争夺战

梁春溥※

　　一九三七年二月初，第七十二师师长陈长捷及其所辖第二〇八旅（旅长吕瑞英）、第二一七旅，率所部修筑亘雁门关东西之线的国防工事。七七事变后，奉命集结于天镇、阳高一带，第二一七旅（欠第四三四团）集结于阳高，余集结于天镇。八月十六日开始向怀来县输送，除第四三四团留天镇归第六十一军军长李服膺指挥外，其余分乘四列车悉行东运。这时第十三军早已开到南口，军长汤恩伯驻怀来县城，我于八月十七日拂晓，乘最后一列车到怀来后，曾往见汤。他说："我的八十九师在张庄车站一带，第四师在横岭城以南一带，你部开到横岭城，七十二师全部都在那里。"横岭城在怀来东南三十余公里，山路崎岖不能行走大车，我就将大车悉数留在怀来附近，率第四三三团于正午十二时到达该地。沿途村庄很少，果树特多，尤以苹果树为最多。此村四面环山，形势险要，村南约十里是镇边城，八五〇高地位于镇边城东南方约五里处。经师部署，第二〇八旅第四一六团东接第四师，西接第四一五

---

　　※　作者当时系第七集团军第三十五军第七十二师第二一七旅旅长。

团；第二一七旅第四三三团东接第四一五团。各团均在要点上构筑工事，并均派出监视部队。第四三三团派出第二营，环横岭城构筑工事并派出监视哨。附属师之山炮兵一个营，亦构筑阵地。

十八日，日军整日作侦察性的攻击，无激烈战斗。

十九日晨，我听到铁路方面和第四师方面枪炮声很激烈。第四一六团的区域内的八五〇高地，是一个要点，枪炮声亦很激烈。第四一五团和第四三三团当面之敌亦蠢蠢欲动。时第四一五团团长高金波和第二营营长刘崇一、第四三三团第二营五连连长高钧相继负伤，退出战线。以后陆续负伤退下的也很多。第四一六团系以第一、第二两营固守八五〇高地，亦有很大伤亡。听说十九日晚九时，第四一六团团长张树桢率领第三营增援第一、第二两营，于半夜到达八五〇高地附近时，见敌我肉搏，掷弹筒和手榴弹的爆炸声响成一片，火光四射，犹如白昼。当第三营赶到时，八五〇高地已被敌占领，第二营营长孙瑞祥阵亡，第一营营长范占元受伤。张树桢团长亲率第三营向八五〇高地猛扑，意欲收复阵地。当晚月明如昼，一切行动易被敌人发现，进到敌阵前约五百米时，团长命吹冲锋号，并身先士卒，冲锋陷阵。敌集中火力猛射，张团长阵亡，少校团附黄彦受伤，第七连连长白雪岫阵亡，第八连连长受伤，第三营伤亡惨重，攻势顿挫。

八月二十日早四时，我军又向敌阵右翼迂回，又受到惨重伤亡，仍未获得成功。攻击发动前该营战斗员有三百多名，此时仅余九十，乃编为一个连，归第四师石觉旅长临时指挥，在八五〇高地以北地区防守右侧的长城。

延至八月二十六日晨，日本空军连续轰炸怀来县城，迄午后二时师军间的无线电尚未取得联系。听说张家口刘汝明部因战斗不利已经撤退，张家口被敌占领。同时我接到第二〇八旅参谋长陈光裕的电话说："我旅长已经把遗嘱写好，正准备带特务排与敌人决一死战，你看怎样？"我说："请你转达旅长，等一等，我去打听打听再说。"而后又接到第四三三团曹团长的电话说："抗战是长期的，我们作壮烈的牺牲是可以的，作惨烈的牺牲同归于尽则不可。"我说："我就去看一看，回头再说。"放下电话，我到师部去见师长，把陈、曹二人的意见反映了以后，说："既然与军部的电话联系不上，而情况又十分紧急，您是否可以和那两位师长商量一下，作第二步的区处呢？可进则进，知难而退，应以全军为上。同归于尽，我看这倒未必是正确的。"师长认为我的话很对。不久我们奉到撤退命令。二十六日黄昏，安全地与敌脱离接触。撤退时我们看见第四师所余部队为数寥寥，损失情况比第七十二师有过之而无不及。

为了免遭敌机轰炸，第七十二师转进行军时，取道百里涧沟。当时阴雨连绵，大雨如注，下了三天，山洪暴发，道路泥泞，而涧沟内的道路时而在左岸，时而又在右岸，以至每日徒步涉水不知多少次。水深及腹，上面淋，下面泡，官兵们受尽了辛苦，衣服终日都是湿的，鞋袜破烂不堪。八月三十日晚，我们到浑源宿营。接着经应县、山阴、雁门关到达代县，整顿补充。随后第四三四团亦由雁北归还建制。

# 孔家庄战役

孟昭第<sup>※</sup>

　　孔家庄战役是抗战初期我军阻止日军入侵山西的第一个战役，第三十五军第七十三师第二一一旅以一个团的兵力抗击了日本侵略军。我当时是该旅参谋长，兹将这次战役中的见闻回忆如下。

　　七七事变后，日本帝国主义大举入侵我中华，中国人民在国共合作共同领导下进行了全面抗战。绥远省主席兼第三十五军军长傅作义按动员令立即准备一切抗战事宜。第三十五军仅有两个旅：第二一一旅，旅长孙兰峰；第二一八旅，旅长董其武。两个旅各辖三个团。孙旅所辖：第四一九团，团长袁庆荣；第四二一团，团长刘景新；第四二二团，团长王雷震，都在绥远集结。董旅所辖：第四二〇团，团长李思温；第四三五团，团长许书庭；第四三六团，团长李作栋，都在平地泉一带集结。并附有一个炮兵团，团长李柏庆，在归绥集结。第三十五军装备虽然不好，但训练得不错，因为傅作义直接抓训练，部队都有爱国爱民思想和熟练的战斗技术。并且在一九三三年经过长城抗战和一九三六年收

　　※　作者当时系第七集团军第三十五军第七十三师第二一一旅参谋长。

复百灵庙抗战的实战锻炼，是绥远一支强有力的战斗部队。绥远还有一支国民兵部队，司令是袁庆曾，司令部驻绥远，辖属一个区、五个团。第一区司令张成义，驻丰镇；第一团，团长马逢辰，驻丰镇；第二团，团长王赞臣，驻平地泉；第三团，团长曹子谦，驻绥远；第四团，团长范步高，驻包头；第五团，团长李吉祥，驻五原。这个国民兵部队虽然成立不久，但经过严格训练，也能作战。这些部队全都完成了战备，正待命出动。

一九三七年八月上旬，日军第二十师团等部队沿平绥线西犯。汤恩伯率领其第十三军的王万龄部、王仲廉部和第九十四师朱怀冰部与晋军第七十二师陈长捷部在南口与西犯之敌展开激烈的战斗。八月中旬，傅作义以第七集团军总司令名义奉命率领其第三十五军第二一一旅孙兰峰部和晋军独立第七旅马延守部沿平绥线东进驰援南口。傅即令第二一一旅附炮兵一营乘火车由绥远出发，经大同、张家口东进，驰援南口汤、陈部队。并令第三十五军副军长曾延毅率领第二一八旅附炮兵一营，向察北商都一带进攻蒙伪军李守信部。

第二一一旅接到命令后，立即由绥远乘平绥路火车向东开进。到达下花园后，南口已经失陷，汤恩伯已率所部向西南方向撤退，陈长捷部也经灵丘转移到代县一带。傅奉阎锡山电令：着率所部乘火车经张家口西返大同，并令第二一一旅在张家口以西孔家庄下车，着派一个团掩护柴沟堡以西我军主力部队西撤，进入天镇、阳高占领既设阵地，阻敌西犯。

第二一一旅由下花园乘火车西经张家口到孔家庄车站下车。下车后，得知察哈尔省主席刘汝明已撤离张家口。这时见到由张家口逃出来的老百姓沿路络绎不绝，纷纷向西南逃。我们部队看到这种情况，个个义愤填膺，摩拳擦掌，准备击退来犯之敌。张家口已成空城，敌人可以长驱直入。我旅即令刘景新第四二一团在车站以北孔家庄严密布防，阻止来犯之敌，掩护柴沟堡以西我军大部队安全转移到既设阵地。令其余部队控制在车站附近。

第四二一团正在布防之际，敌机在空中侦察，不久由张北、万全方向来的铃木旅团纵队和伪蒙军向我进攻。刘团一面迎击，一面构筑简单防御工事。敌人仗恃其优势装备，向我军猛烈冲杀，来势异常凶猛。刘团利用构成工事的掩护，进行阻击，从白天到夜晚，往返来回冲杀多次，敌人没能得逞，伤亡甚多，我军伤亡也不少。敌人相当凶顽，始终和我军处于拉锯状态。我旅当即向傅作义报告战况，傅复电告知柴沟堡以西我军大部队已安全进入既设阵地，命我旅即转移到郭磊庄车站乘车西返大同集中。我旅立即脱离战斗准备向郭磊庄转移，可是敌人顽抗不止。此时天已入夜，孙兰峰旅长亲到刘团第一线指挥战斗，集中枪炮手榴弹等武器向敌猛烈冲杀，但敌人仍是和我旅拉锯纠缠不止，直到半夜敌人才被压倒击退。部队即脱离战斗，向郭磊庄转移。

我旅到达郭磊庄后，即向车站联系火车，并电报傅作义我旅已安全到达郭磊庄车站，正等车西返。不久即接到回电说，火车不能前往，命我旅徒步到大同集中。我旅即经天镇、阳高向大同西进。

# 商都攻坚战

董其武<sup>※</sup>

　　商都位于察北。它是察北重镇，也是绥东门户，是国防北线的战略要地。商都攻坚战发生于七七事变后的八月中旬，它是全面抗战以来，傅作义将军指挥抗日的第一仗。

　　一九三七年七月七日，日本帝国主义为了实现吞并全中国的狂妄野心，再一次制造事端，向北平郊区的卢沟桥发动进攻，酿成"卢沟桥事变"，愈加激起全国人民的极大愤慨。蒋介石在全国人民一致要求抗日的强大压力下，接受了中国共产党的抗日主张，形成国共两党第二次合作联合抗日的政治局面。全面的抗日战争开始了。

　　一九三七年七月下旬，蒋介石发表傅作义将军为第七集团军总司令，负责国防最左翼察绥前线抗击日军的任务。归第七集团军指挥的部队，除其自兼军长的第三十五军外，还有防守平绥铁路东段的汤恩伯的第十三军，晋军陈长捷的第七十二师，马延守的独立第七旅；防守张家口的刘汝明的第一四三师；守备天镇的李服膺第六十一军；此外还有赵

------

※　作者当时系第七集团军第三十五军第七十三师第二一八旅旅长。

承绥的骑一军等部。

傅作义将军于八月初，亲率孙兰峰旅开赴平绥线东段作战。命令第二一一旅和二一八旅各抽一个团开往张家口以西之孔家庄、柴沟堡一线，接应平绥线东段之我军。命令我率第二一八旅的另外两个团，收复察北商都，进出宝昌，与张家口之刘汝明部切取联系，严密监视并相机阻击自热河经察北向西进犯之敌，在国防北线的第一战——收复商都。其战略意图：第一，商都是察北重镇，也是绥东门户，几个月前，日伪军进犯绥远，就是自商都出发，经土木尔台、红格尔图、大庙子等地，侵入百灵庙的。占领商都，便守住了绥东的大门，既可巩固绥远的战略防御，又可加强国防左翼第一线的战略进攻。第二，对张家口和平绥线东段进行策应，以威胁敌人侧背。同时，加强与张家口的联系，以保证南口方面侧背的安全。一开始作这样的布置，说明傅作义将军不仅战略眼光远大，而且作战计划也十分周密。

八月十日，我率二一八旅的第四三五、四三六两个团，自集宁出发。因躲避敌机侦察和轰炸，决定夜间行军。十一日晨到达距商都六十里地区宿营，我召集营长以上干部布置战斗任务：以李作栋的四三六团为第一线，许书庭的四三五团为预备队，采取夜间奇袭的战法，第四三六团隐蔽接近城墙，迅速登城后，第四三五团跟进，扩大战果，占领全城。如奇袭不成即改强攻。时间决定在十三日夜间。

我军在出发前，傅军长曾向全旅官兵讲过话，大意是，"百灵庙大捷"后全国抗日的形势很好，日本帝国主义灭亡我国的野心越来越猖狂，我们要本着"宁做战死鬼，不做亡国奴"的决心，要把抗战开始第一仗打好。所以这次出发后，官兵们的爱国热情高昂，杀敌的意志坚决。在行军中，携带着云梯，背负着弹药、口粮等，长途行军，负荷很重，但情绪极为热烈，精神抖擞，都有初战必胜的决心。

第二天夜间，部队进至离商都二十余里的一片草地上宿营。十三日晚十时，部队按四三六团、炮兵连、旅部、四三五团的行军序列，前面

213

派出尖兵班搜索前进。午夜，各部到达预定位置，旅指挥部设在离城两公里的一处断壁残垣的废墟上。

第四三六团王建业的第二营，负责城西门的正面攻击，他以五连、六连主攻，四连为预备队；刘富星的第一营在西北城角侧攻。十四日凌晨三时，我下达攻击命令。这正是农历七月上旬的后半夜，半圆的月亮，已经西沉，王建业营，借着夜空依稀的星光，匍匐前进。

商都守敌为尹宝山的伪蒙骑兵师，还有日本一个步兵分队，一个宪兵小队，共一千七八百人。

商都的城墙，是板筑夯土建成的，实际是个土圩子，但是很坚固，墙厚三米多，高约六米，城墙上的每个垛口均有射击孔。城上有交通壕。城外挖有深宽各三米的外壕，壕中蓄水。城门有吊桥。城外西面和南面为长达七八百米，坡度二十度左右的斜坡。西面斜坡上有通往西门的一条道路，路两侧遍布小土丘，就像一群群低矮的小坟包。整个地形是开阔的，没有房屋或其他建筑设施可作掩护。我攻城的第二营五、六两连，按奇袭要求，在黑夜中，由下往上爬上慢坡向西门偏南突击。到外壕边上，城上敌人岗哨发现黑影，连喊口令，城下不应，当即鸣枪，城下亦以枪还击，于是枪声大作，守敌以机枪组成火网，向我方密集扫射，以致六连越过外壕的爬不上城，没过外壕的不能前进。率队登城的团附王兴臂部中弹，一名排长也受伤，均倒于城根。在第一线指挥的李作栋团长见此情况于我大为不利，忙令第二营营长王建业立即通知五连、六连停止攻击，把部队撤到二百米外的预备队所在位置，并用电话向我请示下一步办法。恰于此时，到城西北角一营了解情况的旅部参谋卫景林也来电话报告，一营一连临近城壕，即被城上守敌发现，敌居高临下以机步枪交相阻击，该连前进受阻，也有伤亡。我接到两边报告，得知我方目标暴露，已为城上敌哨发现，奇袭已不可能，便决定按预定计划，由袭击战转为攻坚战。命令炮兵上去，一营、二营集中炮火将城墙轰开一个缺口，以一个连自突破口冲进，登上城墙，向左右冲杀，消灭城上之敌；一个连冲进后，向前伸展歼灭城内之敌；预备队随即跟进，扩大战果。这时天已大亮，命令下达后，各连炮兵一齐轰击，一时炮声隆隆，烟尘滚滚。六连连长胡维德在城墙未被打开缺口前，在烟雾中敌机枪不能发挥威力的刹那，带全连越过壕沟，搭设云梯，强行登城。敌军发现后猛烈射击，胡连长在云梯上被手榴弹打中，摔下阵亡，一个排长也受重伤，士兵亦伤亡不少。强行登城又受挫折。

我在指挥部南边一小高地上，以望远镜瞭望，战斗现场情景，历历在目。主要是炮兵命中率不高，几门炮又未能集中一个点轰击，有的炮弹打进城内，有的炮弹打中城墙，只打出一个个坑坑，既轰不开缺口，对城上敌兵也构不成较大威胁。而步兵杀敌心切，认为烟雾中敌人看不清，即过早地越壕爬墙，以致造成重大伤亡。主要原因是我对炮兵了解不足。炮兵系山西调来配备第三十五军的炮二十一团，其中一个连出发时配属我旅，炮兵技术及炮的性能还不十分清楚。当炮兵开火后，只把城墙打成麻点点。轰不开缺口，强攻计划亦未能实现。另外，太阳从东方升起，我军自西迎着刺眼的阳光攻击，睁不开眼，敌人背着光线，目标看得清楚，这当然也对我不利。看到这情况，我马上下命令后撤，在斜坡上构筑简单工事。此刻，我军与敌形成对峙局面。

九时许，正当我军分散构筑工事之时，敌机五架飞临上空，轰炸扫射，与此同时敌城内炮兵，将炮安置在汽车上，流动放射，打上两炮，即改变位置再打，给我军的攻城造成一定的威胁。

我军奇袭不成，强攻又受挫，前沿第四三六团普遍有急躁情绪，要求继续猛攻。我命令他们尽量设法抢运伤员，并命士兵抓紧喝水吃干粮休息，听候命令。

这时，我想起曹刿的"一鼓作气，再而衰，三而竭"的作战观点，不禁想到我军第四三六团一上来士气昂扬，现在两个回合，没有成功，从情绪看来，再这样硬碰硬地强攻，只是徒增伤亡。我决定改作如下作战方案：把生力军第四三五团调上去，令一个营迂回到东南角，一个营

215

绕到东北角,在炮火掩护下攻城。而以第四三六团两个营仍在西面佯攻,南北西三个方面同时进攻,炮火主要射击城垛,压制守敌火力。我命令许书庭团多带云梯和过壕跳板,从多处一齐强行登城。爬上云梯后,主要以手榴弹向垛口两侧投掷,压制其火力,同时抽一个连,向东监视敌援。中午十二时,在西面发出三颗红色信号弹,立即发起总攻。

正午十二时,三颗红色信号弹在西门上空发出,各营所有号兵吹起进攻号声。南北西三面炮火齐鸣,烟雾弥漫,号声冲天,杀声震地。西门王建业营的机枪不断向垛口的枪眼点射,步枪射手也瞄准枪眼阻击。城上守敌的枪声减弱,王营原来的任务是佯攻,但六连为了给连长、排长报仇,怀着满腔怒火,看到城上火力渐弱,断定敌有撤退模样便奋不顾身地将佯攻变成真攻,越过壕沟登梯爬城,最先登上城头。

我军发动总攻时,城内居民在炮声、枪声、号声、呐喊声中,纷纷往东门逃避。这时日军小队正吃午饭,忽听城外喊声连天,城内大乱,以为我军已打入城内,急忙爬上汽车,打开东门,向康保方向逃去。尹宝山的伪蒙军,在我全面攻势下,本已动摇,一见日军汽车开走,更加惊慌。伪蒙军的司令部已乱成一团,尹宝山忙下令撤退,自己和几个随从首先上马,冲出东门。其他伪军,彼此互不相顾,惶惶如丧家之犬,四散奔逃。

当日军汽车开出东门时,被第四三六团一个号兵首先发现,忙报告了许团长。许当机立断,除配合已登上城头的王营第四连继续扫清残敌外,他率其余两个连飞奔东门大道,在敌军马队进入射程时,即命令卧倒射击。伪军人马受伤倒地者,比比皆是,均被俘获。一部漏网,敌骑均落荒而逃。

在许团长截击伪军时,我三面攻城的战士,均已登城。城上伪军逃跑一空,各连队有的在城上转向东门,有的下城顺街道搜索前进。这时敌人除重伤者外,均已自东门逃窜,所以城内没有发生大的战斗。

下午二时胜利结束战斗,我军连续作战十多个小时,经过三个回合，完全收复了察北重镇——商都县城。此役毙伤敌二百三十余人，俘伪军五十余人，日本顾问官和士兵各一名，战马一百余匹，迫击炮三门，机枪三挺，马步枪若干，军用物资无算。下午二时许，我率旅部人员进城。一路上看到损失惨重，一名连长阵亡，团附、连长各一名，排长三名负伤，伤亡士兵二百余人，痛苦至极，流下了热泪。我一面擦着眼泪，一面命令有关人员掩埋死者安抚伤兵。

抗战开始第一仗，攻克了商都，有人说是旗开得胜，马到成功，我却认为这一仗打得并不理想。第一，作战前与友军缺乏联系，以致作出不恰当的奇袭方案。原来在我旅进攻商都之前数日，驻于绥东北一带的赵承绶骑兵军之一部，曾在商都、康保间，一度进行袭扰。因之商都守敌加强了戒备——城上增加了岗哨，外壕灌满了水。日本一个步兵小分队也临时增援而来，形成深沟高垒的防卫较强的力量。赵承绶骑兵的这次活动，未向总部报告。我旅同赵部又没有联系，侦察人员事前也未察觉，以致作出奇袭的计划，一上来便为守敌发觉，没能奏效。第二，就是前面说的，由山西拨来的炮兵，他们的技术水平和炮的性能，我未能充分掌握，强攻时，既打不开缺口，也压不住敌人火力，也吃了亏。再加面向阳光进攻和地形不利等种种原因，受到不应有的损失。如果事前消息灵通，考虑周到，对敌情摸得更清楚些，有些损失是完全可以减少或避免的。所以，这一仗，虽然拿下了商都，给我的教训是深刻的。

时值酷暑，骄阳似火，热气蒸人，特别是在中午，我方官兵冒着暑热，浴血奋战，忍饥受饿，勇猛战斗，满怀抗日激情，前仆后继，把"宁作战死鬼，不做亡国奴"的精神，发挥到极致。城内居民，在我军进城后，烧茶煮饭，争先恐后地慰劳我爱国官兵，此情此景，亦使我至今难忘！

但也应该看到，这一仗虽然对敌判断不足，付出了相当大的代价，遭受了本应避免的损失，然而初战必胜，乃系兵家所力争。商都第一战之胜利，大大地挫败敌锋，大大地振奋了我军的士气。如若不是尔后整个战场上形势的逆转，我军必能乘初战获胜之锐气，取得更大的战果。

# 商都、孔家庄、柴沟堡战斗见闻

张振耀※

抗战开始，傅作义将军受任为第二战区第七集团军总司令，察哈尔省主席刘汝明为副总司令，负责统率察绥所有各部队。傅即率总部人员进驻大同，统筹指挥作战事宜。

南口为察省之门户，为防敌由平绥线西犯，即令驻集宁之中央第十三军汤恩伯部和独立第七旅马延守部，星夜推进至南口以北之居庸关一带布防。同时将第三十五军各部，相继摆在柴沟堡、大同、集宁各军事要点，以备机动迎敌。

张家口和宣化间驻有刘汝明部队很多，想不致发生其他变化。

为了确保平绥线左侧安全，并使汤恩伯、马延守两部无后顾之忧，拟先将察北商都、南壕堑、尚义、化德、张北等地先行收复，以防察北之敌窜扰我平绥线左侧。上述地区，除张北由刘汝明派部队攻取外，其余由傅作义部担任攻取。

---

※ 作者当时系第七集团军第三十五军第七十三师第二一八旅第四二〇团骑兵连连长。

## 董其武旅攻克商都

商都为化德通集宁之要衢，日本侵略者多年扶植蒙奸尹宝山，在这里盘踞，而且是出没绥东的汉奸特务的巢穴，它在军事和政治上都是要地。

傅作义将军即令第二一八旅董其武旅长率部攻取商都，全歼尹宝山部。同时，并商请刘汝明派部队乘董旅进攻商都时，迅即夺取张北。

董旅长奉令后，即率第四三五许书庭团、第四三六李作栋团两个步兵团，附炮兵一个连及骑兵部队，向商都进发。八月十四日，经过一整天的激烈战斗，即将商都城攻克。惜外围截击部队行动稍缓，未能全歼守敌。

破城之后，见敌弃尸数百具，我军亦伤亡官兵二百余人。从我军俘获敌囤积军用物资之多，证明商都为日军侵华的重要据点。商都被我攻克后，南壕堑、尚义、化德等地，亦被我军相继收复，绥东暂告无虞。

## 刘景新团袭击孔家庄

据守居庸关之汤军和马旅，正连日与敌酣战之时，察北商都等地已被我董旅收复。而刘汝明部迟迟未能夺取张北，致使多伦、赤峰方面之敌，配合大批蒙伪军，果然从张北经神威台口、上房堡南下。可是狡猾之敌没有直扑重镇张家口，却偷偷窜到张家口以西的孔家庄车站，中断了我平绥线交通，威胁我居庸关守军。

傅作义将军为了打通平绥线，挽救危局，即率部队推进到柴沟堡。先令第四二一刘景新团，攻歼孔家庄之敌；并急与刘汝明联系，期其派兵由东面来，协同夹击立脚未稳之敌。惜采取各种联络方式，均未能联系得上，实为极大憾事。

那天，我骑兵连由德胜堡巡逻到郭磊庄，正在车站警戒。下午，见由总部副官处长李英夫率铁甲车一列，由柴沟堡方向开来，傅将军即乘此车来前方指挥。稍停后，刘景新团之两列车相继进站。在此紧急时刻，突有敌机三架在车站上空低空盘旋，我苏罗通小炮部队即以猛烈火力向敌机连发射击，空中弹炸烟幕片片如云，数次接近其侧。敌机虽发现站内停有我三列满载士兵之车，未得顾上投弹即行飞去。我军官兵泰然自若，未离列车一步。

刘景新团长与铁甲车联系后，列车继续向东开去，在距孔家庄以西十余里处，部队下车向孔家庄分进。时将黄昏，即与敌接触。远闻枪炮声连成一片，遥望天空火光闪烁，大地通红，信号弹频起，彻夜未停。至后半夜，前方伤兵陆续而来。在这一夜激战中，杀伤敌人数百。次日拂晓，我刘团完成阻击任务，即向柴沟堡方面撤回。

在这次战斗中，第四二一团副团长谢兰恩以下官兵五百余人伤亡，约占总人数的三分之一。该团即开回归绥整补。我军防守太原城前夕，该团才归还孙兰峰旅建制。

## 李思温团激战柴沟堡

傅作义将军在汤军和马旅两部队推进居庸关之同时，即令第二一八旅之四二〇李思温团，进驻柴沟堡以应变。

柴沟堡为晋察交通之咽喉，同张铁路之枢纽。砖城虽不大，固守尚可倚。

当时，第四二〇团在这里的布防情况为：第一营在右翼，依北边城墙，向西延至铁路；第三营在左翼，右起铁路向西延至瓦窑群；第二营为预备队，控制在城西火车站附近。派骑兵连前往北边十余里之三里庄、德胜堡一带，游动警戒，曾一度至洗马林、郭磊庄一带活动，后即撤至柴沟堡北边五里之西沙洼，沿大沙河南岸占领阵地，为团之前进阵地。

孔家庄战后之第五天晨九时，我前进阵地发现大沙河北岸之北沙城村南部，有敌装甲车数辆，停止在河沿。经我向其猛烈射击，车辆即向北驶去。

约下午三时，先有敌机六架飞我阵地上空扫射轰炸，继则有步兵数百向我阵地扑来。我官兵奋勇还击，战斗极为激烈。当时依敌之服装观察，多系蒙伪军，杂有少数日本人，火力亦差。战两小时多，敌机既去，步兵亦星散退去，我军即乘胜出击，追至沙河南岸而返。黄昏前战斗已告结束，我军伤亡不大。

晚九时，我团奉令由西湾堡车站上车，向大同回撤。部队登车完毕，已经天亮。白天有敌机不断骚扰，列车行行停停，下午才抵聚乐堡车站。这时又有敌机二十多架飞往大同作战略轰炸，站内路轨破坏很多，历数小时后始修复通车，我列车夜半才得通过。第二天早晨，始抵集宁下车。我骑兵连奉派前往玫瑰营、圣家营、土城子一带警戒。

## 奉令撤离大同

平绥线东段中断之后，我居庸关防守各部队，虽仍与敌浴血酣战，阻其迟迟不得西犯，但已形成腹背受敌之势。是以汤恩伯军经镇边城、龙泉关沿太行山往阜平一带撤退，马延守旅亦经怀来、桃花堡、蔚县向晋北广灵、灵丘撤退。刘汝明部去向不明。

当时天镇尚有防线一道，由第六十八师李服膺部防守，因未达到预定固守日期，被敌早日突破（后来李服膺因失职，以军法从事）。大同形势益告危急。

傅作义将军此时即集结所有部队，准备在大同附近决战。后奉阎锡山令，谓："大同地形不太适宜，非决战之地，应即撤回雁门关，另行布防。"依战略而论，大同为有计划之放弃，非战败之退却。

当时，傅作义将军顾念绥远为职责所关，而地方要求回绥主持军政，亦极殷切。但傅深知分属军人，以服从为天职，于是接受阎锡山之指示，率部转进广武。旋奉令赴平型关指挥。

平绥线之阻击，使敌节节受挫，不能长驱直入，推迟了敌之入侵计划。

# 丰镇、集宁、归绥抗敌记

李上林※

## 傅作义军进攻察西

一九三七年九月，日军完全占领察哈尔后，傅作义部即奉阎锡山命令，开始向察西运动。傅作义的第三十五军实际只有一个第七十三师，师长由傅自兼。另外一个第七十二师原系李生达部，在山西驻防，与傅的第三十五军除番号隶属外，其他毫无任何关系。守察西宝昌的敌军，系蒙伪军李守信部朱子文团，守商都系井得泉团，在柴沟堡除李守信部一个骑兵师（师长姓门）外，另有日军一个联队。傅部的第七十三师两个旅，旅长系董其武、孙兰峰。每旅三个团。董其武旅三个团长系李思温、许书庭、李作栋。孙兰峰旅三个团长系袁庆荣、刘景新、王雷震。

董其武旅除以一部攻宝昌外，其余主力进攻商都，在九月三日拂晓以前即把商都包围了，遂即开始攻城。蒙伪军团长井得泉得知傅部开始

---

攻击后，当即命所部对空射击，表示不愿和国军作战，拟乘机退出。但董旅将城包围后，即开始猛烈攻城。井部一面应战一面由东、北两面冲出。董旅在攻城之际伤亡三四百人。

井得泉团在一九三八年秋反正，归马占山指挥，改为暂编骑兵第三师，井任师长，原井团中校团附朱振庭任副师长。一九三九年二月间，我奉傅作义命到东北挺进军马占山部点验时，井得泉师驻绥远托县南部黄河南沿大饭铺。井和我讲起抗战开始时董其武旅攻商都的情形。他说："对董旅攻商都因事先毫无所知，所以也没派人联系，假如联系好了，我们事先把日本人一杀，当时就反正了，最低限度我们虚放几枪即撤走。不想你们夜间即把我们包围了，到拂晓即开始猛攻，紧接着就爬城。我们向空中射击，想你们一定能明白，谁想你们攻得越来越紧，直往里爬，这不但不放我们走，还想把我们消灭，这太不客气了，一点余地也不留，逼得我们不得不干了。结果我们一面抵抗一面撤退，我们没什么损失而董旅损失不小，这太不值当了。"井又说："我们虽然是汉奸部队，但也有爱国观念，并不愿替日本人卖命，残杀自己的同胞，假如傅主席能事先派人联络，我们蒙古军虽不能全部反正，起码也能过半数。"

攻宝昌的董旅李作栋团与蒙伪军守兵朱子文团接触后两三个小时，朱即撤出宝昌。一九三八年秋，朱和井同时反正，而朱反正时仅带出一个连，因当时情况紧迫，其他三个连未能带出。朱归马占山后，改编为热河游击军司令。

攻柴沟堡的孙兰峰旅，因敌守军有日军一个联队，进展相当困难，伤亡也很大。因山西战事紧张，正在战斗进行中，忽接阎锡山的命令，调傅作义部开往山西作战。在此情形下，傅部对已占领的宝昌、商都等县不得不放弃，由大同进雁门关而转向忻口，堵击日军。

## 日蒙军占领丰镇、集宁

傅作义的第三十五军被阎锡山调入山西作战后，绥远除国民兵六个团外，尚留有傅部第七十三师的第四三五团。九月十日，日军后宫师团配合蒙伪军三个师分别向绥远丰镇、集宁两县进攻。守丰镇的系绥远国民兵第一区司令张成义率第一团（团长马逢辰）；守集宁的系第三十五军副军长曾延毅率第四三五团（团长许书庭）和国民兵第二团（团长王赞臣）；另外并有由伪军反正的安华庭、石玉山两个旅，还有山炮兵一个团。九月十二日晨，日军一个联队配合蒙伪军一个团开始进攻丰镇。激战到午后二时许，突破阵地进入巷战。午后四时许，张成义的指挥部已被日军突破。张见情势紧迫，前门已不能出去，遂由后墙跳出。墙外已有敌人，张和他的两个卫士就牺牲了。团长马逢辰因市内混乱，他和各营连的通信联络已中断，无法指挥，只身逃出，仅以身见，全团官兵伤亡过半。丰镇在九月十二日午后五时许失守。

九月十二日，守集宁的部队与敌接触。十三日，敌人即展开猛烈进攻，除日军后宫师团主力外并有蒙伪军两个师。集宁因有战前修建的国防工事，比较坚固，靠车站附近的老虎山又瞰制集宁全市，所以十三日激战了一天，日军没获什么进展。十四日，敌以全力向老虎山进攻，包围了老虎山。下午三时许，日军以全部火力向老虎山集中轰击，所有工事几乎全被破坏。我守军在饥渴状态下无法立脚，午后五时许，老虎山即被敌全部占领。老虎山失守后，集宁周围的守军受到严重威胁，于十四日晚开始撤退，向太原转进。集宁同时也宣告沦陷。

## 归绥抗战

我当时任绥远省国民兵副司令。司令系民政厅长袁庆曾，袁还兼归绥市公安局长、绥远省保安处长，并代绥远乡村建设委员会的委员长。袁一身兼五要职，因兼职太多，绥远省国民兵的训练指挥以及一切行政事务都由我负责处理。自傅作义部调山西后，绥远的防守责任主要由我负责，我当时掌握了六个步兵团、一个特务营，另外还有一部分炮兵。

九月十七日，我到达包头。国民兵又编了三个团开到包头。我将所有国民兵编成三个旅和三个特务营。第一旅旅长马逢辰，第二旅旅长李英夫，第三旅旅长孟文仲。每旅两个团。第一团团长黄文斌，第二团团长侯志仁，第三团团长柴玉峰，第四团团长徐有富，第五团团长孟金鉴，第六团团长由孟文仲旅长自兼。特务第一营营长王惠民，第二营营长郑贯三（第三营营长姓名忘记了）。另外有骑炮兵和通信兵各一队。我到包头第二天，马占山带骑兵第六师、一个步兵团和特务营由后方到包头。马当时系东北挺进军司令，兼东北招抚事宜。

二十日早晨，据包头铁路人员报告，在归绥的赵承绥（山西骑兵司令，傅作义调回山西后，接替傅在绥远指挥作战）和袁庆曾业已走了，归绥已成空城，而敌人在丰镇、集宁还没有西进。我和马占山听说袁、赵已走，归绥无人主持，即令包头站长调集车辆向归绥运兵，所有骑兵开始沿包绥公路东进（实际上袁、赵二人是二十一日离开归绥到托县乘船转向太原的）。二十二日，我和马占山乘火车到归绥，即开始布置作战。

袁、赵走后，我将一切情形报告傅作义，傅当即回电让我继任国民兵司令，带所有官兵在绥继续抗战。我在绥远将近十年，地形相当熟悉，尤以抗战前对作战有直接关系的地形，我都普遍侦察过。据谍报员报告，日军攻下丰镇、集宁后，没有立即向归绥进攻，是因为对归绥的情况还不甚清楚，地形还没侦察好，所以暂在丰镇、集宁待命。

二十七日，日军开始由丰镇、集宁分三路向归绥进攻。东路日军一个旅团配属蒙伪军一个骑兵师、一个炮兵大队沿平绥路向齐下营进攻；南路日军一个旅团、两个炮兵大队由师团长后宫指挥，从丰镇乘汽车经凉城县山口，向归绥南部大黑河进攻（大黑河在昭君坟附近，距归绥城南二十华里）；北路敌人沿大青山北面经武川到归绥的坝口子，向归绥进攻（坝口子在归绥北二十华里，武川县在归绥北一百四十华里），部队由蒙伪军第九师门师长率领。武川县和归绥中间隔着大青山，纵深有五六十里，我和马占山研究，实行离心退却，待敌直扑归绥城后，再行内外夹击。马因他的部队除一个步兵团外，全系骑兵，在山沟里行动，隐藏及解决草料等问题，均不方便，遂将这个计划打消了。我们商量决定东路由骑兵第六师和一个步兵团堵击齐下营车站山口子，由刘桂五师长负责指挥；南路防守东大黑河，由马部吕存义旅负责；西大黑河由国民兵第三旅加一个团防守，归旅长孟文仲负责。我除和马占山策划全局外，并负责南路的指挥。至于北路，因蒙伪军井得泉团事先已和马占山取得联系，准备沿大青山北面西进到坝口子实行反正，因此我们对坝口子没有配备兵力。守归绥的城防部队系国民兵两个团，总预备队为国民兵一个团和两个特务营。

二十八日，敌沿平绥路向齐下营进攻，因系隘路，正面宽不过三四华里，攻击很难进展。午后三时许，我全部守军进行出击，把敌人击退五六华里。这一天，东路敌军基本上毫无进展（日军没有全部投入战斗）。

二十八日早九时许，南路敌军先遣部队乘钢甲汽车到达凉城县山口子。旅长孟文仲正率部在凉城山口子埋置地雷、加强工事，作阻绝道路的布置，敌先遣部队有五六百人乘二十多辆钢甲车突然来到。孟仅率一营人，当即在山口附近与敌展开战斗。至中午，日军始终没有突入山口，但敌后续部队陆续到达，由凉城山口东北面的羊肠小道迂回到我守军后方。到午后三时许，孟看形势不利，遂率部退守白庙子村（白庙子距山口约两千米，可以控制山口的进出，事先已做好防卫工事）。孟撤守白庙子后，敌将炮火集中轰击白庙子，摧毁大部工事。午后六时许，敌停止炮击，战斗进入休止状态。竟日的战斗，我方伤亡四十多人，我即令孟部在黄昏后撤回西大黑河，准备明日战斗。

二十九日早八时许，南路日军已向东西大黑河南岸前进，与我军隔河对峙，实行炮击。我在大黑河方面只有山炮六门，最初还可以射击，以后只要我们发射，敌炮兵由四面八方集中火力压制我们的炮兵。结果击毁我们两门炮，伤亡我二三十人。以后我们的炮兵发射几炮后赶快变换阵地，以免被敌炮击坏。

二十九日早九时许，我见双方炮击非常激烈，即率参谋处长范政通和卫士四人，另带预备队两个营，到大黑河前线。把预备队置于大黑河后方两千多米的干渠内（为避免敌炮轰击，取疏散的队形），我即到第一线守兵战壕内观察隔岸敌人的动态。敌我仅一水之隔，相距不过七八百米。双方除炮击外，步机枪均未射击。大黑河宽处不过五六十米，最深不过两米，沿河虽无船只，但一般地方均可徒涉。此时敌炮兵正向我后方第二线预备队射击。我估计敌炮将第二线摧毁后，即开始压制我第一线守兵以掩护他们步兵渡河。我令第一线守兵非在敌人渡河之际，不准射击。十时前后，东大黑河战斗异常激烈，但没得到吕存义旅长的报告。十一时许，枪声逐渐沉寂，我和范处长带四名卫士离开战壕到东大黑河去。刚走出一二百米，敌炮兵即转变射向，开始向我第一线守兵射击以掩护步兵渡河。我们这时便加快向东大黑河前进，又走了一百多米，忽然前面传来向我们射击的枪声，我们六个人当即疏散卧倒，只听见一句日本话"抓活的"，此时和敌距离约二百米。这里地形起伏，便于隐蔽，我们不断地跑跑卧卧有五六次，最后跑到一条干水渠内，才脱离了危险。

我回到后方预备队时，敌炮兵虽集中射击，但我们仅伤亡几个人。此时马占山亦来到前方，在距大黑河约两千米的桥梁附近督战。原来上午十一时许，敌在东大黑河先用炮火及轻重机枪把我第一线守兵压制得不敢抬头，遂即实行强渡，而我守兵没有认真抵抗即行退却。适马占山来到前方督战，见吕旅长已退到桥梁附近，便说，李司令在前方还没有下来，你们不能退，赶快实行反攻。在马占山严厉督促下，吕旅又和敌军对峙了两三个小时。

在西大黑河和国民兵对峙之敌，几次渡河均被我守军击退，因击伤而溺毙的不下二百人。最后敌绕道由东大黑河渡过，向西大黑河孟文仲旅的后方迂回包围。这时东大黑河的吕存义部已全部垮下来了，守西大黑河的孟旅，受敌前后夹击，损失很大。最左翼东面一个营损失已达三分之二，伤亡三四百人。我看情势异常严重，急令向归绥城防撤退。在撤退时亦受到敌炮火阻击，损失相当严重。

沿平绥路向齐下营进攻的敌军，于二十九日早开始猛烈攻击。刘桂五部竭力抵抗，直到中午敌仍无进展。午后二时许，敌由阵地左翼爬山迂回，瞰制了整个阵地，使我后方交通联络以及指挥都受到严重威胁。同时正面之敌又实行猛攻，阵地左翼一部分被敌突破。支持到黄昏，刘桂五部也开始向归绥撤退。

二十九日午后一时许，马占山估计井得泉部将到达坝口子，遂带特务营到坝口子迎接井团。马临走前和我计议，打算带井团和特务营突然袭击直扑归绥之敌的侧后方。马于午后三时许到坝口子，适值蒙伪军的先头部队亦进至坝口子。马即派特务营长张荣新前去接头，结果得知对方不是井得泉部而是蒙伪军第九师。张看情形不对立即跑回报告。此时敌先头部队约一个团已进入坝口子村，和马的特务营几乎混在一起，双方立即开火，一时人仰马翻，混战一场。马只带几名卫士，被敌六七十人围困在小院内，激战有一小时之久。正在危急之际，特务营排长带三十多人来援救。又混战有两小时，马派人大嚷骑六师来增援了，敌人一时被唬住，停止了射击，马即乘机带特务营跑回归绥。这场战斗我伤亡六七十人。

三十日早晨，敌军东、南、北三路都开始向归绥进迫，到中午即全面展开攻击。午后三时许，战斗非常激烈，城防工事多被破坏。我炮兵势劣，不敢应战。我守兵在敌未突击前，只有隐蔽待机。归绥城防原来虽已修筑，但没完成，而新旧两城中间工事又非常薄弱（两城中间有二华里）。午后五时许，南路日军由新旧两城中间突入赛马场地带，隔开了新旧两城。我和马占山认为当天晚上敌军不会有什么发展，因日军仗恃装备优越、战斗力强，不会和我们夜战；又加地理不熟，更不敢轻易行动。据此我们决定抽派四个连，分为两部分：由晚十一时开始，第一部分以一个连向东、一个连向南骚扰敌人，到凌晨两点回来；第二部分的两个连由早三点出动，仍分东、南两面出击，并以一部分由西面迂回专袭击敌之炮兵阵地。如此使敌整夜不得休息，打破他们明天的攻击计划，最低限度也可迟滞他们明天的攻击行动。于是我们决定由第一、第五两团各抽调两连出击。出击的结果使敌仓皇应战，彻夜不安。我占领了敌炮兵阵地，却因炮是汽车牵引无法推动，又没有破坏的工具，最后仅把几十发炮弹抛进水沟里。

十月一日，直到过午，东、南、北各路敌军又开始进攻。午后四时许，南茶坊一带被日军突入，几形成巷战。但日军避免和我们巷战，突入南茶坊后，即和我守军对峙，并不前进。此时我和马占山、刘桂五等研究，认为现情势已极为严重，今晚如不设法退走，明天敌人如四面合围，我们只有被缴械或被歼灭。趁现在西面还没有被围，台阁木车站又停有我们的列车，于今晚黄昏后抽派一部分兵力对敌实行夜袭，借以掩护大部队退却，到台阁木车站上车，明早即可到达包头。晚六时许，敌即停止进攻，大概敌为防止我们夜袭，早做准备。晚九时许，我们一面夜袭，一面开始撤退。二日早四时前后，所有部队到达台阁木车站乘火车西进。七时前后，即全部到达包头。

# 第 四 章

## 平汉路北段抗战

# 明顶山、琉璃河、窦店战斗

徐宪章※

## 一

卢沟桥事变爆发后，驻在湖北孝感、应山一带的孙连仲第二十六路军第二十七师的官兵，时刻准备着奔赴前线抗日①。他们给父母、妻儿写下一封封诀别书，立下与日本侵略军决一死战的誓言。第七十九旅旅长黄樵松在写给他妻子的信中说："挥兵北上赶倭寇，壮士一去不复还！""他不死，我便亡，决殊死之战最后关头，便是今日！"第二十七师的官兵，就是以这种同仇敌忾的精神欣然接受抗战命令的。从七月十二日开始，第二十七师各部分由湖北孝感、花园、广水等车站，踏上征途。上车时，有不少群众帮助搬运辎重和行李。车站和列车上到处贴满了标语："打倒日本帝国主义！""为祖国流尽最后一滴血！""向英勇抗战的将士致敬！""欢送英勇将士果敢杀敌！"车站上还有机关、学校和

---

※　作者当时系第二集团军第一军团第二十七师第七十九旅参谋长。

①　第二十六路军到保定地区后改称第一军团，归第二集团军序列。

人民团体组织的欢送队伍，敲锣打鼓，鸣鞭放炮，高呼口号。人民的热情，大大激发了官兵的抗日斗志。

我们乘坐的是敞车和铁闷罐车。官兵们都恨不得马上与日本侵略者决一死战。一列一列的兵车向北开动，在沿途人民热情的欢送声中，陆续进入河北。但是当时冀察政务委员会委员长兼第二十九军军长宋哲元，依照中央统帅部的指示，与日本华北驻屯军司令香月一谈再谈，不许孙连仲军越过保定以北，怕有碍他们和平解决的进行。第二十七师也只好在保定以南下车，集结在大缴店、于庄地区待命。

一直等到敌人由关东、朝鲜和日本国内调集兵员达十万以上，对平津已经完成军事部署，于七月二十八日对平津发动进攻时，宋哲元才知道受了日军的欺骗，放弃和平解决的幻想，亲自跑到保定来，敦请孙连仲军、万福麟军挥师北上，协同作战。但为时已晚，军机已误，完全处于被动地位，不到两天，就把平津奉送了。七月三十日，第二十九军由门头沟、长辛店撤退到保定。我们第二十七师第七十九旅的先头部队刚到长辛店，就碰到这样急转直下的情况，只得在长辛店占领阵地，掩护第二十九军撤退。敌人飞机沿途追踪轰炸扫射，情形十分混乱。

## 二

我第二集团军总司令刘峙，驻在保定指挥作战。在平汉线方面采取所谓"步步为营、节节抵抗"的单纯防御战术，以期实现"以空间换取时间，以时间争取胜利"的战略。

孙连仲的第二十六路军和万福麟的第五十三军，摆在房山、周口店、琉璃河、码头镇、固安、永清之线，为第一线防御。

关麟征的第五十二军，摆在安新、漕河、满城之线，为第二线防御（这一线有既设工事）。

商震的第二十集团军和鲍刚的独立第四十六旅，摆在正定，为第三线防御。

孙连仲为第二集团军副总司令，和刘峙同驻在保定。孙自领第三十师在房山西南高地，池峰城的第三十一师在明顶山，第二十七师在琉璃河，构成防御阵地带，拒敌南侵。

第二十七师在掩护收容宋军之后，立即根据防御作战部署及任务，以阎廷俊的第八十旅占领周口店，以黄樵松的第七十九旅占领琉璃河。左与明顶山第三十一师、右与码头镇万福麟第五十三军接防。

炮兵第一旅第五团第一营（营长蓝守青）支援第八十旅作战。

师部在高碑店。

第七十九旅以杨守道第一五八团附第一五七团戴炳南第一营为守备部队，占领琉璃河、黄土坡之线阵地，并在窦店、交道镇构筑两个前进据点。窦店由王书忱第一营防守，交道镇由戴营派出一个加强连作游动性守备。

时尚彬、于怀忠两个登峰队（临时性作战小分队）为游击部队。

侯象麟第一五七团（缺第一营）为预备队。

八月一日，当面之敌乘我刚筑战壕，阵地未固之机，即以步、炮、坦克、飞机联合，向我窦店、琉璃河阵地攻击。我军立即披甲上阵，与敌激战竟日，将敌击退。敌人不甘败阵，犹一再进犯。八月三日上午，我击落敌机一架，击毁坦克车一辆。午后，日军又以装甲车十余辆、战车两辆，载步兵百余人进行反攻，企图运回尸体和被击毁的飞机、坦克残骸，又被我击退。

八月五日，我军把屡犯之敌赶出良乡以北之南岗洼，但良乡仍在敌手。

良乡、琉璃河都是平原，又有青纱帐，难于发现隐蔽的敌步兵，用迫击炮弹和手榴弹又不易击毁敌坦克。我师装备只有迫击炮、轻重机枪、步枪和手榴弹而已。登峰队每人另配一把大刀，认为这是砍日本兵的锐利武器。敌人欺我无现代化武器，越发猖狂，飞机低飞掠顶而过，连轰炸带扫射，坦克横冲直撞。但是，我军士兵不畏强敌，用排子枪和机枪对空射击，打落敌机数架；埋伏在青纱帐里和公路桥下的狙击手，用手榴弹投入坦克车孔，炸毁敌坦克数辆。

八月上旬，南口方面，华北敌军以若干兵力与汤恩伯军作战。平汉线方面，只有河边一个旅团，连日来经我痛击后，守在良乡、房山一带，不能前进。这时，刘峙不用在保定的关麟征军和在正定的商震军趁机向敌进攻，以策应汤军作战，只是由我第七十九旅抽出一个步兵团去袭击良乡。

第七十九旅奉命之后，即派侯象麟指挥第一五七团（缺第一营）和两个登峰队，于八月十二日拂晓袭击良乡城。时尚彬队由东南角登城，冲入城内，第一五七团也突入了一部，与日军展开激烈巷战。敌军由北门冲出一队骑兵，利用青纱帐掩护，向西南绕到我攻城部队的左后方蜂拥般杀来，与我掩护队第三营激战。侯团长为诱敌出城予以歼灭性的打击，故意将城内部队撤出，利用青纱帐的掩护向交道镇方向撤退，另一部向窦店退却。良乡的敌人倾巢向窦店追来，被窦店的王书忱营顶住；侯团及两个登峰队在敌人左后方猛冲反扑，这一回马枪，给予敌人重创，敌不支，溃退良乡城。我夺获大炮一门、战车一辆。这是策应南口方面的作战。

敌人在八九月间，调集三十万大军分四路进犯：一路由平绥线、同蒲线进攻山西；一路由平绥线进攻绥远；一路由平汉线进攻河南；一路由津浦线、胶济线进攻山东。采取速战速决的战略，并大言要在三个月完成对华战争。

平汉线方面的日军指挥官为土肥原，指挥第十四师团、第二十师团，从八月二十一日起，对我全线阵地作正面不定型的或间歇性的攻击，恃其精兵利甲，狼奔豕突，横冲直撞。首先对我左翼第三十师和第三十一师阵地攻击，激战亘三昼夜，敌人不支而退。随后，日军又对我琉璃河及码头镇阵地攻击，经过第七十九旅几次痛击，敌人也未得逞。九月四日，敌机三架被击落在马厂附近。

九月内，日军增援第六师团、第十六师团之一部，以飞机重炮掩护坦克、步兵和骑兵，举行全面进攻，置攻击重点于左翼。明顶山的争夺最为激烈，周凤朝连死拼到底，几乎全部牺牲。琉璃河、窦店的战斗也相当激烈。十二日上午，敌人的飞机、大炮和坦克猛烈攻击窦店据点，守兵伤亡很大。营长王书忱张皇失措，擅自撤退，被黄旅长撤职，命孙国祯任营长。

敌人攻占窦店后，即向琉璃河主阵地攻击，我战士顽强抵御，抗住了强敌。十五日，日军由右翼固安强渡永定河，向我后方高碑店迂回。我左翼友军既经久战，又受重创，逐次且战且退，致使琉璃河阵地在平汉线上特别突出，形成一个凸形的阵地。我旅不得已于十七日夜放弃琉璃河阵地，奉命向涿州转移，占领涿州西郊，左与长沟峪第三十师、右与涿州第三十一师另行组织一道新防御阵地线。但各师部署未定，阵地还未完全占领，日军就追击上来，猛向第三十师和第二十七师第八十旅阵地冲击。同时，敌由固安渡河的迂回部队已到高碑店。第二十七师在这种情况下，只得闪开正面，于十八日在雷雨交加的黑夜里，向涞水、易县的方向转移。

孙连仲军在明顶山、琉璃河之线，顽强抵抗达五十天之久，各师伤亡惨重，尤当战况紧急时，刘峙坐视孙军苦战恶斗，不支援一兵一卒，还要孙连仲上前线督战。孙抱着既要抗战，又要保存自己实力的矛盾心理，不愿督阵。以后孙军被迫撤退，刘峙又不以第一线部队与第二线部队交互抵抗，还是要孙军在涿州、长沟峪之线重新组织阵地，继续抵抗。孙连仲更加不满。从此，刘、孙的矛盾愈来愈深，平汉线上的战局也愈陷于不利局势。

三

第二十七师撤退到易县，各部会合后，再由易县向满城转进。时届中秋佳节，在一轮明月下，我同黄旅长骑着马边走边谈。我说："我们

239

大汉民族以前有抗击外族入侵的光荣历史，而今我们却是垂头丧气地躲日本人，何时才有痛杀侵略者的一天呀！"黄旅长说："月落日出，夜尽天明，这是天地日月运行的规律，我们是抗战，我们是义战，中国人民是会面对伟大的明天的。骑驴看唱本——走着瞧吧！"

日军第十四师团、第二十师团、第六师团以及第十六师团之一部，以其优势兵力，气势汹汹地沿着平汉线步步进逼，节节南侵，二十四日占领保定。至十月初，又先后占领新乐和正定。而我数十万大军，在单纯防御战略的指导下，战局愈加陷于不利的、挨打的被动境地，以致连遭惨败，一退再退。一连串败退，使人失望，挫伤士气。在正定县以南的滹沱河，水可徒涉，但河底地质系油沙淤泥，越踩越活，愈陷愈深，不能自拔。总司令刘峙先部队撤退，对滹沱河没有作任何设施，以致退却军队的辎重多被抛弃在河的北岸，遍地皆是，令人痛惜。有些骡马陷于淤泥中，不能动弹。南逃的老百姓，散在沿河岸，无人拯救。这是平汉线上战局最黯淡的一刻！然而，这永远不能动摇中国人民抗战到底的决心！

第二十七师官兵以无限惶惑的心情，由易县向满城、望都、清风店、定县一口气撤退到藁城，休息了一天，再折向西北到获鹿，布防于滹沱河南岸。

# 漕河、漳河之战

韩梅村[※]

一九三七年七七事变后，我所在的第五十二军加入第一战区战斗序列，曾在平汉路保定以北漕河及邯郸以南漳河与日军作战，现概略回忆如下。

## 华北战场敌我概况

抗日战争初期，在华北的日本侵略军除早已在平津附近的香月、矶谷两个师团和在冀察边境的板垣师团外，又先后调来三个师团和特种兵部队，共十万人左右。我军宋哲元部原有的四个师五个独立旅，已扩编为三个军，连同保安部队共约十四万人，称为第一集团军。集团军总司令宋哲元，防地是津浦路北段及永定河南岸地区，总部在河间。

刘峙任第二集团军总司令，先后指挥万福麟、孙连仲、庞炳勋、曾

---

※ 作者当时系第二集团军第二十军团第五十二军第二十五师第七十三旅第一四五团团长。

万钟（王钧）、冯钦哉、关麟征等军共约十七万人，防地是平汉铁路北段涿州至保定及其左右两侧地区，总部在保定。这两个集团军属第一战区，司令长官由蒋介石自兼。阎锡山为第二战区司令长官，指挥全部晋绥军和高桂滋、卫立煌、汤恩伯等军共约二十万人。两个战区的兵力共五十多万人。而敌人师出无名，失道寡助，又是出国作战，情报、补给等等困难很多，条件远不如我。特别是华北地区，西部多山，东部多河流，敌之机械化部队也难以发挥其优越性。在这样的易守难攻的形势下，如果组织得力，以一部分军队坚守阵地，以主力打击敌之侧背，这个战役或许可以获胜，至少也不会失败得那样快，那样惨！

## 保定附近漕河之战

八月初，蒋介石的嫡系部队第二十五师，由陕西咸阳开到保定后，师长关麟征升任第五十二军军长。下辖第二师，师长郑洞国；第二十五师，师长张耀明。防地是保定西北郊漕河南岸。我由第二十五师参谋主任调任该师第七十三旅第一四五团团长，防地在铁路西漕河南岸大不留村及其两侧。由于政工人员不做政治宣传工作，所以，"我们为什么抗战？""抗战的前途如何？"官兵们都不清楚。

八月十三日，日本侵略军进犯上海，华北战场敌军也开始南犯。二十五日，第二战区的南口、居庸关失守；二十六日，张家口，怀来沦陷；九月八日，天镇、阳高陷落；十一日，广灵失守；十三日，大同、阳泉、蔚县、涞源沦陷；第一战区的固安于十五日沦陷；十八日，涿州、琉璃河沦陷；二十一日，定兴、徐水沦陷；二十五日，津浦铁路线上沧州沦陷。

沿平汉铁路南犯敌军川岸师团侵占徐水县城后，即把矛头指向保定，第五十二军首当其冲。敌机不断侦察、扫射、轰炸保定城及我军阵地。二十二日天亮后，敌以飞机大炮掩护步兵，向我团和我团左翼之第七十五旅（旅长张汉初）第一四九团猛攻，我军阵地上的工事大部被敌炮击毁。中午前后，有三百多敌人徒涉漕河，向我第一营阵地猛扑。我团中校团附霍锦堂、第一营营长陈仪章负重伤，连、排长和士兵伤亡两百多人。但终因我团迫击炮和轻重机关枪猛烈射击，官兵死守阵地，渡河之敌大部被消灭。随后敌又增加兵力渡河攻我左侧之第一四九团阵地，该团第三营被突破。营长徐克让是军长、师长的陕西老乡，平日很骄傲，这时不听团长覃异之的指挥，向后溃退。覃团长令第二营增援，第二营营长李正谊也是军长、师长的陕西老乡，也不听指挥，随着徐营溃退，因而覃团阵地被敌侵占。覃团长亦负轻伤，愤而欲拔枪自杀，幸为左右拦阻未成。

在渡河之敌侵占覃团阵地后，我团左翼受敌侧击。我第三营伤亡惨重，营长颜受廷要求缩短左翼阵地向右翼第一营移动，我坚决不同意。我带着第二营一个连和团属警卫排增援第三营，固守原有阵地。虽又有伤亡，但全团阵地始终未丢失。令人气愤的是军、师预备队不增援覃团，致使覃团阵地丢失，让敌人继续渡河，使我团左侧受到严重打击，全团官兵伤亡近半。

这天夜晚，南渡之敌两千人左右。第二十五师后面有王钧的部队，满城东南面有赵寿山的部队。如果刘峙、关麟征等人真想打，这股敌人完全可以消灭。二十三日下午，平汉铁路东侧的漕河南岸被敌突破，冯钦哉的部队也放弃了满城。于是刘峙首先离开保定，向南逃跑。第五十二军奉命于二十三日夜间撤退。从此十多万大军像脱缰之马向南狂奔。保定不要了，定县、新乐、正定等城不要了，平汉铁路两侧大片地区也不要了。第二天，即九月二十四日，保定沦陷。二十八日，定县、新乐沦陷。当时华北风声鹤唳，草木皆兵，保定地区人民群众陷入苦难的深渊。

在保定沦陷的第二天，八路军第一一五师在平型关附近与敌短兵相接，用手榴弹和刺刀杀敌，打了大胜仗，消灭敌军板垣师团三千多人，缴获大量军用物资。可是这一振奋人心的消息被中央封锁了，国民党军队全不知道，刘峙集团军仍然在溃退中。滹沱河南岸自安平经晋县到平山之线，本来筑有较坚固的国防工事，准备防守石家庄。然而刘峙没有抵抗南侵敌人的打算。第五十二军一直退到河南彰德（今安阳市）、新乡一带。孙连仲、曾万钟（王钧）、冯钦哉、赵寿山等部队退入山西，以致石家庄于十月十三日沦陷。

## 六河沟附近漳河之战

敌军川岸师团侵占石家庄后，以一部沿平汉铁路前进，主力绕过娘子关侵犯山西，企图与北路攻忻口之敌会攻太原。南进之敌则在几天内就侵占了顺德（今邢台市）、邯郸、磁县，未遇到任何抵抗，真是"如入无人之境"。十月中旬，侵占磁县之敌分出一部向西侵入彭城镇，准备在六河沟观台附近南渡漳河侵占林县、鹤壁，与在磁县之敌会攻彰德、新乡。第五十二军奉命转向六河沟附近漳河南岸筑阵防守。十九日，该军到达目的地。二十日拂晓，第二十五师进入漳河南岸阵地。但这时南犯之敌步兵约五百人已在漳河北岸，并正在渡河，由于第二十五师第七十五旅抵抗不力，又不抢筑工事，该旅之第一五〇团竟被渡河之敌冲垮，团长曾谦阵亡，全团溃退。我团由于在漕河战斗中伤亡近半，原作为师预备队，位于第七十五旅之后约千米的一个小村，此时又奉命增援第七十五旅。我率部跑步赶到第一线，令第一营冲上去抢占了曾团已失去的两个小山包，令第二、第三两营占领第二线，抢筑工事，阻止敌人后续部队渡河。上午九时左右，敌军飞机、大炮向我纵深阵地轰击，我右翼第一四六团正面又有约三百敌人渡河南犯，该团颇有伤亡，团长郑明新负轻伤，第一四九团也有伤亡。

敌我相持到黄昏。这时先后渡河之敌，最多达七百人左右，但关麟征、张耀明没有采取积极措施，当天深夜，竟令全线撤退。而渡河南犯之敌，也在二十一日拂晓前撤回漳河北岸（我估计是因为孤军深入）。

这次漳河战斗，为时不到一天，第二十五师伤亡一千多人。我团少校团附钟湘涛、第二营营长谢蔚云负重伤，第一营营长阵亡，连排长、士兵伤亡三百多人，实在令人痛心。而关麟征却说第五十二军在漳河打了"大胜仗"，国民党报纸宣传说："国军征漳河消灭南渡之敌数千人，残敌向北岸逃窜。"真是自欺欺人。

第二十五师经过漕河、漳河两次战斗，全师伤亡四千人左右，需要补充整理。军长关麟征、师长张耀明找我和旅长戴安澜谈话，一见面关就说："这两次战斗，七十三旅是有功的，今后你们还要努力，争取立大功。"接着说："一四五团现在人数最少，韩团长立即到洛阳（二十五师管区）去接收新兵，准备训练三个月再回来打胜仗，全团营、连、排、班长留下，战斗兵拨补到其他团，请张师长合理分配。"戴旅长说："这样不大好，应该把战斗不力的团拨散。"但关、张没采纳这个合理意见。第二天我含着眼泪将六百多名经过战斗锻炼、炮火余生的老兵拨给了其他团（我团原有两千四百多名官兵，这时只剩下一千零二十人），带着刚由第六连连长升任第二营营长的奚瀼之、第九连连长升任第三营营长的段培德（原第三营营长颜受廷已升任师部中校参谋）和刚调整好的半数连、排长及仅够编制三分之二的班长和勤杂人员共两百多人到洛阳接新兵。

# 四二〇高地战斗

覃异之※

　　七七事变后，日军占领了北平和天津。接着，日军于一九三七年八月十二日又出动第五师团和关东军第十一独立混成旅团，向南口发起猛攻。同时，日军调关东军第一、第二、第十五三个独立旅团由察哈尔省北部南下进攻张家口与大同。在平绥路沿线（指南口、张家口、大同一线）的中国守军是第十三军汤恩伯、第十七军高桂滋和第七集团军傅作义、刘汝明等部。卫立煌是平绥路沿线中国守军的总指挥。日军依仗着优势火力，向守卫南口的汤恩伯第十三军频频进攻。局势的发展对我军不利。这时，蒋介石派刘峙到保定任第一战区第二集团军总司令，准备在保定、满城一带组成一道防线，阻击日军。我们第五十二军就是在这种背景下奉命开赴保定，归刘峙指挥。

　　我当时在第五十二军第二十五师第七十五旅第一四九团任团长。我团开到了保定西面，紧挨太行山脉的满城，在保定防线的最左翼。这

---

　　※　作者当时系第二集团军第二十军团第五十二军第二十五师第七十五旅第一四九团团长。

时，南口战斗还在进行，划归刘峙指挥的部队还未到齐。第三军只来了一部分，我们第五十二军是最先到达的。

在满城，我团奉命指挥民工构筑防御工事。一个团要构筑两个团的阵地，以便为后来的部队利用。当时，第二十五师的团大都是这样。

一天，我忽然接到卫立煌从我一个营指挥所打来的电话。卫立煌对我说："南口我们已放弃了，部队正在往下撤，跟部队一同下来的老百姓很多，他们是沦陷区的，你们要多加照顾，尽量放行。"

当时，汉奸、敌探较多，所以对从前边下来的人我们查得很严，卫立煌的意思是让我们尽量不要难为老百姓。卫立煌说完后，我表示去见他，他说不用了，并对我说："请你转告刘峙总司令，告诉他我已过去了。"

不久，日军第一军的三个师团分三路向保定扑来。其中西路敌第十四师团是沿卫立煌撤下来的路线过来的。九月二十日，我团同第十四师团的前锋部队接触了。这是全面抗战后我与日军的第一次交锋。

由于增援的部队还没有完全到达，我团固守了两个团的工事。当天，敌机数架轰炸了满城及我军阵地。黄昏时，战斗仍旧激烈。

在我向上级请求增援后，第三军第十二旅向我满城开来。这时，我很高兴。不料，该旅在离我团阵地十几里外的地方就按兵不动了，我团只好单独作战。

日军的攻势越来越凶了。在我团左边有一个四二〇高地，十分重要。如果我军控制了它，就可以向进攻之敌的侧翼射击，反过来，如果丢失，我军的侧翼就会暴露在敌人的火力下。那样一来，整个阵地就很难保住。为此，我命令二营营长李正谊率该营死守四二〇高地。战斗进行了一夜。天快亮时，敌机又轰炸我团阵地，敌人一支部队向我四二〇高地发起强攻。敌人利用他们的枪榴弹的优势对我守卫四二〇高地的二营构成了很大威胁。这种枪榴弹可以射击二三百米，而我军使用手榴弹只能投出二三十米，在火力上，我们劣势十分明显。经过几十次冲锋与反冲锋，四二〇高地没能守住。我听到敌人占领了四二〇高地的消息后，马上带三营的两连预备队拟夺回该高地。敌人居高临下地向我们射击，部队受阻。过后，敌机又来轰炸，部队实在顶不住，被打散了，我的胸部也受了伤。望着垮下来的队伍，我肺都快气炸了，决心与阵地共存亡。我强挣着起来，拔出手枪就准备再往上冲，但副官和卫兵一同上来抱住了我，不让我去冒险。我望着炮火弥漫的战场，心中十分难过。我叫副团长高鹏代我指挥，并命令溃散的队伍到完县集中。就在我被卫兵背下去后不久，阵地就失陷了，满城被日军占据了。保定方面又坚持了一天，我团两千名官兵，伤亡了四分之一，五百多名官兵的血洒在了保卫国土的战场上。

# 保定、正定抗敌记

蓝守青[※]

　　抗战初期，我在国民党部队炮兵第一旅第五团第一营任营长。我先后参加过保定、正定等处作战，现将当时经历与见闻写出，以供参考。

## 一

　　炮一旅是蒋介石新建炮兵的主要力量，它的装备和训练，都是德国式的。抗战前，我们在南京汤山训练达四五年之久，除了在江西"围剿"用过一个营，福建事变一度使用过少量部队，西安事变用过一个团外，部队长期驻守南京汤山营房。蒋介石常说这个炮一旅"是捍卫京沪的骨干"。在训练期间，我们在拟制教案时，总是以日军作为假想敌。例如，一九三四年我们参加的南京城防演习，就是以日军入侵作对象的。一九三五年，京句（句容）线秋季大演习时，炮一旅第五团全部参加。我们把演习看成对日作战的预习。我们长期认为将来炮一旅作战

------

　　※　作者当时系炮兵第一旅第五团第一营营长。

的地区，一定是京沪线或京杭线一带；预想与我们协同作战的步兵部队，也一定是当时一同接受德国顾问训练的原教导第一师改编的第八十七师、第八十八师和第三十六师，或驻孝陵卫的中央军校教导总队等。因为这些部队与我们驻在一块，又一同进行过步炮联合作战演习。特别是各级军官都是黄埔系统的同学，互相认识，感情上有自然的联系。我那时在爱国心的驱使下，确曾花了一番工夫去熟悉京沪一带地形。因此，一九三七年夏天，中央军校教育长张治中主持的一次京沪线假想的战斗参谋旅行，炮一旅派我去参加。那时怕日本人知道，规定参加人员一律穿西服，打着复旦大学旅行团的名义。旅行团由中央军校教育处长徐权率领，到苏州狮子林的办事处集合，搞了一个多月的战术作业，又经无锡到上海，然后又由上海大场沿京沪线作逐步抵抗的虚兵指挥演习。有攻有防，对每一据点的防守，每一河川桥梁的破坏，炮工兵部有详尽的处置。我还拟出炮兵阵地位置及进出路线，并提出需要加修道路桥梁的建议，以便一旦有事，能不辜负国人的期望。就在我们旅行期间，日本人也组织了一个旅行团，跟在我们后面，进行侦察，好像对我们到过的地方都有兴趣。我想如果我们内部有汉奸的话，很难保我们的作业成果（指我们拟订的作战指导方案）不落到日本人手里。

七七事变的消息见诸报端后，我们官兵都揣测部队会马上开到上海，起码也要到苏州。哪会想到拖到七月下旬才接到出发的命令；更想不到是调到华北战场，归刘峙指挥。当时中国炮兵部队是野炮多于山炮。河北平原是使用野炮重炮的最有效地区。而炮一旅恰恰是卜福斯山炮装备，从炮兵使用上说，把炮一旅调到华北平原去作战，是失策的。把机械化炮兵都调到华北战场去，这实际上只能说明蒋介石还梦想日本不会在京沪地区发动进攻，还没有在京沪地区做防止日本侵略的准备。炮一旅到华北战场后，被分割使用，配属给一些素不相识的地方部队指挥，结果不仅没有发挥卜福斯山炮真正的性能，还把炮丢了不少。

## 二

七月下旬，炮一旅第五团奉命从南京乘火车到保定，当时官兵真想马上赶到抗战第一线，一显身手，士兵没有一个开小差的。当先头列车到达邯郸站时，突然有一个联络军官上车，传达林厅长（林蔚）命令，要我团全部就地下车，听候调遣。事先毫无关照，突然要听林厅长的指挥，弄得我们莫名其妙。经团长史宏熹联系后，我们先后在邯郸下车，驻车站附近待命。过了几天，又奉刘峙电令，调一个营去保定，一个营去房山老虎峪阵地，归孙连仲指挥。那时我们心里急于应战，只知道有命令就动，不考虑归谁指挥。事后才知道华北战区名义上由刘峙以总司令指挥，实际上由蒋介石所派林蔚监军。林蔚自恃才高，没有把刘峙放在眼里，刘峙遇事不和林蔚打招呼不行，而林蔚可以不通过刘峙的指挥机构，任意调动部队。

在南京听说华北战场经过多年的规划，有一定程度永久性筑城阵地。可是当我们到达房山前线时，除了看到有一般的步兵散兵壕外，炮兵阵地还是我们到后自己规划和构筑的。由于我们晚到了几天，连起码的阵地来不及做就要开火。而且，由于指挥紊乱，造成后勤补给的混乱。从南京出发时，随炮携带炮弹有限，团里为了尽先满足房山前线第二营使用的弹药，毫无留存。我第一营各连，只保存随炮行动第一弹药队的少数炮弹，到保定后，才知道兵站上没有储备我们合用的炮弹，因为没有弹药，当然不便分配我营任务。为了等炮弹，我营一直躲在保定城郊待命。我乘机随团长史宏熹到房山老虎峪阵地去观战，以便吸取一些经验。延至旧历中秋节晚上，上级才通知我去领炮弹。那天夜里正值日机对保定夜袭轰炸，有汉奸在我营弹药队的前后左右放信号枪，把民夫一度惊散了。好在征调的邯郸农民抗日热情很高，冒着生命危险把炮弹运回驻地，才未受损失。

次日晚，我奉命配属第五十二军（军长关麟征）作战。我随关军长一同去侦察阵地，当时师长、团长、参谋人员一大伙。关军长把全军各步兵团的任务分配完了，偏偏不给我这个炮兵营任何作战指示。经我提醒，关军长仍未作指示。在这情况下，我只好去请示军的作战科长。他也未作具体指示，只说："你自己酌量打好了。"我即赶忙分配各连做了一天工事，正打算加强工事时，又因情况变化，我营从徐水调回保定。原来刘峙先打算把防守保定外围的阵地摆在徐水，不知何故忽然又变更计划，放弃徐水之线，改守城祁漕河之线。命令下达后，刘峙本人就溜之乎也。当我回到保定时，保定面目全非，商店全部关门闭户，大机关撤走了，街上尽是前方后撤的官兵。炮五团团部已移动，我来不及与团部取得联系，即到漕河指挥部队，参加作战。在漕河作战更谈不上步炮协同了。我把一个营拖到漕河阵地时，步兵指挥官连敌情都没有告诉我，就要求我射击。我营各炮连进入阵地后，连起码的掩蔽部都来不及构筑，就发现目标，被迫立即先开火。军参谋处既不告诉我步兵的位置，也不告诉我步兵作战情况，只接二连三地要求射击各种各样的目标，甚至强令我抽出单门炮去协助步兵消灭敌坦克。这时炮少目标多，命令压到头上，根本无法估计目标的价值。关于步兵掩护更是笑话。我营第三连进入阵地不久，刚刚发射，竟遭敌人袭击。这是由于我步兵没有抵抗线，没有派出掩护炮兵的兵力。好在当时我与第一连连长（少校团附黄伯容兼代）各指挥一炮，对第三连作直接掩护，乘黑夜变换阵地，照常执行任务。可是第二连竟因此被包围，全连覆没，连长吴峙失踪未回，观测员王国栋挨了敌人一刺刀，算是逃回来了。

三

华北战场抗战，大致可划分为两个阶段。前一阶段是在七七事变后，我军在北平卢沟桥、南苑地区及平津路、平绥路沿线作战；后一阶段是节节抵抗，节节撤退，如在津浦路和平汉路北段作战。炮一旅第五团到达保定时，在保定附近设防的是第五十二军，而在房山打头阵的是孙连仲的部队。房山阵地与日军对峙的时间是比较久的，当时我军士气是旺盛的，广大群众也大力支持，按道理说应该因势利导，采取积极防御才对。但由于在上者消极抗战，积极对内，居下者如非嫡系部队指挥官，一方面要抗日，同时又害怕中央借日军消灭自己，所以他们在打日本的同时，还要时刻考虑保存自己，因而采取消极的防御措施。我在房山孙连仲指挥所看过下级军官利用晚黑摸营的办法，割回不少日军的耳朵，缴上日军的钢盔等。可是没有看到上级指挥官采取统一的行动。白天基本没有什么动作，连火战也很少。在敌人进攻兵力尚未集中之前，我军从来没有主动出击过。中央对地方部队，除了派炮一旅第五团的一个营配属孙连仲总部外，没有在他的后面控制有力部队和设防。第五十二军在保定多日，在城郊等着孙连仲败退下来才抵御。而孙连仲部队从房山败下来后，喘息未定，又奉命坚守保定城。孙部新败之后，长途奔逃有如惊弓之鸟。如果第五十二军能在徐水阵地抵御一下，支持几天，让他们有一个休整的时机，也许保定能多守几天。可是上级把徐水阵地弃置不用了，漕河阵地仓促防御，第五十二军一触即撤。我营在失去步兵掩护的情况下，被迫乘黑夜撤出阵地，向保定城去找上级指挥官。我第一批撤出的第一连一部，由连附陈国忠率领行抵保定城下时，守城部队假传刘峙（此时刘峙已离保定）命令，让他们的战炮队进城参加保定防守战。陈连附把部队带进城后，交通立即断绝，当他了解被骗，部队被监视情况后，他借故只身逃出归队。当我了解情况有异，把剩下的六门火炮集结起来后，在保定城南遇到团部副官张为进。他告诉我团长及第二营都走了，团长嘱他来找我，传达我营"归还建制，速向石家庄转进"的命令，并告知团部待我营到达石家庄后再联系。我营马不停蹄，夜以继日地沿铁道线向石家庄撤退。结果被骗进保定城的两门炮，在没有炮弹补给的情况下，冤枉地随着保定的失守而送给了敌人。我营从保定步行退到石家庄，沿途有很多天然障碍，如唐河、大沙河、磁河等，河面宽，水流也急，但没有一点工事；其他平原更谈不上有工事，也看不到设防的部队，一路只看见向南逃的军民。

我到石家庄后，见到了团长，但他忙于准备率领第二营到山西，无暇过问我们。经过一个多星期的收容休整，我把剩下的六门火炮编入第一、第三两连。立即返回正定参加正定的背水防御战，归第三十二军商震指挥。

正定城位于滹沱河北岸，蒋介石命令第三十二军军长商震在此布防。商震设指挥部于滹沱河南岸的于家庄车站附近，以所属第一四一师宋肯堂部担任正定城防守之责。为了加强防御，商震要求中央派出一部炮兵支援，南京先派了原东北军改编的炮兵第六旅的一营野炮，由张任夫营长率领进驻正定，对炮兵的观测所、阵地等都作了比较完备的设施。接着又把我营仅有的六门残缺卜福斯炮加上去。张任夫的野炮营因为是东北军的底子，商震还担心它完不成任务，而我这一营因为是中央部队，却使商震部队上下特别重视。在我的部队开向滹沱河南岸途中，迎面来了一位将军，见面时自称是第三十二军第一四一师某旅旅长张联华，是奉命前来引路，并负责掩护渡河的。他告诉我："滹沱河上现无便桥。由于正定是背水防御作战，敌人飞机整日侦察，渡口的船稍多就遭到轰炸。为了避免损失，建议部队暂在南岸村庄隐蔽休息，待日没后漕渡。"在休息闲谈中他还告诉我，第一四一师师长宋肯堂曾对他指示，如果中央炮兵部队在进城前有损失，我们就无法向中央交代，就要他这旅长拿头来见。我当时很感激，认为地方部队对中央的重火器真是爱护，因此冲口说："我们能得到配属部队指挥官的重视，当尽力以赴。"当晚，我同张旅长从薄暮到微明一直坐在南岸，一面烤火，一面看着部队一批一批地用平底船漕渡过河。我请张旅长介绍一些第一四一师的情况。据张旅长说，宋肯堂师长也是学炮兵的，他是保定八期之后进陆军大学的高才生，过去是有名的幕僚长，为人果断有魄力，对下级负责，很得军心。部队是山西部队的老底子,营长以上的军官都在南京军校高教班受过训,连长以下军官军士,起码都在商总指挥（商震过去的军衔,该部一直沿用此称呼）办的军事政治训练学校或军士队受过训,对战术有一定的素养。可惜部队刚刚补充整调不久,还有许多新兵没有打过枪,好在是防守战,前面还有前进阵地,士兵可以在战斗中练习。正定防守部队原先只有第一四一师的两旅四团,配属的张任夫野炮营有十二门炮。保定失守后,又将从保定撤下来的独立第四十六旅鲍刚的两个团,拨归宋肯堂指挥,驻东关外。最近命张旅长到正定城北的二十里铺构筑前进阵地。第一四一师守城部队正赶筑工事,粮食和弹药也运储了一些。

十月一日,我由张旅长陪同见到了宋师长。宋向我介绍了一般情况,没有谈作战任务。我在部队设营后往访炮六旅的张任夫营长,他是我在南京炮兵学校不同班的同学,在他陪同下,走马看花地参观了城防工事。次日,炮六旅黄永安旅长前来视察,我又随同作较详细的阵地观察,借以充分了解张营长对城防的炮兵阵地及观测所作的构筑情况。经请示后由我与张营长自行协商,划分了两个炮兵营的阵地配备和作战任务。决定张营负责主要战斗任务,营观测所以该营在城东北角所构筑的主观测所充任,阵地即在城内原地不变动。我营则直接与步兵协同作战,营观测所利用原野炮营在城北角的补助观测所。第一连的主阵地选在北关外,另在城内设预备阵地;第三连即在城内另选阵地。张营的测地成果,尽量供我们利用。我们的观测所都是就城墙挖空加固的半永久工事。一切准备妥当后,我自己认为都合乎理想要求,这一次可以发挥我这几门火炮的威力,官兵也决心在这次战斗中能洗雪在漕河溃败的耻辱。我们很从容地进入阵地,当天没有发现敌情。城内大部商店虽已关门,但人还没有疏散,小商贩及饮食业还照常营业。在我进城的第三天,宋师长用电话通知我:"敌军逐渐南移,日内可能到达我阵地前,目前已饬前进阵地及守城的步兵在阵地彻夜守卫,希望炮兵观测所和阵地上保持战斗准备。"我问他前进阵地的戒备怎样，他说："独立第四十六旅在城北二十里铺的地方，已构筑有一线式的散兵壕，左翼为该旅第七三六团，右翼为该旅第七三八团。"我曾问他是不是要以一部炮兵支援前进阵地的战斗，他说不必要，但炮兵射击要照顾前进阵地部队的安全。我又请示打响后师有无使用炮兵的计划，他只说："在战斗开始后，你在北关的第一连，归北关部兵守备部队赵云飞营长指挥。"

十月三日拂晓，前进阵地开始遭受敌炮射击。中午，日军以炮火掩护坦克，步兵开始冲锋。当我们在观测所发现目标后，乃集中野山炮以炽盛的火力进行拦阻，直至日没，敌军不敢迫近我步兵阵地。当日，敌炮盲目向城内不断射击，目的在扰乱，除北关遭受一些损失外，其他损失不大。这一天由于我们炮弹充足，发挥了火力优势，收到预期的效果，使守城的步兵安然度过一天一夜。野炮营因进城时间较久，它在城内储备的炮弹较多，团的弹药补给站也在离城不远的滹沱河南岸，因此张营长有恃无恐。我营则因火炮发射速度快（半自动开闩式火炮），城内事前没有储存炮弹，经过半天的激烈炮战，把随营携带的六百余发炮弹使用过半。营弹药队虽已回南岸，但炮弹的补给基地，还远在石家庄车站，我营运弹药的车辆，还是在邯郸征调的两轮大车及四轮牛车，当晚没有把握赶回河南岸。以前我曾建议把卜福斯山炮弹的补给站，推进至石家庄，竟因数量少，无补给机构而被否定。现在才打了一天仗，就缺乏弹药，不敢放手使用，使我心急如焚。我急忙去找宋师长，请求协助解决。

当我进入师指挥所时，宋师长正在用电话向商震汇报情况："明日的防御战，只靠这一师和两个炮兵营了。我看这次背水战的搞法，如果对国家民族能真正起挽狂澜的作用，我们愿意拼下去，就死在这孤城也值得。如果死守没有特别代价，那就请总指挥考虑，给我们必要的权宜行事。"我当时还不十分理解他"权宜行事"是什么意思。等他放下电话之后，我就向他提出希望得到帮助的要求：在天明前，获得补充的弹药；在后面的师部人员能够找到我营弹药队的行踪，过河时，尽量让其提前摆渡。宋师长听完以后，点点头说："今天你辛苦了，炮火已对我们尽了支援之力，增强了我们宜兵守城的信心！明日预料可能更辛苦，希望也像今天一样地进行拦阻，尽可能使敌人不能接近我阵地。关于你要求的第一点，我请军部派人联络；第二点无问题，只要你营弹药队到了南岸，保证一小时内炮弹能运到。在你的补充弹药未到以前，希望尽量撙节使用，与张营长协商一下，达到有目的、有效力的制压为要。"

我退出师指挥所后，顺便去野炮营营部看张任夫营长。他邀我上馆子吃炸鸡腿。他喝了几口白干后，对我说："从天黑后日军汽车来往不断的情况判断，明天的战斗可能很热闹，上门挨揍的目标可能多些！我营的弹药比你充足，明天应改变一下射击计划，对一般的目标由野炮负责，野炮打不着而目标又很重要的，由我通知你射击（卜福斯射程比野炮远）。把你的弹药控制着，以供敌人接近城墙时用，我营无法发射的近距离目标，才归你营负责（卜福斯变装药可以用小号装药，弯曲弹道打死角）。"临别时他依依不舍，最后看了看我才说："老蓝，你的马靴带来没有？"我说带来了。他拍拍我的肩膀说："我和你还有一个协定，就是明天我们上观测所时，我们俩都穿着呢军服和马靴，按邹教育长（炮兵学校教育长邹作华）的三光要求（头发光、胡子光、马靴光）上火线，万一在肉搏战中拼死了，也不失为一位为抗日战争牺牲的体面的中国炮兵军官。"我当时劝他不要太兴奋了，回去好好休息，明早遵命整装上阵。

十月四日，从拂晓起，敌炮密如连珠，从落弹的速度与炸裂声音判断，日军以一晚的时间，增加了火炮的数量，炮种也变了。由于日军以优势火力掩护步兵坦克进攻，宋师守北关的部队不得不在我炮火掩护下撤入城内。我营的第一连也归还营的建制，进入它的预备阵地，执行营的射击任务。中午，我营与张营的通信联络中断，此时城东北宝塔附近的城墙被敌炮集中火力打开一个缺口；同时我的观测所也被敌炮火集中轰击，洞口被打塌，对外有线通信联络完全断绝。我从瞭望孔还可以看到日军小队长手持指挥旗的活动。等到敌我双方炮声沉寂后，营部通信排长王英勋和传达长徐谋臣跑来，急促地告诉我："城东北角被击毁，突入了十多个日军，我步兵正在围歼中。野炮营张营长阵亡，野炮已部分撤出阵地，我第一连炮弹打光了，撤到南关附近，第三连情况不明。"我听到这个消息，心情很沉痛，立即下了城墙后，骑马赶赴师指挥所汇报情况。

当我到达师指挥所南关城墙另一掩蔽部时，见到宋师长，他对我说："老弟平安出来了！你的部队如何？"我告以第三连火炮还在阵地上无法撤出。他让我休息一刻，请何连长（我营第三连连长何士操）随他去把火炮抢救出来。宋师长把大衣脱下一丢，取出手枪压下弹匣后叫一声："师部卫士跟我走！"立即有十多名持盒子枪的士兵蜂拥着随宋师长冲出临时指挥所。约半小时后，何连长首先来向我说："火炮安全撤下来了，每炮还保留最后使用的两发空炸弹。"接着宋师长也回来了，他由几名卫士架着，满面眼泪鼻涕汗水交流着进入掩蔽部。我当时很激动地趋前去接他。他紧握着我的手说："老弟，对得起你，我把阵地上的火炮拿下来了，今后由你负责了！张营长阵亡，他的部队暂时请你招呼一下。"我当时看到师部人心惶惶，而南关街道上又被炮车、大车（师及炮营的给养行李车）挤塞，目标很大，因此对宋师长表示："我营火炮射击速度大，如果搞得到弹药，我还有信心支持师长守城，保证敌人不能轻易爬城。若弹药送不上来，我的雄心壮志无法兑现，对师长爱莫能助。为了减轻师长的负担，便于指挥起见，我建议是否可以让没有弹药的炮兵部队和没有战斗技能的非战斗人员出城，安置在南岸听令。"宋师长当即采纳我的建议。接着何连长向我反映说："野炮营的炮弹也打得差不多了。"宋师长听了何连长对我说的话，考虑片刻后对我说："开城门，炮兵全部出城！"我得到这一指示后，立即到南关指挥部队出城。此时城门被沙包堵塞，师部应撤退的非战斗员，抢在我们前头，把城门通路堵得无法通行。我乃派营附陈国忠（原一连连附，在石家庄改组时我临时委派的），拿着盒子枪到城门洞维持秩序，我自己也爬上沙包大声宣布："奉师长命令，率炮兵先行出城，出城次序野炮在前，山炮继后，大车及非战斗人员殿后。"当时秩序很乱，陈营附朝天打了几枪之后，才把城门洞疏通。此时野炮乘势冲出城门，我也杂在当中挤出去。原来宋师长早在三日前就在滹沱河上架好便桥，他为了坚定守城军心，始终没有通知战斗部队。我在出城后，还担心这许多炮挤到河边如何渡过滹沱河。于是决定走向西南方洋桥下边徒涉。行至半途，我和野炮兵的驭手发现在从前的渡河点有一座新架的便桥。我大声说："传下去，野山炮部队跟我来，从便桥上渡河。"此时日军在城北升起一个大的、两个小的系留气球，来指挥敌炮兵射击。敌人正对便桥进行交叉射击。我伏在马鞍上，疾驰跑到前边，我的坐骑受了炮弹片轻伤，负痛之后，一气狂奔，像闪电似的渡过了滹沱河。在渡河时除野炮营有一门火炮掉到南岸桥边河里外，其余全部安全渡过。经与河防部队联系后，我们马上又进入阵地。当晚，敌炮停止射击后，野炮也捞起归还建制。我营弹药队也到了。

黄昏时，我正在宿营地休息，宋师长单人独骑来到我的营部。见面之后，首先询问我抢渡情况。我告诉他"血染征衣未受伤"。他说："我也过来了！我只带卫士一人过河，此刻派他去找师部。我暂时在老弟营里睡一下。"我引他睡在我的炕上，不一会儿就睡着了。当晚宋师长的卫士没有来找，但来了一位参谋，他是路过我营，看到他师长的马，进来询问的。我告诉他附近驻军复杂，师长确在这里，暂时还是让他安睡一下，不要惊动他。我从这位参谋口中了解到，在我出城之后，第一四一师就决定留下一小部守城作掩护，大部分于日没后陆续撤离正定城。这次作战有一位团长负轻伤，一位营长阵亡，连排长、士兵的伤亡尚未统计。

十月六日上午，我和宋肯堂师长分手，即到石家庄附近一个小学内谒见第三十二军军长商震。进门时他正在刮胡子，满脸涂着雪白的肥皂沫。他带着笑容，以埋怨的口吻对我说："我把军部的参谋全部出动，去找你的部队。原拟让你营乘第一列火车后撤，现在来不及了，只好乘我自己控制的最后一列火车走，盼立即指挥上车，越快越好。到石家庄后，你去找林厅长，我这边即发电报。"此时一名卫士跑来报告说："村庄边沿发现便衣打枪。"商泰然自若地说："派人搜索一下。"我当时感到商震对我亲切关怀，为不误时机起见，立命传达长回去引导部队到石家庄车站，自己先到车站接洽车辆。在九时左右，我营部队到达车站，此时敌侦察机一架在上空盘旋一周北去。我催着炮车马骡赶快上车，当各连主要人马武器上车完毕，正拟指挥民夫装运营弹药队的大车牛车时，九架敌机临空。火车刚一出站，九架敌机俯冲向车站投弹，眼看车站成了火海。我营官兵均平安无事，只爬在最后一个敞车的一班宪兵有几人受伤。大家平常最恨宪兵的横行霸道，没有人同情他们。我是惊弓之鸟，不敢再回头，连遗留在石家庄的民夫下落也不问了。正定失守后，第三十二军继续扼守滹沱河，照理我这营还应该协助他们，但我们却被调出了战场。守河炮战责任交给炮六旅其他野炮营接替。中央军队总是先脱离战场，这样做显然对地方部队的士气会产生不良影响。

# 血战正定城

王启明[※]

　　本文是记述在正定、石家庄同日军作战的部分情况。当时我在陆军
第三十二军第一四一师第七二一团第一营当营长。

　　第三十二军原来有中国共产党地下组织。该组织是一九三一年第三
十二军在河北邢台整建时组织起来的。当时的地下党员是河北军事政治
学校转过来的。河北军事政治学校地下党是一九二八年在北平黄寺组建
的。中共北方局军委领导人张兆丰、薄一波同志派谷雄一同志到河北军
事政治学校开展革命工作，并建立了地下党的组织。一九二九年，在河
北军事政治学校，我经谷雄一同志介绍参加了中国共产党。一九三八年
六月以前，在华北时，一直受中共北方局领导。七月以后，到湖南、江
西、四川、湖北时，即受中共南方局领导。

　　一九三七年七七事变后，第三十二军地下党即遵照党的主张，团结
抗战反对投降，积极开展工作，英勇作战。第三十二军地下党的领导人

---

　　※　作者当时系第二十集团军第三十二军第一四一师第三旅第七二一团第一营
营长。

是王兴纲同志。

当时部队驻防在北自邢台、南至新乡的平汉铁路两侧各县。

八月，第二十集团军总司令兼第三十二军军长商震，奉命率领第三十二军和所指挥的部队在深县、晋县、束鹿、藁城一带占领防御阵地，构筑工事，准备抗击日军。该集团军属第一战区战斗序列。第一战区的任务是抗击日军自卢沟桥南下，沿平汉线两侧地区向郑州方向进攻。

九月下旬，商震奉命防御正定滹沱河一线和石家庄之任务。第三十二军即转移到石家庄滹沱河平汉线两侧地区防御。该军第一四一师宋肯堂部于十月五日在滹沱河北岸正定城、正定车站东西地区占领桥头堡阵地；第一三九师黄光华部在石家庄滹沱河南岸占领防御阵地；第一四二师吕济部为预备队，在石家庄南附近地区；军指挥所在石家庄。

正定城郊区是平原，滹沱河穿流于城西北、西南、正南和东南，水深不能徒涉。城西南河上有铁路桥。城南关外河上有木桥一座。城西平汉铁路贯通南北，自正定车站北行即偏向东北。城北关和西面与火车站相距约三华里。城西关有居民和街巷，以西关、北关为大。

十月五日，师长宋肯堂率第一四一师进入正定城火车站东西地区，占领防御阵地。炮七团在正定城内城西郊占领炮兵阵地。师兵力部署如下。

第三旅旅长唐永良以第七二一团（欠第一营）、第七二三团担任东关、北关及火车站地区防御任务。旅长率第七二一团第一营为预备队在正定北门里北城墙根和城门楼上。

第四旅旅长林作桢以补充二团担任正定城防，率第七一五团为师预备队，位于西关地区。

右翼友军为独立第四十六旅，旅长是鲍刚。

师指挥所在正定城内。

当面之敌为日军第十四师团，师团长是土肥原贤二中将。该师团属于日本帝国主义华北方面军第一军战斗序列。华北方面军司令官陆军大将寺内寿一,参谋长冈部直三郎中将,第一军司令官陆军中将香月清司,参谋长桥本群少将。第一军负责沿平汉铁路进攻保定、正定、石家庄及以南城镇。第十四师团是第一军的主力师团,该师团辖两个旅团四个步兵联队和骑、炮、工、辎四个联队以及通信队等单位。另外还配属有:野战炮兵第二旅团,独立野战重炮兵第八联队,独立山炮兵第一联队,迫击炮第五大队,独立气球第一中队,高射炮二队,独立机关枪第五大队,独立工兵第一联队第一中队。

十月六日,我在北城墙上侦察附近地形时,在西北城角遇见炮七团的营长张国疆(河北同乡,陆大同学),谈起他营的炮兵阵地和观察所就设在这个西北城角既设的水泥工事观测所内。我当时问他这个工事能否抵抗敌人的炮击,他说没问题。后来敌人攻击开始,他的观测所很快被敌人的重炮击毁。

十月七日,敌人第十四师团土肥原的部队,凭借空军优势和两百余门炮支援,步炮空协同向我军阵地反复攻击,都被我军击退。这次攻击给敌以很大杀伤,而我军亦有不小伤亡。敌人升起空中系留气球,观测我军阵地了如指掌,对正定北城墙内也能看得清楚。敌人的炮弹能打到距北城根十几米的建筑物。我在北城根一个掩体内,重炮弹打得掩体直震动。第三连一个班长也在掩体内,敌人炮弹片打进了他的头部,当即牺牲。许多无辜百姓被炸得血肉横飞。

十月八日清早,敌又开始飞机轰炸和猛烈炮击,空中数个气球进行观测。战车装甲车步兵炮兵空军协同,向我军阵地攻击。正定城东北城角是个突出部,城角被击倒塌,人被打死。敌人由此登上城墙向南、向西冲击,被我军阻止。敌人的太阳旗插在东北城角和北城墙东城墙上。此时我带第一连和机枪连在北门城墙上和城门楼下待机出击。担任城防的补充第二团团长王成桂率领部队跑步来到北门城墙上。他对我说敌人重炮将东北城墙角打垮,敌步兵已从该处登上了城墙,他去反击敌人。说罢即率一个步兵连沿城墙向东冲击。王成桂团长是我的老师,四川成都华阳人，日本士官学校毕业生，一九二九年至一九三一年在河北军事政治学校第二期学生大队步兵第二中队任中校队长。我是该中队第一区队的学生。我非常尊敬他，他对我也很器重，师生情谊很好。我非常敬佩他保卫祖国的忠心和身先士卒作战的英勇气概。我营是旅的预备队，伺机作战于北门附近。他的反冲击也掩护了我营右翼安全。但他沿城墙上向东冲击时，敌人的轻重机枪开始了激烈的射击，敌人炮火也集中向北门附近射击。此时唐永良旅长在北门城墙上，腿部受伤，被担架送下火线去石家庄。王成桂团长冲过去后卧倒在城墙上，没有了动静。我即命令机枪连在城门楼上向城东北角城墙上的敌人射击，以支持步兵连的向敌反击。我率第一连成一路纵队紧靠城墙垛口，向东北城角猛冲。冲到王团长和一个连的官兵卧倒在城墙上的地方，发现他们已阵亡。我万分悲痛，无比愤怒。我营号兵见我举手射击要向前冲时，他吹起冲锋号，被敌机枪击中而牺牲。我举枪射击时，右肩被击中。距东北城角尚有五六百米，我们所在的城墙宽不过五米，面上都铺上大方砖，非常平。很难从城墙上反冲击敌人。因此，即叫一连依次退到北门城门楼下。我将伤口包扎好后，即下了城墙，指挥第二连沿城墙根向城东北角上的敌人反冲击，距东北城角尚有三百米处受到敌人的强烈阻击。城墙很高、很陡，无法爬上去。搭了四人梯将轻机枪架在城墙上，向东北城角敌人射击，以掩护我军向敌人反冲击。接连搭了五次人梯，而五个射手都相继牺牲，摔了下来。最后上去一个班长，将手榴弹投到躲在侧防城墙突出部上面的敌人，将敌人炸死。但他也被敌机枪击中头部摔下来。又有六个士兵自告奋勇，上到人梯最高处，用轻机枪向敌射击，都因头部受伤而摔下来。在敌机枪的火网封锁下，实难爬上城墙。沿城墙根冲击的士兵受敌阻击，伤亡很大。我机枪连在城门楼掩护步兵连反冲击时，遭到敌人的猛烈炮击，伤亡很大，无法完成反冲击任务，驱敌于城外。

我到旅指挥所报告战况并请示反击敌人的措施。旅指挥所即在北城门西侧掩蔽部内，旅长受伤已去石家庄，参谋主任毫无办法，只好请示师长宋肯堂。他指示停止反冲击。并说北关火车站部队已退下来，你们撤下来，到滹沱河南岸北高营集中。我即命令第三连掩护各连撤退到北高营集合。我到北高营时，已是下午六时，喝了两碗小米粥即昏过去了。这是因为流血过多，中午未吃东西，又饥又累所致。苏醒后将伤口敷上药，包扎好，即被送到石家庄军部。商军长是我在河北军事政治学校时的校长，对我勉励有加，慰问备至。而后我即乘火车去河南开封省立医院治疗养伤。

# 正定保卫战

廖运周※

一九三七年七七事变爆发不久，日军攻陷了保定，直逼正定、石家庄。同年十月，为了保卫石家庄这个战略要点，阻敌南下，我军组织了正定保卫战。我所在的独立第四十六旅参加了这次战役。

这个旅的前身是西北军的第二师，参加抗日同盟军对日作战失败后，缩编为独立第四十六旅，曾隶属于徐庭瑶的第十七军，一九三六年驻河南，归刘峙直接指挥。该旅旅长鲍刚，副旅长乔明理（后为辛少亭兼），参谋长吴实明，政训处主任陈尧。该旅辖两个团一个独立营，第七三六团团长辛少亭，第七三八团团长廖运周。

七七事变发生的时候，我旅正在平汉线信阳武胜关地区构筑国防工事。八月下旬，国民党国防部电令我们，开赴北平南口，归汤恩伯指挥，增援第十三军作战。当我们到达河南彰德（安阳）车站时，汤恩伯派员通知鲍刚：本军已由南口撤至彰德补充休整。鲍旅即在彰德下车待命。汤看到这个旅阵容整齐，士气旺盛，只是装备太差（每连只有三

---

※　作者当时系第二十集团军独立第四十六旅第七三八团团长。

挺轻机枪，步枪也都陈旧不堪)，建议把这个旅与第十三军混合整编。鲍刚表面不敢拒绝，心里却很不情愿。消息传到下边，反响十分强烈，一致反对分散补充，要求开到最前线打敌人。在此情况下，鲍刚迭电请示南京，同时派代表到开封向刘峙呼吁。就在这时，我军部队在保定抗战失利，日军沿平汉线南犯，无部队抵抗，我方从保定撤退的部队秩序混乱。面对这种情况，刘峙命令鲍刚率部迅速开往正定及其以北地区，占领要点，滞敌前进，掩护我撤退的部队，并配合第八十三师固守正定城，确保石家庄的安全。汤恩伯不得已把收缴我们的陈旧枪支退还给了我们。全旅官兵摆脱了被分散补充的厄运，实现了到前线抗敌的愿望，无不欢呼雀跃。

九月二十五日，我们到达正定，驻扎在正定城东关及正定城北，新乐县的东长寿车站。鲍刚旅长带领我们由远而近地视察地形。正定是石家庄的北大门，是座古城堡，城墙坚固完整，构筑有半永久的国防工事。城外均是平坦的开阔地，城北有大沙河、磁河两条东西走向的河流。正定与石家庄之间又有滹沱河天险，河南面驻有我军炮兵可以补充支援我正定守军作战。因此，守正定城，是保卫石家庄的关键。刘峙和林蔚决定固守该城，决策是正确的。对我旅来说，地形已决定这是背水一战，加之官兵同仇敌忾，所以士气十分旺盛。

视察完了地形，鲍刚派出掩护小分队和收容小组，在东长寿车站和各渡河点，掩护并收容从保定退下来的官兵。这些部队有的无人指挥，散兵游勇，三五成群，潮水般向石家庄涌来，秩序十分混乱。刘峙、林蔚亲自到石家庄视察，颇为不满，命令鲍刚部在东长寿沿河设站收容。我们扎上了黄底红字的"纠察队"臂章，头两天就收容了一千多人。他们当中各兵种的都有，有带炮兵观测器材的，有带新式武器的，花样繁多，我们非常急需这些武器、器材，只好就便"借用"了，真是受益不小。

九月二十九日，刘峙向我们传达了命令。据报，敌人河边旅团配属野炮二十余门，坦克二十余辆，沿平汉线节节向我进犯，有攻取正定、威胁石家庄之企图。其先头部队已越过定县，在大沙河之线活动。着刘戡第八十三师配属两个炮兵营，占领正定车站，固守正定城；着鲍刚独立第四十六旅，以一部在正定以北地区东长寿附近沿磁河之线，占领前进阵地，阻滞日军南下，其主力控制于正定东关附近为机动部队。该旅归刘戡直接指挥。九月三十日，鲍刚给我们下达了命令：廖运周的第七三八团在东长寿沿磁河之线占领第一线前进阵地；辛少亭的第七三六团及旅部驻守城东关附近。我团官兵立即进入指定位置，挖掘前进阵地掩体和散兵壕。磁河南岸是道沙岭，刚挖出个坑就被塌下的沙子填平了。当地老百姓真好，没用我们动员，就连夜赶编草帘子，拆门板，甚至把桌面拆下来给我们送来作挡流沙之用，军民的确打成了一片。中秋节那天，老百姓还特地跑到石家庄买了月饼、柿子、葡萄，送给我们过节，官兵们非常感动。

十月一日，敌人一个大队百余人向我们发起进攻，被我击退。十月二日，第八十三师调往娘子关，固守正定的任务由第三十二军宋肯堂的第一四一师和我旅接替，我旅归宋肯堂指挥。下午，敌人一个小分队向我前沿阵地武力侦察，我们置之不理。十月三日，敌人在我东长寿阵地前沿升起了一个大气球侦察我方情况，我们用轻机枪射击没有打掉，要求城里炮兵发炮，又没请动。上午十时，敌人向我们打来了猛烈的炮火。我们的工事被炸塌了，就利用丛柳、芦苇作掩体，继续坚守。敌炮火刚刚停止，四五百名敌兵越过大沙河、磁河，向我们发起了进攻。我们立即登上山头占领有利阵地，给敌以很大杀伤。我们的阵地又稳固了。十月四日，敌人先打来了一阵炮火，接着几辆坦克向我们发起进攻。我们请求城里的第一四一师和炮兵部队向敌拦截射击，他们却以缺少炮弹为借口，支援很不及时。眼看着让敌坦克越过了我团前进阵地，敌步兵也随着冲了上来。我立即命鲍汝沣的第二营向我城北关第二线转移，李家镖的第三营向我城东北角主阵地转移。这时，一部分敌人向车站迂回，被我团第二营击退。当天晚上，一股敌人偷偷窜到正定车站西北面一个小村子里，把驻在那里等候转移的我旅野战医院的一百多名伤病员和医务人员，用刺刀活活给戳死了！我们得到这个消息时，敌人早已逃之夭夭。全旅官兵肺都气炸了，憋足了劲儿，誓与敌人决一死战，替死难的兄弟报仇。

十月五日上午，敌人又升起气球对我侦察，随即派一股步兵向城东北高地我团第三营阵地和城北关我团第二营阵地进攻，均被击退。午后，大批敌人步兵在坦克的掩护下，再次向城东北高地我阵地发起猛攻，我团第三营被迫转入城东门附近的预备阵地。下午的战斗更为激烈，敌人用密集的炮火向我城内轰击，在城东北角轰开了一个三丈多宽的大口子，三百多名敌步兵从缺口进入城内，辛少亭团与我团第二营配合第一四一师把敌击退。十月六日上午，敌人继续集中火力向这个缺口轰击，好几辆坦克冲进了城内，与我城内守军展开了激烈的巷战，又一次被我击退。战局处于拉锯状态。

战事日益激烈，我们的部队都中途撤退。六日夜间，第一四一师师长宋肯堂向我们传达了商震的命令，着独立第四十六旅接替第一四一师守正定城的防务。军令如山，必须执行。是夜子时前，辛少亭的第七三六团已接替完毕。后半夜，第一四一师及守城的炮兵全部过了滹沱河向南撤去。我们曾电报请示刘峙，刘让我们再坚守三四日。我们孤军奋战，又临强敌，但官兵们毫无畏惧。鲍刚向全旅官兵作了慷慨激昂的讲话："人生自古谁无死，留取丹心照汗青！我们要与正定城同存亡，为国捐躯，死也光荣！"全旅官兵士气大振。七日上午，敌炮火继续轰击正定城的缺口。下午，又以工兵开道，坦克紧随，再次攻进了城内。辛少亭率第七三六团官兵登上平房顶与敌巷战，把一束束手榴弹向敌坦克投去，把敌人打得蒙头转向。老百姓主动给我们送水、送饭、送弹药，抬担架运伤员。辛团第一营和旅部特务连同守南门及城南关。敌屡攻不下，又向我城东南方向迂回，企图包抄正定城。鲍刚命令我带第七三八团第二、第三营，迅速转移到城东南五华里处的大林济、小林济迎击敌人。七日下午，我团一部分兵力到达那里，其他兵力于八日到达。

我们刚到大、小林济，旅长鲍刚、参谋长吴实明、政训处主任陈尧和第七三六团团长辛少亭也赶到了。敌人炮火密集地向我阵地轰击。吴实明和陈尧吓得魂不附体，爬在砍倒了的玉米棵捆上不敢动弹。鲍刚走上前去，嘲弄地说："哎，起来呀！你们整天说要为校长（指蒋介石）效忠，怎么忘了？"吴、陈二人很尴尬地站了起来。鲍刚又转身对官兵们说："胆量是练出来的，不是天生的，对炮弹，躲是躲不开的。炮弹不长眼，却专找胆小鬼炸。"说着，他向大家一招手："跟我来，迎着炮火走，胆子就练出来了。"说完腰板笔挺地向前走着。辛少亭和我紧随在他身边，许多官兵也都跟着走了起来。被我们收容的从保定下来的那些被日军吓破了胆子的官兵们，也都镇静下来。不一会儿，敌人坦克在前，步兵在后，向大、小林济发起了进攻。我团官兵登上老百姓的平房顶，与之展开了激烈的战斗。老百姓主动加入了我们的战斗行列，把从家里拿来的棉被浇上汽油点燃，与我们一起向敌坦克上抛去。我们把能用上的火力都向敌人发射过去，又一次打退了敌人的进攻。九日，我们又坚守了一天，由于兵力消耗太多，全旅四千多人损失了一半，其中校官死伤十多人，尉官死伤三十多人，加之武器装备又差，正定城终于被敌人攻破。于是刘峙给我们下达了撤退的命令。

听说我们要撤退了，正定的老百姓十分悲伤，老老少少围了上来。一位老百姓含着眼泪说："长官们，兄弟们，你们中秋节来，双十节走，为正定流了血，乡亲们感激你们。我们备下了一点酒菜，喝点、吃点吧！"说到这儿，他已潸然泪下，官兵们也大都流下了热泪。

队伍正准备向南开拔，一大群老人拉着一些青年男女赶了上来，有的还牵来了骡马。他们跪在我们面前，抱着官兵们的腿，边哭边说："老总，把我们的儿子带走吧，不能叫他们留在这里让日本鬼子杀害！""把我们的女儿带走吧，不能眼看着她们留在这里让日本鬼子糟蹋！"

"把我们的骡马带走吧，不能留在这儿白白让日本鬼子抢走！""求求你们了！""求求你们了！"真把人心都哭碎了。本来我们还要作战，不愿增加负担。在这种情况下，只能答应了乡亲们的请求，带走了七十多名小伙子、三十多名姑娘，依依不舍地告别了正定。

第一四一师和炮兵南撤的时候，曾在滹沱河上搭过一座便桥。但他们南撤时，过了河就把桥拆了。老百姓帮我们选择了一处河水比较浅的徒涉场，但仍然水深过胸，河底又尽是淤泥，稍一停顿就陷了下去。百十名官兵在敌人炮火下幸存了下来，却丧生鱼腹，令人心寒。夜里，我们到达石家庄南面整顿了队伍。刘峙电令我们三天内到达涉县补充，我们遵办了。谁知，政训处主任陈尧给军令部拍了一个电报说：我旅已完成扼守正定的任务，但官兵伤亡殆尽。军令部回电说：该旅伤亡殆尽，停止发薪。真是苦了我们。十月天气已经很冷了，兄弟部队都发了棉衣，我们还穿着单衣，更无经费。不久又调往山西，归阎锡山指挥。他命令我们在东阳关构筑工事并在此防守。十一月下旬，阎锡山在太原召开军事会议，研究抗战事宜。八路军朱德总司令出席了会议，热情地与到会的鲍刚握手，称赞鲍是一员战将。为此，鲍刚高兴了好长一段时间。会后，阎锡山给我们拨来了棉衣和经费。十二月我们开到河南焦作，与张轸的豫北师管区、东北骑兵旅合编成了第一一〇师，不久便赴山东参加了徐州会战。

# 成安军民抗战和日军的两次大屠杀

邯郸市政协

## 成安战斗前的作战准备

七七事变后，驻守在华北的第二十九军扩编为第一集团军，由原第二十九军军长宋哲元升任总司令。所属各师除第一三二师因师长赵登禹在南苑殉职，部队编并以外，其余三个师都扩编为军，由冯治安、张自忠、刘汝明分别升任军长。一九三七年十月，宋哲元领导的部队，分别由津浦、平汉铁路沿线向冀南大名附近集中，总部驻在大名城里。第二十九军在抗日战争爆发前。即在长城各口、察东各县与日本侵略军多次交锋。二十年代末期参加共产党的张克侠同志，长期在西北军里做地下工作，他在第二十九军的第三十八师担任参谋长数年，后来升任第二十九军的副参谋长。他在第三十八师主持过几期教导队，吸收一部分进步学生，进行革命教育和爱国主义教育。在第二十九军副参谋长任内，主办过参谋训练班，聘请张友渔同志为政治教员兼负责教育的总指导，党介绍了一部分学员到该班学习。张克侠和张友渔同志在讲话和授课期间，为学员们讲解日本侵华的历史，号召学员们爱祖国、爱民族，与日本帝国主义作不调和的斗争。他们的谆谆教导，大大激发了学员们的爱国主义思想。第二十九军在华北期间，正是日本帝国主义在华北逐步蚕食的时候，无数的血腥事实，从反面教育了广大官兵，认识到不和日本侵略军血战到底，中国就没有出路。由于上述各种原因，全军官兵，尤其是中下级的军官和士兵的抗日情绪十分高涨。

成安战斗前夕，该县驻有刘汝明领导的第六十八军的一个团，成安城内驻有一个步兵营，城外郑家窑附近驻有一个骑兵连。

成安县县长李熙章是一个有民族气节的老知识分子，在我地下党组织争取和人民群众的迫切要求下，他同意抗日，并为此做了相应的准备。他把自卫团、县政府工作人员和警察局的人员组织起来，严密巡逻，防止敌特渗透，曾先后四次抓获了敌人的侦探。经过审讯后都立即正法。在日军攻城的时候，他下令把关押的犯人全部释放，交给城防守军，让他们为抗击日本侵略军出力。守军营长姚子寿把释放的犯人分拨到所属连队的各个班组，每人发给一把大刀和两颗手榴弹，宣布：凡是作战出力的，谁缴获了战利品除武器弹药交公外，其余都归个人所有。刚出监狱的犯人们，有了立功得奖的机会，个个欢欣鼓舞。李熙章还对抗日武装的物资供应，抢救伤员及医疗设施等，作了相应的安排。

成安有地下党的组织。成安战斗前夕，上级党组织曾经派了几名同志和当地地下党员接上了关系。他们对发动群众，联合军民共同抗战做了许多工作，如发动各村民团联合抗日、各区各村训练壮丁，还组织了西街的志诚小学、模范小学的师生们在集市上游行示威，张贴抗日标语，并组织宣传队讲演、演抗敌短剧、唱抗日歌曲，揭露日本帝国主义侵略我国的种种罪行，唤起民众，奋起抗日。

群众武装有自卫团，团长是杨朝卿（又名杨二科，杨家岗村人），他带领该团的群众，参与了抗击日本侵略军的战斗。

另外还有保卫团。团长赵初源听到日军快来了，于九月十八日逃之

273

夭夭，部属三百余人也解散了。

县城里还有临时组织起来的十字会，负责人是张石先、贾老寿。十字会下设三个股，即财政股、慈善股、交际股。目的是以慈善机关之名，在抗日武装抵抗不住、日本人进城时，保护参加十字会的群众，不受日本人的杀戮。

成安县东关原驻有第五十三军万福麟的部队，该军纪律松弛，听说日军快来到了，急速撤走。群众感到失望和不安。刘汝明的部队进城以后，立即召开群众大会，安定人心。姚子寿营长得到了县长李熙章、群众团体负责人及地下党发动起来的群众的积极支持与协助，全城上下初步形成了一个团结战斗的集体，对城防相应作了部署。

十月十四日，日本侵略军占领邯郸。十五日，占领肥乡。攻击成安的是日军第八师团的尚林大队，是从肥乡抽调出来的。由于日军占领邯、肥不久，所派四次侦探，又全部被我方巡逻队抓获正法，敌人对城内的情况几无所悉。日军因胜而骄，认为成安人民不可能实行坚强的抵抗，尽管不了解城内情况，仍然决定立即攻城。

## 敌犯成安及第一次大屠杀

邯郸、成安、肥乡三县，形成一个大三角，成安城位于这个三角的东南顶点。敌人占领邯郸、肥乡之后，如果不拿下成安，据守在邯郸、肥乡的敌人侧背，都受到我军的威胁，而邯郸、肥乡的交通联络，随时有被我军切断的可能，所以敌人急欲拿下成安。成安东南均有宋哲元部队防守，敌人想夺成安，必然从北面进攻。为此，我方把城防的重点放在北城，由姚子寿营把守。东有第六十八军骑兵连一部，其余由自卫团等民众武装分兵把守。城东北附近，有一个郑家窑，这是一个制高点，窑上构筑了环形工事，由第六十八军骑兵连另一部在窑上布置了轻、重机枪，在四周形成了交叉火网。这个制高点上的守军和守城部队互为应援，控制着城北的一大片开阔地。距北城墙五十米的地方有一条洼路，东起东关北，西止范耳庄，上宽七米，下宽三米，深约两米，群众叫作牛槽路。郑家窑上的火力，对这条洼路实行了有效的封锁。敌人如果从北面攻城，必然要利用这条洼路暂时潜伏做攻城前的各项准备，这样，部署在郑家窑上的各种武器就可以发挥最大的威力，把敌人消灭在这条洼路之中。

一九三七年十月二十二日午夜，日军尚林大队由肥乡出发，沿着东西杜堡、天台山向南，大摇大摆地向成安开进。他们走到焦营时，抓住了几个老百姓，让他们带路。当时交给他们几面小白旗，并告诉他们，如果成安没有城防部队，就在县城附近路旁把白旗插上以作标志，如果有城防部队就不插白旗。这几个带路的中国老百姓恨透了日本侵略军，明明知道成安有城防部队，为了使敌人上当，故意把几面白旗全部插到大路两旁。

日本侵略军进抵北曲村东时，遭到驻扎在该村的县警察局李卖武巡官带领的巡逻队的突然射击，日军当即还击。巡逻队人员不多，装备又差，他们的骚扰射击，实际上是给守城的军民打信号，让他们做好战斗准备。日军一看巡逻队转移了，以为这是些地方武装，不足介意，继续前进。随后看到城北路旁插着白旗，认为城内没有守军，日军指挥官便哇啦哇啦地布置攻城。当敌人前进到我方有效射程以内时，城墙上的守军以密集火力向敌射击，此时郑家窑上的守军没有开火，以便诱使敌人向城北洼路里集中。敌人果然迅速集中到洼路里隐蔽，并向我城墙上面的守军还击。我郑家窑上守军，立即轻重机枪一齐发射，狠狠打击敌人。这时一部分敌人留在原地，挖简单掩体进行掩护；一部分冲出去，冒着我密集的火力，向北城攻击。他们不知道成安没有北门，冲到城下的敌人，攻城攻不动，上又上不去，正在犹豫间，从城上扔下来许多手榴弹，把攻到城墙下的敌人全部炸死。留在洼路里的敌人，很快都挖好了掩体，双方发生枪战，枪声震撼了整个成安城。战斗持续到天明，敌人大部伤亡，剩余人员四处狼狈逃窜。这时，守城的军队、自卫团、警察局和群众组织，从城墙上跳下来，从城门涌出来，还有从四乡赶来的各村民团，手里拿着枪支、大刀、铡刀、长矛、梭镖等各种武器，一齐杀向敌人。整个成安城北，到处是愤怒的人群，到处是怒吼的杀声。到二十三日上午九时许，战斗结束，共缴获敌人轻重机枪几十挺、步枪三百多支，以及指挥刀、手枪、报话机、弹药、药品等战利品多种。这一仗，大长了我们的志气，大灭了敌人的气焰。与此同时，村西的民团和群众，截击了日军停留在村西成肥公路上的辎重车，与敌展开白刃战，给敌以沉重打击。敌人在攻击冀南的各个县城中，从未遭到这么大的损失。因此，敌人把成安城叫作"难进城"。

正当城外的军民乘胜杀敌时，城内的居民奔走相告，喜形于色，男女老幼都为胜利欢庆不已。于是，各商家、住户纷纷蒸馒头，烙大饼，烧开水，做热汤，自动地送到大街上，送到兵差委员会，有的就近送到驻军、自卫团和警察局的所在地，让胜利归来的官兵们赶紧吃饭，就地休息。参战的人员和群众，抚摸着各式各样的战利品，满怀喜悦地共庆战斗的胜利。

溃逃的敌人经过曲村、高庄、范耳庄时，大肆屠杀。在曲村，日军杀死三十多人，把张忠的母亲用木桩钉在墙上，架起柴火烧死，把全村七十多头牲口全部打死，还纵火烧毁一百多间民房。在高庄，敌人闯到高仲家里，一枪打死了高仲，邻居们听到枪声就往外跑，有十几名群众被敌人抓住枪杀了。高泽藏在自家的门后面，被日军发现，一刺刀捅进肚子里，当场死亡。常万妮藏在锅台后面，被日军一枪打死。随后日军把抓来的常志玉、王尚贤、高黑德、王守珍等六名群众，用绳子捆起来，押到村东树上，一个个剖腹、劈头！其中王连生、王文生在路上尽力挣扎，企图挣断绳子逃跑，被日军用枪托活活蹾死在村东庙前。范耳庄也被日军杀死十二名群众。

以上这几股敌人，在作恶多端之后，陆续逃到了邯郸。据翻译官于乐天（天津人）后来对被迫为日军干活的群众说，驻在邯郸的敌指挥官闻讯后，大为恼火，发誓非把成安拿下来不可。于是派遣大批炮兵和步兵部队，于二十三日傍晚向成安猛扑。

我守成安的部队，除姚子寿营是一个训练有素的正规部队外，其余参战人员，多是临时组织起来的，有的缺乏训练，有的武器弹药很少，尽管抗敌斗志旺盛，但不能持久。更为重要的是，守城部队缺乏统一的指挥，纪律不严，打了胜仗以后，没有及时分析形势，研究可能出现的问题，因而没有做好下一步的应战准备。那些群众组织得了战利品以后，各自回家去了。县长李熙章不是军人出身，指挥作战外行，营长姚子寿又没有主动和李熙章商量，采取一些紧急措施，如赶快疏散人口，加强防御工事等等，所以在敌人以强大火力猛攻县城时，仓皇失措，处处被动。

敌人攻城的时候，先以强大的炮火向西门及其附近的城墙猛轰，担任守城的姚子寿营只有轻武器，连迫击炮也没有，在敌人强大火力攻击下，毫无反击能力。敌人很快把西城门及其附近的一段城墙打开。由于战事发展过于迅速，我后援部队尚未赶到，敌人已经进城。这时，城东门还用麻袋囤着，两扇城门用铁链子锁着，只能容一个人进出。姚子寿营为了保存实力，免遭无谓的牺牲，从东门撤走了。县长李熙章带着少数人，逃出城外。城内的群众听说敌人从西门进城了，多数弃家外逃，跑到东城门，因秩序太乱，除极少数人挤出城门以外，多数人没挤出去。城门下大街上一片混乱。敌人在西城墙上架上几挺机枪，顺着东西大街向人群扫射，无辜的男女群众，一个个饮弹而亡。大街上留下一堆堆死尸，一摊摊血迹，惨不忍睹。东西大街当中，有几座快要倒的牌坊，在敌人疯狂扫射的时候，它们都成了天然的掩体和避弹所，挡住了不少敌人的枪弹，挽救了许多生命。群众在这几处停留了一下，见到东门逃不出去，西城门附近都是敌人，转向城墙上拥去，打算跳墙逃走。有些壮年跳城墙逃走了，有些摔伤了。年老体弱的、妇女和小孩不敢跳城墙，又下了城墙，到处乱跑。敌人的机枪不断地扫射，又有很多人中弹倒地。张凤林的老婆抱着吃奶的孩子没命地奔跑，一摸孩子的头，发现已被枪弹打开了花，扔下孩子继续逃跑。侵略军对满街乱跑的群众，用机枪扫，用刺刀挑，整个成安城内，到处是惨叫声。无辜的老百姓一个个倒卧在血泊之中。事后得悉，土肥原曾给攻城的部队下命令，打开成安以后，给官兵放假七天，任他们自由行动也就是任意抢掠。这一个命令给成安人民带来了空前的灾难。

二十五日清晨，侵略军成群结队到处搜查，见到成年男子，就地枪杀，或劈头，或开胸剖肚；见到婴儿，先挑逗取乐后狞笑着抓着两条小腿撕成两半，用刺刀挑起半个尸体示威；见到女人，不论老幼，一律肆意调戏侮辱。

南街李香程家的东屋里藏着十四个逃难的群众，日军追赶两个女青年闯到了这里，对两个女青年百般污辱。傍晚，几名日军又到这里寻找女人未遂，一怒之下打死了十三人，九岁的宋玉珍躲藏在柜橱里，始得幸免。

东大街路南，现在张才家的西边有三间大屋，里面挤满了妇女和儿童。日军反锁了大门，在外边用木材围起来，浇上汽油，把一百多人活活烧死。

池凤林的老婆，看到日军逢人便杀、见人就捅的情景，自料难逃虎口，于是含着热泪，吻了吻才一周岁的小女儿，心一横给扔到水缸里。眼看爱女断了气后，跑到南大坑痛骂日本侵略者，然后跳水自尽了。

南街尹相中的母亲，拉着七岁和五岁的两个女儿，想找一个安全的地方躲一躲。不料后边追来了日本兵，她发誓不让母女三人死在敌人的屠刀之下，一下子抱起了两个女儿，跑到庙前的大坑里，饮恨淹死在积水之中。

刚刚十岁的尹德成，跟着母亲和姐姐逃到南街老孙家。刚进屋不久，日军闯了进去，举枪把德成的母亲打死。她姐姐藏在被子底下，听到她娘被打死，又急又怕身子一动被日军发觉，日军隔着被子用刺刀捅，德成的姐姐又惨死在敌人的屠刀之下。

北街大生的儿媳妇抱着一个吃奶的男孩子，计妮子背着一个号啕大哭的小女儿，一齐往东跑。听到东边有杀声，回头往西跑。又听到西边有惨叫，走投无路，摸到西大坑，双双跳到坑里自尽了。

一个十七岁的女青年，被日军扒光衣服，捆上手脚，让她赤条条地躺在三皇庙前边，被一群东洋野兽任意凌辱。

南街磨坊里藏着二十多个逃难的青年妇女，亲人全都被日军杀光了。这些失去亲人的女孩子走到一起相依为命，哪知又碰上敌人闯了进来。敌人从中挑选了四个，带到大街王家，让她们穿上地主家里的红绿衣服，边污辱边取乐。后来她们回来时，精神失常，已被糟踏得不成样子。

跑到天爷庙的二十多对老年夫妇，都拉扯着孙子、孙女。日军进庙以后，把老头们一个个捆起来，老婆婆和小孩们流着眼泪，怒视着敌人。敌人端着刺刀对准这些妇孺，不让靠近，让她们眼睁睁地看着二十多名老汉被拉到庙门外枪杀了。

城内张狗旦等十多名青年，为了躲避日军的残杀，藏到天爷庙的前后大殿中间的房顶斜坡上，饿了两天两夜。以后被敌机发现了，向地面发了信号。这十几名青年被团团围住，从房顶上被驱赶下来。他们知道活不长了，高呼着"打倒日本帝国主义""侵略者必败"等口号，被枪杀在天爷庙门前场地上。

九十岁高龄的李香程老大娘说：

"日军杀我们同胞，用刺刀顺着脖子的两侧往下捅，把人杀死了外面见不到血，真是杀人不见血呀！"幸存的老人黄树林说："我亲眼看见日军从天主教堂搜出七十多名男人，都用绳子捆着，然后押到西大坑边，都用机关枪射杀了！"

七十三岁的老人武振山说："南街常老玉被日本鬼子捆到树上，还用铁丝加固拧紧，用干柴活活烧死。"

七十九岁的王敬贤老人说："俺兄弟王尚贤叫日军捆起来，先在他头上钻了一个眼儿，然后吊在树上烧死了。"

成安十字会是邯郸十字会的分会，设在池家过道西边。凡参加的人员必须交五元钱会费。参加十字会的成员都戴上袖章，双方交战时，他们收容了不少伤兵。因为十字会是国际组织，他们想把日本的伤兵也收容起来，县长李熙章不同意，因而只收容了我方的伤兵。这事让日方知道了。日军进城时，十字会打着会旗欢迎，日军把旗子扔到地下并斥责说，你们不收容皇军的伤兵，不是真正的国际组织，是冒牌货。后来日军闯入十字会驻地，把藏在里面的一百多人统统捆绑起来，押到魁星楼前边的大坑边枪杀了，血水染红了坑水。

李香程老人说："日军进城以后，我逃到了天主教堂，都说到了天主教堂，日军就不杀了。维持会门口有大字标语，写着欢迎大日本。进了天主教堂，屋里、院里到处挤满了人，估计有上千人，其中，上了年纪的人都闭着眼睛念经，有的跟着瞎哼哼。没过多久，闯进几个日本兵，端着枪在人群中间走了一趟，哇啦哇啦讲了一阵，然后把所有的男人都赶了出来，押到城东门附近杀光了。正当那些日军往外押人的时候，妇女和小孩们都趁机跑了出去。我一想，大家都往外跑，目标太大，更不安全，我就一个人躲在天主教堂里没有走。待到第二天一早，心想一个人在里边不妥当，得另找个地方藏起来。到了大街上，到处是死尸，还有些打伤未死的，就在街上惨叫，听到这些声音，我的心好似刀绞一样！回到家里，亲属们还都在，我们就跪在炕上祈祷。正祈祷着，忽然进来一个日兵，他讲了几句话，我们听不懂，他就用手画圈圈，我认为可能是要现洋，正好我的箱子里还有几元现大洋，我就拿出来递给他。不久，又进来两个日兵，我赶紧给他们递烟。其中一个抽烟，一个把子弹上了膛，我们一家吓得魂不附体。正在这个时候，北街老刘抱着一个包袱跑进了我家。他一见日军就往回跑，两个日本兵追他去了，我们一家趁这个机会都跑了。跑到东路嘴，又碰上一大群日军，个个端着上了刺刀的枪。我想，这下子可完了。幸好，一个翻译对一个当官的说：'他们都是好好的老百姓。'我们赶紧向那当官的敬礼，翻译又说了几句好话，让我们走开了。这时，我们都饿了，想回家弄点饭吃。刚到家不久，又进来一个日本兵，见了我们就说'米西！米西！'我赶快给他做饭吃。

"前面那个日本兵刚吃完饭，又进来几个日本兵，一进屋甩手比比画画，让我们去做针线活。我带着全家跟他们到了指定地点，他们拿出抢来的一包皮袄，让我们改成坎肩。做完了，他们表示满意，把我们放了回来。一路上我们都是在死尸堆里穿插过来的，男的、女的、老的、少的，枪杀的、开膛破肚的。那种惨状，实在难以形容。其中很多人是我们的亲戚、邻居。一路上心如刀绞，怎么也不能平静，日军杀人不眨眼，真是罪恶滔天！"

有几个老人在座谈会上共同回忆说，日军杀人最多的地方是魁星楼、后大坑、西南街、东西大街、东路嘴、天爷庙等几处，每处都杀了几百人。最令人发指的是，日军在放假七天当中，把我们同胞的死尸集中了一大批，把男人的上身脱光，把女人的下身扒光，分别摆成跪着、仰着、立着等姿势，靠在街道的墙上。野兽们把中国人的死尸当靶子，供他们练习射击。敌人的残暴和凶恶，由此可见一斑。

## 我军反攻失利　敌第二次大屠杀

姚子寿营撤出成安以后，驻在城南金山村，刘汝明的其他部队，也都在成安、魏县一带集结。从城内逃出来的群众，找到我军，哭诉日军在城内大屠杀的种种暴行，要求部队为群众报仇。第六十八军的广大官兵听到这些消息，无不义愤填膺，坚决要求拿下成安，给日军以应有的惩罚。刘汝明派了一个旅，配合成安民众武装千余人并配备了炮兵，准备以炮火掩护攻城。由于我军大炮少，炮弹也不多，如和守城敌军进行炮战，我军必定要吃亏。经研究，决定从城东北角挖地道向城内进攻。在部署上，抽调工兵担任挖地道，另外挑选一个强有力的建制营作为敢死队，待地道挖成后潜入城里，猛攻敌人。工兵在十一月五日黄昏时开始挖地道，六日拂晓以前挖通。敢死队员们个个手持大刀，身穿短裤背心，裤带别着手榴弹。敌人正在平民家里睡大觉，我军摸进去，手起刀落，把敌人杀得血肉横飞。天亮以后，敌我双方逐房逐屋地展开白刃战。我们的敢死队是为成安人民报仇，必欲杀尽敌人而后快，他们越杀越勇，敌人不支，往城外溃退。他们退到城西北杜汤堡、张庄一带待援。在邯郸的敌司令部，得到我军反攻的报告，急从邯郸、永年、肥乡三处向成安调集援军。这些部队到达成安城郊后，与我在城外的那一旅部队（缺一个营）展开了遭遇战。敌人的炮兵比我军多，我军伤亡较大，在城外窑上担任指挥的团长也在战斗中负伤。退到杜汤堡附近的敌人，看到大批援军到来，又向城里杀来。城内城外，到处都在激战。城外，我军战斗到下午三时左右，因敌人炮火太猛，我军的炮火抵抗不住，伤亡越来越大，他们且战且退，急欲甩开敌人。在城内的我军孤立无援，苦战到下午五时，敢死队营长仅率四五十名队员退出城外，城内还有四十多名敢死队员未及撤走，被敌人封锁在城东北角一间屋里。敌人喊话，命令他们投降。我军痛骂日军侵略中国罪恶滔天，庄严宣誓，绝不投降。我军粮尽弹绝，日军除用枪弹攻击之外，还用柴火把房子点燃，敢死队队员计有四十二名遇难。成安的民众武装撤到路固村自行解散了。

日军第二次占领成安城以后，又进行了大屠杀，凡是男人，不论老小，抓到一律杀光。天主教堂里住着三十七名壮年人，都是给日军担水、喂牲口的苦力，臂上还带着日军发给的"苦力"袖章。日军把他们抓出来，带到尹庄集体屠杀了，其中刘德成受伤未死，得以幸存。

刘伯良说："日寇在成安杀人的方式主要有以下几种：一、集中枪杀；二、绑在树上或柱子上，先拳打脚踢，再用瓶子、木棒敲打致死；三、把捆着的活人丢在路上，让拉给养弹药的车辆轧死；四、纵火焚烧。"

崔金岭说："光我们宫县在成安做生意的就有一百一十八人被杀死，现在能回忆起来的计有：宝丰杂货铺十二人全被杀光，天盛恒被杀十一人，天盛永九人，永聚酱菜铺七人，恒生和杂货铺十三人，聚义升杂货铺九人，复兴楼布庄七人。"

刘秀花老大娘说："刘汝明的部队反攻成安时，我在城内衙东街住，家里三个男人都被日军杀了，只剩下老婆婆和小孩们。记得刘汝明的部队在城里打了一夜，天刚明，一个战士突然跑到我家，他告诉我们不要惊慌。正在这时，来了一个日本兵，端着枪到处搜查。那个战士藏在门后面，日本兵在屋里没有搜到人就往外走，战士顺手捡起一个小坛子朝着敌人后脑勺砸下去，一下子砸死了日本兵。战士不慌不忙，脱下日军的衣服穿上，拿着他的枪走出了东城门。"

参加座谈会的老人们都说："日军在城里杀人，遍地都是死尸，城里的狗吃人肉吃肥了，狗毛都掉了，个个肥狗都是光秃秃的。狗吃人肉吃红了眼，发了疯，见了人就咬，那种惨状，目不忍睹，现在想起来还浑身打战呢！"

据不完全统计，日军在成安城和附近的村庄两次大屠杀，除去军队的死亡人数不列入以外，光平民百姓被杀害的就达五千二百多人。这是日本侵略军在冀南所犯下的一次严重罪行。这笔血债，冀南人民，特别是成安人民，永远不会忘记。

# 第 五 章

## 津浦路北段抗战

# 静海御敌

王维贤[※]

　　七七事变前夕，我是第三十七师第二十五旅第六五七团的团长，驻在北平郊区西苑。那时日本帝国主义的侵略势力已经深入河北，在北平附近的通州、丰台等地都驻有军队，这些日本军队以兵营为据点，四出挑衅。对于日军的这种行为，第二十九军士兵以及中下级军官无不义愤填膺，很愿与之一拼。因此第二十九军时与日本侵略军发生冲突。一九三七年五月，丰台日本兵营的日军突然包围了驻防丰台的第二十九军的一个连。为了解救被包围的这连人，我军不待上级命令，便自动赴援，反包围了日本侵略军。随后，双方继续增兵互相包围，形成了层层包围之势，就当时当地的情况讲，敌弱我强，很容易一下子把敌兵消灭。但是谨遵"亲友睦邻""忍辱负重"命令的宋哲元，深怕事态闹大，不可收拾，唯期和平解决。

　　七七事变发生，第三十七师第二一九团吉星文部奋起抗战，并在大

---

[※]　作者当时系第一集团军第七十七军第三十七师第二十五旅第六五七团团长。

小井村袭击日军，给予日军很大杀伤。我们听到这个消息后极为振奋，自动做好战斗准备，候命出击，但是接到的命令却是原地警戒。等到日军袭击南苑，副军长佟麟阁、第一三二师师长赵登禹殉国后，我们料想这回一定非打不行了，谁知命令下来，却是向保定撤退。这时平汉线已为日军控制，日本飞机也很猖狂，我们只好沿着山道，夜行昼伏，经门头沟偷偷地撤到保定。

到保定没有几天，第三十七师、第一三二师奉命开赴津浦线的唐官屯、马厂一带阻击日军。我们到时，原驻天津的第三十八师已先期到达那里，于是重新作了部署。当时第二十九军的作战部署是：第三十八师在铁路以东，第三十七师在铁路以西，沿减河之线构成主阵地。我的第六五七团作为前进团，开赴唐官屯以北四十里之静海县。静海县以北二十里之良王庄已被日军占领，我团便在静海县城北五里的东西卞庄之线构筑工事。构筑工事期间，日军常常派出装甲火车炮击扰乱。为了解除这个威胁，我派步兵两连由一位营附率领，乘夜将良王庄以南的铁路彻底破坏。半月后，良王庄之敌便出动了两千多人猛攻我团阵地。我团官兵因为抗敌意愿久不得伸，战斗极为坚决。当时那一带地方连降大雨，平地水深尺余，来犯之敌不易展开，战斗集中在铁道附近。敌人以轻重大炮配合飞机，集中火力猛烈轰击我团阵地，工事尽毁。我军没有炮兵支援，只拿轻重机枪和步枪应战，激战五昼夜，争夺阵地四进四出。这一战给予来犯之敌很大杀伤。我团伤亡也不小，全团两千四百多人，只剩下七百多人，两位营长受伤，连排长伤亡过半。

当战斗危急时，我曾连电上级请求增援。但这时第二十九军奉命扩编为第一集团军，原辖各师扩编为军（冯治安的第三十七师和赵登禹的第一三二师合编为第七十七军，第三十八师扩编为第五十九军，第一四三师扩编为第六十八军，石友三部扩编为一八一师），各级长官忙于分兵，顾不上抗战。所以请援电话不断上报，找遍了旅部、师部、军部，都没有找到长官，得不到负责答复，我无可奈何才把电话直接要到总部

（这时宋哲元到泰山养病，总司令一职由新任第七十七军军长冯治安代理，第七十七军军长由新任第三十七师师长刘自珍代理），但是只找到了参谋处长李剑飞。我把前方情况向他报告后，他说马上报告冯代总司令下令增援。当夜接到第二十五旅旅长张凌云自唐官屯来的电话，他说他要亲率第六七三团即刻增援，并说先调一营归我指挥，尽力巩固阵地，第六七三团胡团长率其他两营扰敌后路。张凌云虽然进驻静海县以南二十五里的陈官屯，但我们直至次日十二点以后，还看不见胡团长的动静。归我指挥的那个营赶到时，天色已晚，敌人已将阵地突破，虽然增援上去，也未能挽回败局，只好乘夜撤退到陈官屯。这时冯治安的命令下来了："谁失静海，砍谁的头，见危不救，事后砍头。"我当时真是难过极了，即向张旅长哭诉其事，张亦不敢负责。后经张旅长与代军长刘自珍商议，由刘自珍代为请求，结果砍头不砍头之事没有再提，只是命令第三十八师、第一三二师各抽一团协同第二十五旅，由张凌云指挥收复静海。

当夜十二点部队已经调动就绪，将要出动的时候，总部忽然又下了"停止行动"的命令。原来敌人已从渤海湾的歧口登陆，且已前进至主阵地唐官屯、马厂以东的盆窑。唐官屯、马厂屯兵数万，且下级官兵杀敌报国之心甚切，本来可以一战，但是上级长官为了保存实力，巩固地位，置国土百姓于不顾，坚决抱定了自己主力不与敌人照面的主张。所以盆窑发现敌人后，不仅停止了收复静海的行动，而唐官屯、马厂之线也未经激战即全部后撤。撤到沧州后，敌人跟踪而来，又未经激战便撤到德州。说来惭愧，这就是抗战初期，第二十九军在津浦线上对日作战的实际情况，基本上只是敌人追、我们跑而已。

# 津浦路北段抗敌记

邓旺熙※

　　第二十九军第三十八师和天津保安队奉命撤出天津地区后，到天津以南静海县和青县地区整补。日军占领天津和塘沽地区后，忙于组织汉奸集团和布置军队，有月余没有大规模向市郊以外扩张。故天津南郊以外，中日双方部队除有小范围接触外，没有大的战斗。

　　退出北平的第二十九军、第三十七师、第一三二师，军部的特种兵部队，石友三的保安部队两个旅，高树勋的两个旅，郑大章的骑兵第九师在永定河布防，阻止日军南侵军部驻保定。其所属部队在永定河以南、保定以北地区整补后将防地移交孙连仲部的第二十六路军。第三十七师和第一三二师转移到津浦线北段静海县、大城县、青县、河间县地区布防。第三十七师第一一一旅由运河西岸流河镇闸口西至子牙河西岸南赵扶布防，旅部驻青县王店子；第三十七师第二十五旅进驻静海县，接替天津保安队防地；第一三二师沿子牙河西岸，北由王口镇、子牙镇、姚马渡布防，在河岸上构筑野战工事，战线全长约五十里，师部驻

---

　　※　作者当时系第一集团军第七十七军第三十七师第一一一旅参谋。

大城县城。

一九三七年八月，原第三十七师与第一三二师编为第七十七军，军长冯治安，下辖第三十七师，师长刘自珍兼第一一一旅旅长（刘自珍升副军长后，由原第二十五旅旅长张凌云升任第三十七师师长，吴振声任第一一一旅旅长，王希贤任第二十五旅旅长）；第一三二师师长王长海；第一七九师师长何基沣。原第三十八师率天津保安队移驻减河以南沧州以东地区整补，这时奉命改为第五十九军，因张自忠留平未归，军长一职由副军长李文田暂代。下辖第三十八师，师长黄维纲；第一八〇师，师长刘振三；骑兵第九师，师长郑大章。第五十九军西端占据唐官屯，与我第一一一旅的流河镇阵地衔接，东沿减河至歧口海岸一线防守。我第七十七军与第五十九军扼守了运河、津浦线北段的全部。

日军在津塘地区站住脚后，派一个联队进犯静海县城。静海地区各村镇的民众马上给我军送信，报告日军的人数、去向及武器装备等情况。驻王口镇的第一三二师遂派出一个加强营，向东对敌后方强袭。敌人颇有伤亡，狼狈窜回天津南郊一带。当时正是青纱帐季节，易于我方隐蔽活动。第三十七师第二十五旅与第一三二师研究决定，以阵地战配合游击战，与敌人周旋。在此作战方针指导下，我与敌战斗多次，皆取得了胜利。

对于企图沿津浦线南犯的日军来说，正面有我第三十七师和第三十八师部队，右方沿子牙河西岸有我第一三二师据守的王口镇、子牙镇和姚马渡三个据点，战线长五十余里，右翼随时会受到袭击。因此，必须突破并占领子牙河我军阵地，迫我退向文安县境，才能解除对南下的威胁。

日军在空军配合下以炽烈火力猛攻我第二十五旅，经数日战斗占领了静海县城。第二十五旅退到静海县城以南地区，利用青纱帐的掩护，展开游击战，阻击敌人。当时部队过于疲劳，奉命由子牙镇、姚马渡、南赵扶过河向河间县地区进驻整补。

日军旋又集中陆空优势兵力进攻子牙河东岸的瓦头镇，我第一三二师官兵以大刀与敌展开白刃战。两天后通王口镇的桥被敌机严重破坏，我军遂在夜间撤回王口镇。敌机继而轰炸王口镇至子牙镇的河堤。由于考虑到河堤被炸开后，王口镇有形成孤岛的危险，部队乃于夜间缩短战线，放弃王口镇，撤到子牙镇防守。此时敌机轰炸河堤不停，终于把王口镇到子牙镇的一段河堤炸开，满槽河水灌入文安县和大城县地区，河堤两岸皆是水，没有防守必要，部队又撤出子牙镇。这时，第一三二师据守的河堤只剩姚马渡到南赵扶的一段，长约二十五里。第一三二师据此协同第三十七师第一一一旅对敌防守。

第三十七师第一一一旅奉命强占流河镇闸口，拂晓开始至上午十时，两次进攻皆未成功。我旅部前进指挥所看到闸口北岸的一所平房顶上插有日旗，上有轻重机枪四五挺控制着闸口。我对迫击炮连连长说："叫士兵快找砖头堆两个大堆，露出水面（水过膝深），速向屋顶太阳旗射击。"又命两个机枪连（那时只有团编制有一个重机枪连）各找地形，以炽烈火力掩护步兵攻占闸口及流河镇。敌房上火力很快被摧毁，步兵立即发起猛攻，不到一小时，就把敌军击退，占领了闸口和流河镇。我方伤亡七八十人，敌人伤亡约倍于我方。我方张子钧团邓营长（名字忘记）阵亡。

在这一个多月的战斗中，有二十几天连下大雨，平地水没膝，战壕中的水满满的，官兵们浑身泥水，坚持战斗。日军利用气筏子掩护步兵向我军侵袭，因地上全是高粱，便于隐蔽，敌人找不准目标，又怕气筏子被子弹击穿，不敢太接近我方，故敌之侵袭皆被击退。

我方利用子牙河用船将沿途的伤病官兵及受伤的老百姓尽数收容，送往后方医院。当地群众无不称赞我们是抗日、爱民的队伍。

第七十七军的第三十七师和第一三二师在静海、大城地区与日军苦战了一个多月，部队已很疲劳，上级即命在河间构筑第二线防守工事的吴克仁第六十七军来换防。吴克仁部接防后，因阵地大部分在水内，防守困难，只守了一昼夜即于第二天上午撤回河间地区，扼守原构筑的第二线工事。至此，我军在静海、大城地区的全部阵地皆被敌占领。

# 激战沧州

张雨辰<sup>※</sup>

一九三六年西安事变解决后，原东北军的第一〇五师移驻河南南阳，于学忠将军的第五十一军等移驻苏北。第一〇五师到达南阳后，不多日子，刘多荃师长升任第四十九军军长，辖原第一〇五师（师长高鹏云，系原第一〇五师第三旅旅长升任，师部驻方城县）、第一〇九师（师长赵毅，师部驻南阳县城）。第四十九军军部仍驻南阳县城。原第一〇五师第一旅改编为第四十九军第一〇九师第三二五旅，旅长为董彦平；原第一〇五师第一旅第一团改为第六四九团，与原第三团（林大木团）随旅部驻唐河县城，从事训练。

原东北军自九一八事变后，由于守土有责的感召，全体官兵随时都在准备参加抗日战争，尤其是在西安事变解决以后的岁月里，这种思想普遍地存在于全部东北军中。七七事变，日本侵略者进占平津后，步步向内地侵犯。我第四十九军是在日军由津浦铁路南犯，于一九三七年八

※　作者当时系第一集团军第四十九军第一〇九师第三二五旅第六四九团团长。

月在陇海铁路兰封（今兰考县城）车站作战时奉命补充成立的。由于全团集结在兰封的便利，我第六四九团曾在兰封车站开了一个大会，由我与中校团附李铁醒对全团官兵作了一次动员讲话。我以"消灭侵略敌人，收复国家领土，是我们东北军唯一的责任"为题。我讲完了，李铁醒讲，我们二人一共讲了两三个钟头。我军在兰封补充完了之后，即开到津浦铁路沧州以南地区。指挥津浦铁路北段抗日战争的是冯玉祥。第四十九军是接沧州城以西的防御阵地，第六四九团奉命接了沧州城西下花园前阵地，我团右边接第六五〇团。据交接阵地的部队介绍敌情时说："敌人的炮火威力很大，应多注意。"当晚接收阵地后，并无重要敌情，我们赶紧加强工事，摸清阵地前的地形，把射击目标标志出来。九月二十二日拂晓前，已做好构成火网的准备工作。我们阵地用重火器配备，可以说是火力最强、威力最大的防区。说到这一点，也要把第四十九军的武器装备说一说。原第一〇五师步兵九个团，每团直属迫击炮连、平射炮连各一个（每连炮六门），每一个营有步兵连三个（每连配有捷克轻机枪十二挺），机枪连一个（配有哈齐开斯附有高射装置的重机枪六挺）。营、连官长均配有自来德手枪（营长、营附、连长、中尉排长佩长筒连发，少尉排长佩长筒不连发，特务长佩短筒的）。由于用自动火器构成火网，第四十九军的装备，可以与当时日军的装备相比。

天明时敌人的系留气球升起来了。由于风向的关系，那个气球差不多就飘在我们的阵地上空。开始我们阵地有的人对这种情况不大注意，以致遭受了敌炮火的损伤，等知道了这种情况以后，我们就用少数人监视敌人动向，其余人都隐蔽在阵地内，任敌人炮火怎样猛烈，我们没有再受到什么损伤，也没有暴露我们的行动。到近午的时候，敌人用更大的兵力以猛烈的炮火与空军协助进攻，均因遭到相当损失而后退。

第三天，自拂晓至午，敌人发动数次攻击，均被我们击退。中午，敌人集中兵力，向我团阵地猛攻，敌人在我们的火网内遭受了极大损伤。敌人几次增援，午后更以激烈密集炮火猛轰我阵地，作为掩护进攻。在敌人攻至我阵地前时,我们也增援部队,随即发生了激烈的白刃战。敌人冲进了我们阵地,我官兵与敌奋力肉搏,终于将敌人消灭,保住了全部阵地。负伤退下来的第八连官兵对我说:"敌人凶恶极啦,攻进我们的阵地,八连连长穆春茂用连发手枪打死了几个敌人。当他的子弹打完时,一个敌人就给了穆连长一刺刀,穆连长夺过了那个敌人的枪,反把那个敌人刺死了。接连又有几个敌人刺他,虽然受伤,但他那个既高且壮的身体,以压倒一切的战斗精神,突发神威刺死了几个敌人,然后壮烈牺牲了。穆连长,真勇猛,好连长!"这一番话也就说明了当时战斗的激烈程度。经过了这一次白刃血战,敌人被打垮。日落前战事沉寂下来。晚八点多钟,我回到团指挥所。由于我团阵地左翼有一段水面,我又告诉警戒人员严密注意那里。

第四天白天,虽然尚有敌人进犯,也时有敌人炮火对阵地轰击,我们的炮兵也进行了回击,但这天没有激烈战斗。晚十点来钟,我军应鸿纶旅来接替我团的阵地。我团将阵地交出后退在团指挥所附近,次日退至后方休整。

沧州战役中我团第一营营长王肖孔、第一连连长吴荫华、第六连连长宋连基、第八连连长穆春茂等阵亡;第二营营长张莹洁等负伤。伤亡官长三十来员,占全团官长的三分之一;伤亡士兵三百余人。沧州战役也使敌人遭到了一次沉重的打击。

# 忆德州之战

刘海蓬[※]

　　一九三七年十月二日，第七十七军手枪营第二连由河间调到泊镇，担任了冯玉祥长官部的警卫任务。第二天，我奉命带两个手枪班（当时我任排长）随司令部李副官到德州打前站，安置司令部驻地及给养供给等事宜。途中火车因遭敌机袭击，中午十二时才到德州。守卫德州的岗哨是韩复榘所属的宪兵。他们拦住我们说："上级有令不准进城。"虽经再三交涉仍不同意。我们强调说："冯长官（玉祥）、冯军长（治安）要来德州，不准我们进，完不成任务如何交代？"他们说："上级命令不叫进。"我们要他们给德州政府打电话请示，回答仍同前一样，而且还说："这里是山东，你们是河北的队伍，到河北的地盘去！"岂有此理！我们火了，架起轻机枪，拔出手枪，准备给他们点颜色看看。李副官说："咱们打前站的任务要紧，咱们快回去报告吧。"回到东光县时，司令部也到了，这时日军紧紧逼来，枪声渐近，军司令部下令说："现在只有把手枪营拿上去。"我们才知道附近已没有步兵战斗部队了。这

　※　作者当时系第一集团军第七十七军手枪营第二连排长。

时夜幕降临，枪炮声也随之停止。手枪营和学兵队按上级命令，在德州以北铁路及运河以西白菜洼一带，担任了阻击敌人南进、掩护司令部转移的任务。当夜我们筑了简单工事。翌日晨，大雾弥漫，八点钟后才慢慢消散。这时在运河以西出现了日军大队人马，有四五百人，整队而来。当敌人进入我有效射程时，我们的轻机枪、手枪一齐开火。敌人死伤很多，哇哇叫着退逃了。不多时，敌机来侦察，并配合炮兵向我阵地猛烈轰击，树梢都给炸掉了，遍地弹坑。我们变换阵地，隐蔽于运河内堤中，人员无一伤亡。十一点多钟，敌人以疏散队形向我西线攻来。这时我军只留下手枪第二连作掩护，其他连队都已撤走，敌人扑了个空。又一股敌人百余名，向我阵地攻来，我军原以树林和坟地为阵地，因目标明显，为避敌火，遂进行伪装，主动转移，以河堤为阵地用侧射方法和敌人展开了激战。我在掩护任务完成后，规定撤退时间已过，遂利用河堤有利地形边战边退。撤退中发现敌人的两个橡皮艇绕到我后方截断我们的去路，我们以两个班向敌艇进攻，反截断了敌人的去路。敌人未能实现登岸的目的，两艇上的敌人（十余人）死伤过半。我们顺利地脱离战场，第二天到达临清，和大部队会合。

德州之战我手枪第二连取得了很大胜利，只四人负伤，却杀伤了数倍于我的敌人，完成了迟滞敌人和掩护大部队撤退的任务，为我大部队争取了时间，使大部队能够在聊城及晋西冀南边境从容布防，有效地阻止了日军南犯。

# 德州阻击战片段

杨云青<sup>※</sup>

　　一九三七年七月七日，卢沟桥的炮声揭开了中日战争的序幕。那时我是第十二军第八十一师炮兵营第三连第二班班长。当月下旬，我师从济南辛庄出发，沿胶济铁路向鲁东开拔，到潍县下火车。连长古大长布置任务说："这次我们师的目的地是招远县，防御敌人从龙口、烟台方面登陆。"我们炮兵营跟随师部沿烟潍公路前进，到达招远后，立即经始放线构筑三丈宽、一丈五尺深外壕等防御工事。人人义愤，个个磨刀（我们的装备每人一把大刀），同仇敌忾，上下一心，在全心全意地构筑防御工事。九月二十三日下午收工时，来了紧急命令："敌人从津浦路南下，已到沧州。第八十一师立即出发，赶往津浦线堵击敌人，支援友军。"当晚即集结，以强行军的速度疾进，在胶济路潍县车站上车。九月二十六日到达德州。

　　那时敌人已占据了沧州，钢甲车已越过泊镇，停驻桑园车站（津浦

　　※　作者当时系第十二军第八十一师第二四三旅第四八五团炮兵营第三连第二班班长。

路上山东境内最北部的一个车站）。第八十一师师长展书堂和第二四三旅旅长运其昌碰头后，立即决定挑选和组织奋勇队，夜袭桑园。以赵廷璧的第四八六团为主，筛选精壮，以劈刺精、力气大、善攀登逾障者，从各连选出组成。我连以我为班长，季文学为副班长共十六人，加入奋勇队序列。佩刀挂阵，勇猛忘我，饱餐酢酒，矢志杀敌，由赵团长率领直趋桑园。人虽五百，心结一条，以必胜的精神，三十余里路程一鼓作气赶到。登钢甲车的，截击敌人搜捕敌人的，各依命令，分流合击，冲向车站敌军停驻的钢甲车。刀光闪闪，杀声震地，日军有的在梦中见阎王，有的如漏网之鱼，披靡溃乱。而我们的军心益壮，锐气益彰，在茫茫夜色中，杀得敌人狼奔豕突，鬼叫狼嚎不复成军。将及黎明，我们夺得钢甲车一列，向南开去。我奋勇队完成任务后，陆续撤出桑园车站，归还建制。不幸的是，拂晓时赵团团部吹集合号加了第四八六团号牌子，日军听得号音，知是一个团的兵力，便由各处窜出，向我们反冲锋。此时我们又因气竭力衰，受了一些不应该有的损失。这是令人遗憾的，也是一个惨痛教训。

沧州的战事失利后，亟求速战速决的日军挟其装备优越、素质精良的陆军，正欲顺津浦线向南京疾进，而其钢甲车到达桑园后即停止前进。其目的何在？后来侦知，日军在桑园停进乃窥探山东军队的动态，经我夺袭，迟滞了数天后，始以钢甲车、飞机、坦克为前导，大举进犯德州。这时德州城内仅有第二四三旅旅部、第四八五团和我们炮兵营据城力守。我第三连的阵地是靠近铁路线的西北角小西门。日军先以三架编组，增到十八架编组的飞机反复轰炸，铁路上的钢甲车疯狂炮击，最后又开出坦克来撞击小西门。这时在小西门城上的第三连连长古大长（河南遂平玉山镇北门里人），出于爱国激情和对侵略者的仇恨，把迫击炮弹安上顶火帽，从城上连续掷向敌人的坦克。隆隆巨响，坦克瘫痪了，但是与我共事五年的好连长，也被钢甲车上的机枪射中前胸倒下城来，临断气还在喊："弟兄们，要消灭鬼子！"

德州是鲁北重镇，津浦路的重点车站，在战略上和沧州同样重要。但在沧州战争时，据闻冯玉祥、鹿钟麟曾到前线；而在德州战争时，前线上除运其昌旅长外，未见一个将领莅临。嗣后，始知日军大部已越过德州南下后，在禹城同第二十师孙桐萱部接了火，但德州已落在敌后，失掉了防守价值。十月五日晚，我军奉命开放南门，撤出德州，向陵县转进。我连由排长晏连升指挥组织，炮车也不要了，夜半匆匆撤离德州。那年雨大成灾，一路涉水到陵县，收容休整。但是给养困难，每天煮梨子当饭吃。基于这个原因，驻陵县三天，便全师开过黄河，再回到济南辛庄营房整补训练。这时日军已过陡骇河，我军已炸断黄河桥。不久，日军便占据了泺口黄河北岸的鹊山。

# 七七京华津浦见闻

韩立才[※]

## 抗战前夕的北平

日本侵略军占领东北以后，逐步向华北蚕食鲸吞，政治事件、军事冲突不断发生。一九三五年，殷汝耕在通县成立了伪"冀东防共自治政府"，日军在通县驻有重兵，就在肘腋之下，给驻守在平津地区的第二十九军以较大的威胁。当时，居住在北平的达官贵人、富商大贾，一个个地陆续南迁；有些工厂、商店被迫停业或减员，失业者越来越多。大街上，胡同口，电杆上，到处贴了一些"吉房招租"的红条子。日本浪人和朝鲜浪人趁机强行租房。搬进去以后，不是卖大烟就是招众聚赌，不但不付房租，昼夜还不许关门，房东们都叫苦不迭。

在北平的日本驻屯军，经常制造事端。为进一步侵华制造借口，他们派出便衣特务，在光天化日之下，到北平市公安局门口大便，到北平

---

※ 作者当时系冀察绥靖公署军务处科员，后在第一集团军总司令部工作。

警备司令部门口打鸟。两机关的警卫人员和过路群众，人人怒目而视，义愤填膺。但是南京政府一再强调要睦邻友好，忍辱退让，大家只好忍气吞声，敢怒而不敢言。

从一九三六年夏季开始，日军就在北平城郊搞军事演习。他们的步、骑、炮、工、通以及坦克、装甲兵等各兵种，从通县出发，要经过北平市向演习地点开进。日军穿城而过，耀武扬威，不可一世，市民对此无不愤慨至极。一个主权国家竟容忍日本侵略军的铁蹄对这个文化古城的践踏，这是中华民族的奇耻大辱！

一九三七年五月以后，北平附近的日军频繁调动。迹象越来越明显地表明，日军要搞军事行动，社会舆论也呼吁北方当局要做好应变准备。当时我在冀察绥靖公署军务处当中尉科员，冀察绥署是冀察两省和平津两市的最高军事机关，干部来自第二十九军和东北军两部分。当时大家一上班就议论抗日问题，许多人认识到日本早有亡我之心，对日本人侵略罪行愤慨万分，并表示绝不当亡国奴！

我是河北省盐山县人，距第二十九军军长宋哲元的故乡（山东乐陵县）只有三十多华里。第二十九军军部里有许多我的同乡，有时我到南苑军部去看望他们，每次都遇到他们在议论中日战争的前途。青年军官们绝大部分都是速胜论者，他们说：日本的常备军只有几十万，我国的军队有两百多万，尽管他们的军队素质好，装备好，但作战经验不够。我国的军队在内战中积累了丰富的作战经验，又是在国内打仗，天时、地利、人和，皆对我军有利。日军劳师远侵，补给困难，语言不通，情报不灵，困难重重，用不了一两年时间就会被拖垮。他们还谈道：中国这么大，把日本全部军队都摆到中国来，一个县能有几个日军？日军占领的地方越多，他们背的包袱就越重，迟早会被收拾掉。听到这些议论，我也觉得有道理，认为中日战争迟早要打起来，早打比晚打强。

冀察绥靖公署是一九三六年二月成立的，第二十九军军长宋哲元兼任主任。他平时很少到绥署办公，日常行政工作委托给总参议石敬亭和参谋长傅占魁主持。卢沟桥事变前，宋哲元到绥署召集全体干部讲了两次话，宋讲话的目的是表明态度，安定人心。他说，最近一个时期，日军一再闹事，时局显得紧张，我希望大家沉住气。日本在华北的驻屯军共有多少人，咱们清清楚楚，日军就是那么几千人，今天往这里调动，明天往那里移防，都是虚张声势，制造假象来迷惑我们。我天天派人监视着他们，不管往哪里调动，还都是原来那几千人。宋哲元说，听说大家受不了日军的窝囊气，急于要打，这种心情我理解。关于打不打的问题，要有中央的指示，中央没有明确指示，我们一个军打起来，中央不接济我们，怎么办？如果是那样，我们在前面打，后面断了供应，我们这个军将处于危险境地，大家考虑过这些问题没有？宋哲元还说，打起仗来，我们这个军毫不含糊，日军有飞机、坦克，我们有大刀，在喜峰口等地我们是较量过的，两军杀到一块去，飞机、坦克就不如大刀顶用。今后局势不论怎样变化，我宋哲元绝不当汉奸，绝不卖国！听了宋的讲话，大家有了一个底，但仍有相当多的青年干部有急躁情绪。这些干部的指导思想是宁为玉碎，不为瓦全。日本人这样疯狂，先和他们干一仗，也许他们会老实一些。由此可以看出许多青年军官强烈的抗日爱国热情。

进入六月份以后，日军几次在北平城郊演习，第二十九军就和他们在同一个时间演习。值得一提的是，日军在哪个地方演习，第二十九军就在日军演习地点的两侧演习。我们一些同事把这种演习叫作夹肉烧饼式的演习。就是说，不论日军在哪里演习，第二十九军都要把他们包起来，要演习就演习，要打就打。

绥靖公署位于北平铁狮子胡同一号，是北洋政府海军部的旧址。六月份，绥署各大楼的房顶都涂了保护色，军务处第一科是军械科，积极筹备弹药。绥署及第二十九军的随军家属，都限期迁回了原籍，绥署的干部也都停止了事假，并加强了值班。

## 卢沟桥事变

日军经常在北平附近闹事，北平成为北方最敏感的地区，一旦北平的安全发生问题，绥靖公署是否存在也值得考虑。绥署人员既关心国事，也关心自己的命运。为此，对日军在北平附近的每一次军事行动都要锐意分析。军务处第三科科长韩树栋是我的本家，第四科科长杨靖国是我大哥的挚友，参谋处中校参谋杨学潜是我姑夫的胞弟，我在他们那里听到不少消息。一九三七年七月六日，日军驻丰台的部队要通过宛平县城到长辛店附近演习，这一无理要求遭到我军的拒绝。七日，我军得到情报，日军于当天要进行实弹演习，第二十九军第三十七师当即做了应战准备。七日夜十一时许，宛平县附近有枪声，不久，日本使馆通知我军，说他们一名士兵失踪，要求进入宛平县城搜查，当即遭到我驻军的严词拒绝。接着日军威胁说，如不许搜查，他们要采取军事行动。我方为避免事态扩大，经商定共同派人举行谈判。我方的谈判代表是：河北省行政督察专员兼宛平县县长王冷斋，冀察政务委员会外委会专员林耕宇及冀察绥署交通处副处长周永业。日方代表是：绥署顾问樱井、日军辅佐官寺平和秘书斋藤。他们于八日晨到达宛平县署。谈判期间，日军在宛平城东西两门外发动进攻，我军自卫还击，双方发生了激战。接着第二十九军军部对守军发布命令说："卢沟桥即为尔等之坟墓，应与桥共存亡，不得后退。"官兵接到命令以后，都表示决心，誓死守土，给敢于来犯之敌以迎头痛击。

原来驻守在卢沟桥附近的是第二十九军第三十七师的第二二〇团，团长戴守义。七七事变爆发时，又增加了吉星文团、胡文郁团、张鸿宾团、第五十三军万福麟部一个团和一个野炮营，由戴守义指挥。我军的兵力很雄厚，双方打打停停，停停打打，日军始终没有得逞。在此期间，全国的报纸、杂志纷纷揭露日军的暴行，赞扬第二十九军的抗战行动；全国各界尤其是爱国学生、进步团体都发表谈话或通电声援第二十九军。所有这些行动，都给第二十九军官兵以很大的教育和鼓舞。我们在绥署里天天问战况、议战争，看到全国各界都在声援第二十九军抗日，感到无比激动。我们科里的中校李植阳，少校王德廉，上尉丁仰恒、梁尔昌和中尉纪剑峰都找科长、处长报名，要求调回原部队参加抗日。绥署特务营请来了十几名磨刀剪的工人磨大刀，除去管饭以外，每天给一元钱的补贴。磨刀工人听说磨刀是为了杀日本侵略军，都表示光管饭吃就行，不要补贴。特务营长说服他们说，你们的家属也得吃饭，不要补贴不行。磨刀工人们兴致勃勃地干起来，几天之内便把全营的大刀磨得锋利无比。

一九三七年七月二十七日夜间，日军由通县等处向南苑集中。当晚，宋哲元下令把第二十九军军部移至北平城内。二十八日晨，日军向团河及南苑发起猛烈进攻。敌人以数十架飞机支援他们的坦克、步、骑、炮兵联合作战。通县距南苑只有几十华里，敌机起飞不久即可到达南苑。我军装备差，火力远远不如敌人，再加上没有制空权，战斗一开始，我军就陷于苦战。驻守在南苑一带的有参谋训练班、军事训练团、手枪旅的一部分，还有刚从河间调来的第一三二师的先头部队等。总的人数不算少，但由于缺乏统一指挥，重武器又少，官兵们只凭着爱国赤诚，手持劣式武器与敌人展开激战。副军长佟麟阁、第一三二师师长赵登禹均在战斗中不幸牺牲。一时部队里失去指挥中心，官兵们遭到了重大伤亡。

二十八日清晨，我们正在绥署宿舍大楼里酣睡，忽被猛烈的枪炮声惊醒。很快传来消息，日军进攻南苑，我南苑守军正在进行顽强抵抗。住在集体宿舍里的人绝大多数都是我们青年军官。校官以上的都在市内租有民房，家属走了，房子大半没退，他们仍然住家里。我们这些年轻人分头聚拢，议论着战争打起来之后，我们要做点什么。我们多属于绥署刚成立时才参加进来的，没有原来的单位。议论的结果是，如果批准了一些同事回原部队的申请，我们就把他们的工作担当起来，至少可以部分地担当起来，处里的勤杂工作，我们都可以抢着干，各科的值班，我们可以包下来。我们议论得很热烈。南苑传来的枪声越来越密集。拂晓以后，敌机开始肆虐，炸弹爆炸声此伏彼起，我们预料我军火力差，会有较大伤亡。但是第二十九军是受气的部队，多年来受蒋介石的气，最近几年又受日本军队的气。第二十九军是哀军，哀军必胜。谈论到这里，我们相信南苑的官兵，会给来犯日军以有力的还击。

这天上午，绥署的干部上班特别早，见面后喜笑颜开，都为南苑的抗击日军胜利而欢呼。从早晨开始，全市就响起了鞭炮声，这是北平各界对第二十九军爱国行动的支持。从上午九时开始，北平各公共场所及大街两旁出现了许多宣传队，游行队伍川流不息。学生们的宣传讲演使周围群众深受感动。街上行人，个个喜形于色，精神特别振奋。北平各界迅速组织起抗敌后援会，其中有募捐队、医疗队、救护队、运输队等，可以说整个北平市都行动起来了。

下午，我和几个同事到东四大街，见到一批批第二十九军官兵向市内撤退。每批不过几十人、百多人，精神很疲惫。他们每到一处都受到群众的鼓掌欢迎。队伍刚坐下来，递烟的、送茶水点心的络绎不绝，感动得官兵们热泪盈眶。有的群众请他们报告战况，带队的干部即席汇报战斗经过。他们虽然退下来了，群众却给予安慰和同情。

## 北平沦陷

二十八日夜，我为了躲避空袭，宿在朋友杨芳洲家里。二十九日晨，我提前到绥署上班，一见大门口没有警卫，心里一愣。到了办公室，空无一人。不久通信员朱宝元来到，一见面他就对我说："二十九军退走啦，咱们不上班啦！"听到这个消息，我大吃一惊，决定把这个消息马上告诉杨芳洲。刚走到大门口，正碰上参谋长傅占魁乘汽车来到，他一见几名干部往外走就说："回去，咱们照常上班。"我转回办公室不久，通迅员雷风阁送来了报纸，各报的头版头条是：《时局急转直下，宋哲元到达保定》。副题是：《二十九军已撤离北平，阮玄武旅负责维持秩序》。看见了报纸，证实朱宝元的话是可靠的，我们几个人心情沉重，两三分钟内谁都默不作声。我回到单身宿舍里看了看，有几名勤杂人员带着手拉车正在收拾私人的东西，我见势不好，立即叫了一辆人力车，把我的东西拉到友人家里。当天下午，我又到绥署看了看，整个绥署大院人去楼空。我和刘宗智、王启文、展玉信、苏绍游等住在东四十二条一户院内，我大哥韩立园从南苑退下来，也住在这里。我叔父韩月桥在北平行医，后来也搬来和我们住在一起。

第二十九军已撤退，日军马上要进城，我们这一家七口，除去我叔父有行医执照以外，我们这六个大小伙子算干啥的？首要的问题是更改户口。原来是集体户口的，要改成分户户口，原来是军人身份的，要改成其他行业。我们便到警察局去求情。到警察局一打听，不仅仅是我们，所有滞留在北平的第二十九军的官兵，一律按各自的具体情况被改变了户口。听到这个消息，我们以非常感激的心情，向警察局表示谢意。据我所知，在绥署八个处一千多人中，宋哲元只带走了参谋处长宋梅村、作战科长卢凤策和情报处长孙绥先三人，其余全部留在北平。至于第二十九军滞留在北平来不及撤走的人员，就更多了。更改户口是在第二十九军撤走以后，日军未入城以前这个间隙里进行的，时间短，工作量大，警察局本身也有这样那样的问题亟待解决，就在这种紧迫时刻，把成千上万的第二十九军人员户口改变了，这是个了不起的行动。还有，我在北平困处了一个多月，没有听说哪一家房东告密揭发第二十九军人员的。

事变前，北平的主要街道上熙熙攘攘，人流不断。日军一进城，青年妇女及女学生在大街上几乎绝迹。有事上街的妇女，穿着特别朴素，有的还化装，打扮得又老又丑。日、朝浪人及日本便衣特务，随便坐人力车，这些家伙上车后比比画画，哇里哇啦，人力车夫听不懂，光挨打。日军在市内各区都设有军事据点，他们抓劳力构筑工事。据传说，重要工事完工后，把劳力杀掉灭口。由此我回忆起天津海河的一批批浮尸来。九一八事变后，日军在天津大筑工事，海河里几乎天天有浮尸，那些浮尸都是在工事完工后被日军杀掉的民工。

日军侵占北平以后，在大街上经常行驶着一些军用汽车，车上都是全副武装的日军和军用物资。有一次我们看到汽车上摔下来一个日本兵，心里很高兴，摔死一个少一个。哪知摔下来的"日本兵"很有弹性，掉到地上会弹跳，我们才明白车上拉的都是橡皮人。又一次我看到汽车上摔下来几个弹药箱，箱子摔坏了，里面装的全是石子。从这两件怪事分析，战争开始的时候，日军的兵力确实不多，为了虚张声势，吓唬中国人，他们才这样变戏法。由于日军的军用车在马路上横冲直撞，碰伤人、轧死人的事件不断发生，行人横过马路都视为畏途。

日军进城不久，北平出现了一批新贵，江朝宗当了"治安维持会会长"，绥署经理处副处长郭子新当了晋察冀绥四省统税局局长。据悉经理处的干部跟着郭子新当汉奸是极个别的，该处绝大多数干部都陆续逃到后方，参加了抗战。当郭子新粉墨登场时，滞留在北平的绥署人员，都骂他是第二十九军的败类，是中华民族的罪人。

## 逃出虎口

我们六个年轻人同住在东四十二条，都是学生成分，参加绥靖公署固然是为了谋生，也是为加入第二十九军进行抗日。我和苏绍游、刘宗智三人，穿上军装还不到两年就遇到这种挫折，思想上的苦闷可想而知。困处北平，真是度日如年。为了逃出北平参加抗战，我们多方找向导，向导找不到，就想混出城门去找部队。据熟悉情况的人说，城门门禁严，对学生和对有军人嫌疑的人检查特别仔细，而且北平郊区各重要路口上都设了关卡，侥幸过关是很困难的。正在我们焦急的时候，城里天天传说要检查户口，我们这些假商人，既没有商业知识，又没有哪一个商号承认我们。为了争取店员或学徒的资格，我们多次计议找关系户。商人们胆小怕事，担心招了我们这几个假店员、假学徒惹来是非，都不愿意。在无可奈何的情况下，我们寄希望于平津通车。天津有租界，有海口，有亲友和老乡，只要能逃到天津，就大有回旋的余地。我们抗日的决心是不可动摇的，无论如何不当汉奸。

八月的一天，平津第一次通车，火车进北平车站的时间，正好是上午九时十八分，这是日本人精心安排的。一九三一年，日军在东北搞了一个"九一八"，这一次平津通车，他们又安排在九点十八分进站，其用意是不言自明的。这次平津通车，韩立园、刘宗智、展玉信去了天津（一九三八年韩、刘到延安抗大学习，而后加入了中国共产党）。由于叔父担心我哥俩同时遭到不幸，加上路费不足，我没有走成。九月上旬，我和苏绍游、李胥五、韩树声四人同去天津。我们打扮成商人，各带一条棉被，我戴着巴拿马草帽，身着深蓝色杭纺长衫，化装成典型的绸缎庄"跑外水的"。一登上火车，旅客们面面相觑，没有一个人讲话，奇怪的是连小孩子们都不哭不闹，好像他们都已经懂事，知道自己的长辈处于什么样的境地。火车开动以后，日军开始检查，有两个日本兵持枪站在两个车厢门口，监视着旅客们的行动，另两个着手检查。检查的重点，一是学生，二是军人。学生宣传抗日，第二十九军打过他们，日军对这两种人恨之入骨。检查我的时候，先摘下草帽，看看头顶和面部有无分界线（军人常戴帽子，头顶白，面部黑）。接着摸手心，翻来覆去地摸，摸摸手心上有无老茧，摸了左手摸右手。随后又从我的颈部一直摸到脚后跟，摸了一遍又一遍，身上没发现问题就检查行李，打开我的被子来回摸。最后，一个日本兵说："买卖，买卖。"我随声附和说："买卖、买卖。"我这个假店员，如果头部表皮有分界线或者手掌上有老茧，那就麻烦了。每检查到一位旅客，全车的旅客都为之担心，尽管默默不语，但从表情上都能看出来。我们车厢里被抓走三人，后来放回一人。每抓走一人，大家忧心如焚；放回一人，都为之高兴。旅客们虽素不相识，但在残暴的敌人面前，共同的民族感情，把全车的旅客紧紧连在一起。

到了天津车站，从天桥尽头直到出站口，站立着两排持枪相向的日本兵，枪口上着刺刀，两排刺刀尖中间仅能容一人通过。在这刺刀丛中行进，不能惊慌，不许回顾。走出出站口，我们才发现苏绍游"丢"了。我们剩下的三人雇车住到法租界的人和客栈。我们谁也吃不下饭，分头到路口上寻找苏绍游。我们是上午九时许到达天津的，下午四时，终于找到了苏绍游。据他说，他被抓进一个大仓库里。在二百多难友当中，半数以上是学生，其余是军人。苏绍游说，和他挨在一起的都是北京大学的学生，在日本兵检查别人的时候，他们沟通了情况，学生们同情他，都证明他是商人，所以他被释放了。

抵津的次日，我和韩树声到罐头商店找到我们的同学蔡维光，向他打听第二十九军的情况。蔡找了一些熟人作了调查。据说，第二十九军正在沧州以北作战，日军从海上运来不少援兵，天津郊区又被他们占领。每个路口都设置了盘查哨，老弱妇孺经严格检查后才可以放行，青壮年则一律不许通过。蔡维光说，连日暴雨，由陆路逃离天津，既危险又不好走，不如乘轮船去青岛，经济南再转津浦线。我们采纳了蔡维光的建议，决定坐轮船走。下午韩树声、李胥五到太古公司买票，不久他们回来了，说是轮船公司不卖票，怎么说也不行。我们合计了一下，所带路费不多，不能久停，要抓紧时间寻找部队，于是四个人一起到轮船公司买船票。

九月中旬，我们乘船向青岛进发，统舱里绝大多数是从北平逃出来的学生和军人。轮船在海河里徐徐前进，两岸上和在海河中乘舢板游弋的日本人，纷纷向我们起哄，讽刺中国人乘外轮南逃。站在船舷上的同胞们，有的怒目而视，有的大声反讥，当时日本人还不敢向外轮开枪，对我们无可奈何。

轮船进入了山东海域，船上通知说，青岛有情况，改到烟台登陆。到了烟台在虎头崖靠岸，当地没有码头，旅客由小船接运。当我们见到国旗在岸上高高飘扬时，热泪夺眶而出，我和几位同行者同时在小船上起立、脱帽，向国旗深深地行了一个鞠躬礼。在烟台，我们住在苏绍游的大哥家里。两天以后，我们各背起一个大包袱徒步西行，经过黄县、招远、掖县到达潍县。农村里表面上是平静的，成年人特别是知识分子都非常关心抗战，每到一地他们都问长问短，渴望我们介绍一些平津的情况。由于第二十九军在卢沟桥奋起抗战的事迹为全国人民所钦佩，所以当地群众在知道我们是第二十九军的军官后，都表示慰问和欢迎。在潍县，我们乘火车去济南，火车上的秩序还好，从沦陷区逃出来的人员一律免票乘车，也都不要证明。实行这一办法，使从沦陷区逃出来的人都感到温暖。火车上有许多宣传队，绝大多数宣传员是从平津逃出来的学生，他们很会演讲，讲起来悲愤激昂，感染力很强。

在济南车站上，我们巧遇军务处的战友丁仰恒，从他那里得知敌我对峙的第一线就在沧州以北。当天我们乘军用车到达泊镇。宋哲元的司令部驻在泊镇中学，此时第二十九军已扩编为第一集团军，由宋哲元任总司令。原来属于第二十九军的第三十七师、第三十八师和第一四三师，分别扩编为第七十七军、第五十九军和第六十八军。我们到总部报到以后，韩树声、李胥五分到副官处，我和苏绍游分到军务处。军务处处长孟绍濂是同盟会会员，为人笃厚，能以身作则。我们在他的领导下，开始了新的战斗。

## 从一张地图看日军的侵华准备

一九三七年九月十四日，我到河北泊镇宋哲元的总部报到。从这时起至一九三八年四月宋哲元辞去第一集团军总司令止，我一直在总部里工作。先在军务处，后调参谋处，最后又回到军务处。

在泊镇，我军用高射炮击落了一架敌机，送到参谋处去的战利品有一个降落伞和一张地图。当时我正在参谋处帮忙，负责保管地图和抄写文件。那一张军用地图正是我们家乡——河北省盐山县一带的地形图。我认真审查了那张地图，不但很感兴趣，而且非常惊奇。原因是日本测绘的那张地图，比我国测绘的一万分之一的地图还精细。我们家乡附近的各个村落的位置、河流及道路走向非常准确，连每个村落里有多少水井、多少人员、多少物资也都有记载，这不"神"了吗？我在军官学校是学工兵的，学习过测绘，我们用相当长的时间测绘，有时还测不准确，日本人"没有"在我们家乡测绘，这么精确的地图他们是怎么搞出来的？参谋处的同事们就这一张地图议论了很久。大家说，日本帝国主义是我们不共戴天的敌人，但是，他们这种深入异国调查研究，工作量这么大，组织得如此严密，不能不令人深思。另外，日本人测绘了这么精确的地图，中国的地方当局和保安机关竟一无所知，可见我们严防敌特的工作实在搞得太差了，又怎么能不被动挨打呢？一九三八年八月，我在西安考入成都军官学校，离开部队时我还把那张地图保存着，后来在军校储藏室里弄丢了，感到非常可惜。

## 泊镇见闻

尽管第一线就在沧州以北附近地区，炮声炸弹声在泊镇清晰可闻，但泊镇市面上是平静的。当时大雨连绵，泊镇以北尽成泽国，高粱淹没了半截，收成很少，市面上也显得萧条。由于大批军人到达，购买力增强，一时小商小贩又兴旺起来。我们在工余之暇，有时到野外走走，看到泊镇以东以西都挖了三道战壕，每道战壕都是直线形的。当时我们几个年轻人都不了解构筑阵地的原则，但也看出直线形的战壕有问题，一颗炮弹落到这样的战壕里，杀伤力必然大，敌机沿着战壕扫射时，效果

313

也是如此。可以判断那些战壕是由外行人指导民工构筑的。战壕里每隔三五十米就挖有一个掩蔽部，全部没有掩盖。据了解情况的人说，政府没有给施工费，宋哲元的辖区大部分丢掉了，自己也拿不出钱来，如在当地强征民间材料，又会引起群众不满，所以没有掩盖。

长时间地连下暴雨，给敌我双方的军事行动都造成了困难。敌人有机械化部队，第二十九军只有步枪和大刀，在冀南平原地区作战，用步枪和大刀抵抗机械化武器，那是很不利的。据前线汇报说，由于雨天能见度差，敌人的飞机很少活动。这也是老天爷把敌人的空中优势给削弱了。我军的战斗员昼夜在水深及腹的战壕中泡着，他们的艰难困苦可想而知。但是由于老天爷帮忙，大大限制了敌人机械化部队的行动。从华北战局来说，连下暴雨对我们是很有利的。

前线上吃不到蔬菜，有时连咸菜也供应不上。前线反映说，长此下去固然会影响体力，但比这更重要的却是武器问题。第二十九军不仅炮兵少，就连轻重机枪也少得可怜，一再向南京请发武器，总是雷声大雨点小，和南京嫡系部队的武器供应相比，差得太远了。全军上下对这一点很有意见，但又无可奈何。

## 宋哲元对蒋介石、冯玉祥的态度

第二十九军长期受蒋介石的排斥，引起宋哲元的不满，也引起广大官兵的不满。抗战后宋在一次讲话中说："老蒋是个军阀，我也是个军阀，我何必听他的！"这句话说得很坦率，公开表示了对蒋的不满。据宋的随从副官张书简对我说："宋每晋见蒋一次，对蒋的态度就有些转变。一九三七年十月某日，蒋介石在武汉召见宋哲元，两人正在谈话时，数十架敌机飞临武汉上空狂轰滥炸，蒋的随从人员几次请蒋、宋暂避，蒋不动声色，照常和宋谈下去。蒋的这一招被宋所折服，从那一次起，宋对蒋有较大的转变。"据我所知，蒋在召见干部时，总是用一些手段收揽人心。宋哲元在多次和蒋打交道中，对蒋的为人不能说不了解，但有时也为蒋的一些小动作所迷惑。一九三七年，在他刚升任第一战区副司令长官不久，就违心地自动要求辞去第一集团军总司令的职务，导致蒋顺水推舟把宋拿掉。在宋来说，这一招不能不说是一个失误。

冯玉祥将军是宋哲元的老上司。抗战开始以后，冯任第六战区司令长官，宋任第一集团军总司令。宋所领导的部队属第六战区，冯和宋的关系是领导与被领导的关系，老关系加上新关系，宋对冯理应服从命令听指挥，但事实上并不如此。我在冯给宋的电报中看到，冯在战术技术上指示得很详细，对于如何对付敌人的坦克、装甲车，对于如何用步机枪射击低空飞行的敌机等，都有明确的指示。当时我不懂军事，对这种电报很感兴趣，往往看了又看，有时还请教别人，求得把电报上的指示弄懂。由于冯指示得详细，所以电文很长，有的二三百字，有的四五百字，有时还要多。日子久了，一看到长电报就知道是冯将军打来的。宋在电报上往往批一个"阅"字。按照惯例，文件上一批"阅"字，这个文件就算结了，用不着作任何处理，甚至连"传阅"都没有必要。宋既然批"阅"，参谋长也不能作其他批示，只好把电报归档打入冷宫。从宋批冯的电报中看出，连表面应付都谈不上，更不用说认真听从指挥了。冯玉祥任第六战区司令长官时，指挥的是韩复榘和宋哲元的部队，都是他的老部下，可是韩、宋都不听指挥，冯也没有办法。时间不久，冯就调离了第六战区。

## 决心收复冀南大地

一九三七年十月到十一月间，宋哲元的部队已先后到达大名附近几个县里集中，总部设在大名城里，后来因日军攻占安阳，总部移至濮阳县的花园屯。当时宋的决心很大，留下一部总预备队以外，把第七十七军冯治安部的第一七九师部署在大名,让该师守住这个历史名城,作为前后的联络点。其余部队都向北挺进,准备收复邢台、南宫等地。参加成安之战的是第六十八军第一四三师第二十九旅第三五五团,参加肥乡之战的是第二十九旅的第三五六团,参加广平之战的是第一四三师独立第二十七旅,部队在以上各县都打死很多日本侵略军。正当挺进部队节节胜利的时候,大名忽告失守,后路切断,通信联络及补给供应均遇到很大困难,宋哲元遂令部队沿卫河以东向南撤退,刘汝明的第六十八军则留在鲁西。后来,张自忠的第五十九军调到津浦路去作战。第一集团军被调走了两个军,宋哲元的情绪不能不受到影响。

## 宋哲元辞职

一九三八年春节,我们是在河南新乡附近的孟家营过的。春节后不久的一天晚上,总部译电员傅星辅告诉我:"老头子(指宋哲元)呈请辞职啦!"我说:"真的?"他说:"这种事还能说瞎话吗!电报刚刚发走。"

蒋介石对付地方部队的原则是取消主义,他想尽办法把地方部队的头面人物撤换掉。宋哲元的部队是西北军的主力,曾经是蒋介石的宿敌。宋哲元当时的势力不小,是蒋的一个隐患,蒋时时刻刻想拿掉他,还没有适当的借口,宋却自动申请辞职,于是蒋顺水推舟,"准予所调",这无疑是理所当然的。

一九三五年以后,宋哲元领导冀、察两省和平、津两市,是华北举足轻重的人物,当艰难之际,多事之秋,不管局势多么复杂,他率领所部与强敌周旋。自喜峰口抗日直到他一九四〇年逝世为止,尽管有一些失误,但是他毕竟坚持了抗战,称他为爱国将领,当不为过。宋受蒋介石多年的排斥,但又为他的表面现象所迷惑,以致在战略退却阶段就自动辞职,所部被分散、肢解,终于仰天长啸,抑郁以终。

# 宋哲元及其所部在抗战初期的活动

吴锡祺　王式九※

## 一

一九三七年七七事变发生后，宋哲元并没有采取措施，保卫平津，保卫华北，而是千方百计地企图使局势缓和下来，一直到日军大举进犯南苑，才不得不于七月二十八日晚间悄悄地离开北平，前往保定。

宋离开北平之后，他的心情是十分沉重的。

第一，在他看来，好容易搞成了冀察这个局面，才不过一年半多一点的时间，就发生了这么大的变化，他对自己这个"独立王国"，是有着无限留恋的。所以他到保定的那天（七月二十九日），刚到曹家花园一落脚，就迫不及待地叫秦德纯打长途电话给杨兆庚（杨是冀察政务委员会政务处处长，宋给他的任务是留在北平协助张自忠），询问北平的情况。据杨的答复是，北平市面平静，但仍有大批日军源源开进关内，

※　作者吴锡祺当时系冀察政务委员会咨议；王式九当时系冀察政务委员会秘书长。

情形并不乐观。不难看出，局势已经发展到那样严重的程度，他仍然抱着以张自忠为缓冲，寻求所谓和平解决途径，重返北平的幻想。

第二，局势既无挽回的可能，今后怎么办？当然只有抗战之一途，可是他对抗战又没有信心。他自己心里很清楚，像国防工事的构筑，战略物资的储备，武装力量的部署等等方面，事前都没有应付敌人进攻的准备。加以日军进犯南苑的时候，军队受了不小的损失，还牺牲了佟麟阁、赵登禹两名高级将领；驻察省的刘汝明部被敌人遮断，一时还联络不上；由北平、天津退下来的第三十七师和第三十八师，以及石友三的保安部队，也很混乱，士气也不像事变开始时那样高涨。在这样的情况下，仗怎么能打得好呢？这是他反复思考的又一个问题。

第三，当第二十九军在卢沟桥对日军的进攻实行自卫反击的时候，全国人民以及海外华侨一致赞扬和拥护第二十九军的英勇抗战，可是自从第二十九军放弃平、津之后，舆论就完全不同了。各方面对宋哲元的责难是很多的，有的发表在报纸上，有的直接写信或打电报给宋本人，所有这些责难给了他很大的压力。尤其使他担心的是，他在冀察的时候，同南京方面的关系处得并不好，万一南京方面乘机报复，把事变的发生和丢失平津的责任都加在他的头上，以减轻南京政府的咎责，借以卸罪于国人，这个后果，对他来说当然是十分严重而可怕的。

由于宋在思想上存在着这些问题，所以他到保定之后，比平时说话更少了（他是一个不大爱说话的人），常常陷于深思中。大约是在七月三十日这天，他给蒋介石打了一个电报，大意是：由于自己应付不当，以致爆发了此次事变；又由于事前没有做好应变的准备，以致平津不守，有负重托，表示向中央请罪，给予应得的处分。在这个电报里，他同时请求以第三十七师师长冯治安代理第二十九军军长职务，俾得暂卸仔肩，稍事休息。

宋为什么打这样一个电报呢？完全是一种试探的性质，看看蒋介石对他怎样表示。他很快就接到了蒋的复电，不但对于请求处分问题，避而不谈，而且还有几句安慰的话，并且同意由冯治安暂为代行军长职务，最后还表示希望他早日销假。接着又收到南京方面的电令：着将平汉线的防务移交给孙连仲、万福麟等部接替；着冯治安的第三十七师和王长海的第一三二师残部、孙玉田的卫队旅、石友三的两个保安旅和郑大章的骑兵师，开赴唐官屯、马厂津浦线一带集结，配合由天津退出的第三十八师及天津保安部队担任津浦线方面的防务。宋接到这个电令后，一方面着第三十七师及其他部队向上述地点移动，一方面带着军部人员于八月上旬由保定移驻河间（河间位于保定、沧州之间，南京方面在这里储运了一些粮秣、弹药。后来因为河北大水，往前线运输有困难，没有利用上）。

宋接到蒋介石上述复电后，心情上似乎轻松了一些。可是刚到河间不久，就又接到了蒋介石一个电报，要宋将部队部署妥当后即赴南京一晤。这个电报又引起了宋的惶惑不安，他猜不透蒋介石是什么意思，经过同他的高级幕僚计议之后，决定先派秦德纯赴南京摸摸底，为他去南京见蒋做一些准备工作。宋之所以派秦去做这个工作，是因为秦对南京上层有一些私人拉拢，人又机警圆滑，而且能说会道，一向为宋所信任和倚重，派他去是最适宜的。

秦到南京见了蒋，首先报告了七七事变发生后交涉的经过和撤出平津的经过。他在叙说事情经过的时候，极力设法减轻宋的责任，以期达到为宋开脱的目的。出乎秦的意料之外，蒋介石对宋不但没有说一句指责的话，反而慰勉有加，说宋这两年在华北忍辱负重，应付得不错，使中央获得了准备抗战的时间（实际的情况是：宋在冀察既没有尽到应尽的责任，蒋介石的中央更是从来也没有准备过对日作战）。秦见蒋说得这么好，便乘机代宋表示，今后一定戴罪图功，誓死杀敌，以报知遇之隆。秦接着又谈到第二十九军的情况，说宋在华北期间，为了应付日军，在不增加师的番号的情况下，有的师扩充为四个旅，有的扩充为五个旅，每旅三个团，连同保安部队，不下八十个团，现在为了有利于抗战，在部队的建制上，是否可以加以调整。蒋也很痛快地表示，准将第二十九军扩编为第一集团军，以宋哲元为总司令。第一集团军的编制是：将原来的四个师扩编为三个军：原第三十七师和第一三二师扩编为第七十七军，以冯治安为军长；原第三十八师扩编为第五十九军，军长由宋自兼；原第一四三师扩编为第六十八军，以刘汝明为军长。秦回到河间向宋复命时，这个出乎意料的圆满结果，解除了宋的顾虑。

秦这次见蒋，为什么能够得到如此圆满的结果呢？对此曾引起人们的种种揣测，大家认为，在西安事变的时候，宋曾电请张学良保障蒋的生命安全，蒋被释回到南京之后，宋又派秦前往慰问，这次秦去见蒋，他可能想起了西安事变时宋对他是忠诚的，所以才有了这样一个结果。可是后来从各方面了解到，蒋之所以对宋表示好感，并不表明对宋的信任和倚重，恰恰相反，是由于他对宋抱有怀疑的心理，所以才不惜加官晋爵，以资羁縻。当时蒋对宋的看法是：宋还掌握着十余万人的兵力，必须紧紧地把他拉住，而不能冷淡了他，更不能责备他，以免发生意外。

二

宋哲元驻在河间期间，有一天，接到电话报告，说萧振瀛就要到河间见他。宋得到这个报告后，马上显出了不高兴的样子，什么话也没有说。张维藩（曾任宋的参谋长）对宋说："过去的事就叫它过去吧，现在他既然来了，还是表示欢迎的好。"秦德纯、过之翰等也在旁怂恿着宋迎出去接一接。宋不便过拂大家之意，就一同乘汽车到郊外去接萧。萧同大家见面时还哭了鼻子。原来萧振瀛离开冀察后，曾去国外游历，得到七七事变发生的消息后，就从国外赶回，吹嘘自己回来是共赴国难，实际上是想找机会进行政治活动。他同宋等见面后的第一句话就说："没想到离开大家不久，就出了这么大的乱子，我怎么能够在国外待得下去呢。"萧的话乍一听起来，似乎是很关心的样子，而言外之意，就无疑是说："假如我不离开，还不至于闹成今天这个样子，今后要想有办法，离开我萧振瀛是不行的。"萧振瀛此来的目的，宋和大家都看得很清楚，所以宋对他始终抱着冷淡的态度，同他只聊闲天，不谈正事。当然萧也看得出来，所以住了几天就去南京了。

宋哲元根据南京的电令，部队集中到津浦沿线之后，即在大城、青县以北布防，第七十七军在左，第五十九军在右。他以第七十七军之第一三二师王长海部守大城以北的子牙镇，第三十七师刘自珍部守青县以北的流河镇、唐官屯；第五十九军的两个师接第三十七师之右沿减河南岸构筑阵地，并派出警戒部队于静海县方面，与天津方面的敌人保持接触；石友三部的两个保安旅集结于德州附近；何基沣的第一七九师和郑大章的骑兵师则控制在泊头、河间一带。布置粗定，宋哲元于八月二十一日偕秦德纯等由河间到津浦线之泊头车站换乘火车前往南京。

宋哲元这次到南京见蒋，可以说是十分顺利的。蒋介石不但当面对宋说了些慰勉的话，而且在一次中央军校纪念周上讲话为宋开脱责任，把宋在华北的一切对外措施，都说成是按照"中央"的指示办事，所有一切问题都应该由"中央"负责，也就是说由他蒋介石负责。蒋之所以这样说，一方面是为了显示他的"伟大"，另一方面则是为了把宋笼络住做他的工具。他还对宋说，所有关于部队的作战指挥与饷项供给等问题，已指示各有关部门作出周密妥善的布置，保证前方将士不致感到任何困难。最后问宋还有什么需要解决的问题时，宋说，还有在冀察任内用去的一批款项（这是截用的关、盐、统税及铁路收入，数目很大，具体数字不详）尚未报销。蒋说，快开个单子给他看。随即将一大批无凭无据的款项开支，也由蒋批销了。宋在南京停留了几天，分别会见了参谋本部、军政部有关负责人，顺利地解决了一些具体问题，就如释重负地离开南京，回到沧州总部。

宋这次去南京，既解除了思想上的顾虑，又解决了一些实际问题，比刚到保定的时候心情好得多了。他曾于九月六日偕同秦德纯、王式九、吴锡祺等高级幕僚到前方——青县视察，在那里召见了冯治安、李文田（暂代第五十九军军长）和驻在附近的师、旅长，听取了前方的布置情况。此时，除静海前方与敌人有些前哨接触外，全线尚很平静。原因是敌人正以大部兵力向晋北推进，兵力不敷分配，对津浦线暂取守势。我军乘此时机利用子牙河、运河的洪水，任其在阵地前泛滥，以阻碍敌人的进攻。此外，我军还在减河闸口桥设置了坚固的桥头堡，并在马厂、青县构筑了第二、第三线阵地。当时认为采取这样的防御措施，敌人不付出较大的牺牲，是不容易进展的。其实这种办法，与其说是阻碍敌人的进攻，倒不如说是阻碍自己的进攻，也正是对敌人示弱的一种表现。因为这时敌人的兵力还很薄弱，我军摆出这样一个被动挨打的架势，反而给了敌人以从容准备的机会。

宋听取了前方将领的汇报后，又将此次进京见蒋的经过同大家谈了一遍，对部队改编的人事问题又商酌了一番。宋最担心的是第五十九军的指挥问题，自己既不可能亲在前方，而以参谋出身的李文田暂代军长指挥刘振三、黄维纲两个师长，确有困难，尤其是刘振三更不把李文田看在眼里。李文田也有自知之明，所以在宋找他谈话时，他当面表示希望将张自忠找回来，以加强第五十九军的团结和战斗力。宋同意他的意见，李便将派人赴北平见张的经过叙说了一遍，并将去人带回张亲笔写的小纸条拿出给宋看。这个纸条上写道："学校既已开学，岂有不前往上课之理。"宋看罢说："很好。"宋当日回到沧州，旋又移驻连镇，积极整顿后方部队。

九月初，敌人发动进攻。不久，南京方面忽然发表冯玉祥为第六战区司令长官，北上指挥津浦线的战事。以常情论，冯玉祥既是宋的老长官，又当全国高唱共赴国难的时候，无论为公为私，宋对冯的北来都应当表示欢迎，可是宋却在此时向南京去电托病请假要赴泰山休养。

日本帝国主义于八一三在上海发动进攻后，冯玉祥曾一度被任为第三战区司令长官。当时参加上海抗战的高级将领对冯并不买账，重大问题都是直接向蒋介石请示报告，冯每日除了看看一般的通报而外，就是躲空袭警报。在此有职无权的情况下，冯当然是牢骚满腹，但又无可奈何。现在调他为第六战区司令长官，指挥宋哲元、韩复榘、庞炳勋、刘多荃等部，在冯看来，除了刘多荃过去没有历史关系而外，宋、韩、庞都是自己的老部下，虽然过去同韩复榘有一段不愉快的历史，但宋哲元、庞炳勋是没有问题的。他觉得到津浦线指挥起来总比在第三战区要顺手些，所以他对这个新任务是抱有希望的。在一些不明底细的人看来，冯任第六战区司令长官，也是人地两相宜的。其实问题并不这么简单。问题的实质是：一方面，冯玉祥想乘机抓住一部分队伍；另一方面，蒋介石表面上对冯表示推重，暗地里却挖他的墙脚。韩复榘那里，由于蒋伯诚长期驻在济南做工作，绝不会听冯的指挥调度，蒋介石对此是心中有数的。至于宋哲元，却与韩的情形不同，如果不做一番工作，宋可能碍于情面，接受了冯的指挥，这就无异放虎归山，为虎添翼。所以在冯还没有北上之前，蒋介石就先派萧振瀛去宋那里进行破坏活动。萧对宋说："老冯这次北来有一个计划，他打算叫鹿瑞伯（鹿钟麟）、石筱山（石敬亭）带队伍，那不是要拆你的台吗？"宋对萧的话，虽不见得深信不疑，但在宋的心理上却投下了一个阴影。接着萧又跑到冯治安那里进行挑拨离间，散播流言蜚语，这就给冯玉祥的北来种下了极为不利的因素。萧在冯治安那里，不仅唆使小冯反对老冯，而且还想把宋挤走，以实现他以小冯为傀儡、操纵第一集团军的阴谋。

果然，冯玉祥于九月十五日到达济南时，首先受到了韩复榘的冷淡。韩没有等冯开口，就向冯汇报了山东防务紧张的情况，强调无法抽调部队北上的理由，使冯碰了一个钉子。十六日清晨，冯到达连镇，宋到专车上见冯。宋在汇报了敌我全部情况之后，向冯表示：因旧病复发，情况严重，已向中央请准病假，拟赴泰山休养一个时期，第一集团军总司令职务交由冯治安军长代理。冯一听此话，更是大失所望，竟致一时说不出话来，沉吟了片刻才说："你这一时期也过于劳累了，好好休养些时是可以的。不过当此抗战紧要关头，最好能早些回到前方来。"停了一下又说："我到前方来不是为了别的，是为了多年同生死共患难的弟兄，大家在前方浴血抗战，有什么困难和需要，由我负责转请中央予以解决。"匆匆一晤，冯即折返桑园车站，宋的专车也随即开往泰安去了。以后，冯治安也借口前方情况紧急，避不与冯玉祥见面，只是派吴锡祺、张俊声等担任联系工作。

九月上旬，津浦线方面的敌人开始活动，主力是矶谷师团。到了中旬，敌人就发动了真面目的进攻，攻占静海县之后，继续沿运河和铁路线前进。由于河水到处泛滥，敌人即以装甲汽艇为掩护，步兵均携带着救生圈，在飞机大炮的支援下，突破了闸口和流河镇的阵地，复利用装甲汽艇沿运河猛冲。我军的野炮、山炮都没有破甲弹，对运河封锁不住，敌人常常冲到我后方登岸包抄我军侧背，使我后方第二、第三线阵地也无法防守，以致正面马厂、青县等处阵地均被突破，左右两翼也受到影响，纷纷后退。

冯治安同第五十九军的关系本来处得就不够好，这次败退，第五十九军的将领都埋怨是第七十七军的第三十七师先垮下来的，应负失败的责任。第五十九军的旅长在同冯治安通电话的时候说："我们这次撤退是被左翼部队给挂下来了。"冯当即申斥说："你们为什么不沉着应战，把侧翼部队给挂上去呢？"这位旅长把电话一撂走了，从此第五十九军的部队再也不听冯的指挥，甚至避不接受冯的命令，争先恐后向后撤退。冯玉祥闻悉这一情况，急派鹿钟麟前往指挥，找到庞炳勋、李文田，命令他们拦腰截击敌人，才把第三十七师掩护下来。

按冯玉祥的作战计划，本来打算以庞、刘两军接替正面防务，把第一集团军所属部队换下，略事休整，再加入战斗。但是各军都抱有保全实力的打算，谁也不愿意担任正面同敌人硬拼。这样一来，使战局变成了步步后退的局势，冯玉祥对此，也只有徒唤奈何，一筹莫展。

前面说过，冯玉祥来到津浦线指挥抗战后，冯治安总是借口前方情况紧急，避不与他见面，一直到冯治安退到桑团长官司令部所在地，才不得不同冯玉祥敷衍一番，就退往德州。此时冯已了解到，宋哲元、冯治安等对他的躲避，完全是萧振瀛从中作祟，曾经派葛云龙率手枪队前往德州车站萧的专车上进行搜捕。由于冯治安事前把消息透漏给萧，使葛云龙扑了个空。冯玉祥在德州指示了各部撤退方向后，即转赴豫北新乡。

这时，山东的韩复榘竟然提出了保境安民、拒止客军入境的荒谬口号。韩复榘部驻德州的师长展书堂，见了冯治安，态度异常冷淡，一句表示欢迎的话也没说，使冯治安十分气愤。时第五十九军在铁路以东继续南撤，需要经过山东境内。第七十七军向大名南撤，因运河以西一片汪洋大水，也需要走山东境内的运河东岸。为了行军便利，吴锡祺向冯治安建议打电报给韩，请其予以关照。冯说："你真是太实在啦！我们不是给他打过两个电报了吗？到现在连一个复电都没有，他的态度已很明显，还理他干什么。"冯的总部经过故城县以南一个叫作玉皇阁的村庄时，有一位小学校长对冯等说："你们还往南走吗？听说韩主席有命令，先剿匪后抗日。匪就指的是你们从前线撤下来的部队。"大家听到这个消息，都非常气愤。可是运河两岸全是大水，真个是"前无去路，后有追兵"。怎么办呢？吴锡祺说："前边临清专员是赵仁泉，在南苑时当连长。陈副官长（陈毓耀是总部副官长）是赵的团长，请他先去联系一下不好吗？"冯说："你太天真了。这时还讲什么旧关系，只有枪杆子是好朋友。明天前进时，命令手枪团走在前头，谁要挡，咱们就不客气，怕什么！"在临清休整了几天，队伍便继续向大名转移。

宋哲元在泰山休养，一时一刻也没有忘了自己的部队，但是由于冯玉祥在前方指挥作战，自己又不便过问，怕引起冯的误会。可是他每天都在盼望着冯治安有电报来，偏偏冯的电报很少，尤其是他刚到泰山的那几天，一个电报也没有。不久，又从济南方面传来消息，说李文田同韩复榘有拉拢，很有脱离第一集团军而投向山东的可能。接着又得到部队由前线垮下来和向大名转移的报告。尤其使他焦虑的是，他也得到了萧振瀛包围冯治安的报告，这对他来说更是一个致命的祸害。所有这些情况，使得他再也待不下去了。但是在什么时候回去，怎样才能重新掌握住自己的部队，一时还找不出个答案。

三

十月中旬，第七十七军的部队陆续到达大名附近，沿卫河南岸之小滩、龙王庙之线布防。第五十九军退过黄河南岸，到达长清一带。李文田在撤退中仍和韩复榘有所勾搭，可是他的两个师长刘振三和黄维纲都不同意投韩，并把李文田的投韩活动直接向宋哲元密报。宋即分别电复刘振三和黄维纲，要他们好好招呼队伍，对李文田的破坏活动严加防范；并且告诉他们，现正设法使张自忠回到部队，不日即可实现；最后指示他们尽速设法向大名附近移动，以便集结力量，相机出击。这时，第六十八军刘汝明部方由山西进入河北省境，正向邯郸附近移动，郑大章部骑兵师则在永年一带，高树勋部分驻南宫、冀县，均相隔甚远，一时尚未能取得联系。

此时，平汉线孙连仲部撤入山西，刘峙的部队亦纷纷南撤，南京方面乃派参谋总长程潜驰赴邢台坐镇，对平汉线的部队重新作了部署。冯玉祥由津浦线转至平汉线的新乡后，曾到前方分别同程潜和刘汝明会面，在回到新乡时，本打算直接掌握第六十八军和第五十九军作为基本部队，继续作战。而蒋介石却于此时将第一集团军改归第一战区统一指挥，并发表程潜为第一战区司令长官，将第六战区撤销。冯玉祥乃不得不怀着一腔闷气，满腹牢骚，于十月下旬回到南京。

宋哲元正在苦思焦虑，如坐针毡的时候，忽然得到程潜出任第一战区司令长官、第六战区撤销，以及第一集团军改隶第一战区的报告。他的"病"立即痊愈，马上向蒋介石销假，请求回军，于十月下旬回到大名总司令部。

当宋离开部队去泰山休养的时候，冯治安本应随时向宋报告情况，可是参谋处拟了几个电稿，全未批交拍发。有一次，吴锡祺问冯向宋汇报情况的电报何以全未批发，冯说："你们拟好了稿就发了吧，不必送给我看了。"这才明白，以前拟的电稿全被萧振瀛给撕掉了。这时，冯治安被萧包围，已弄得他昏头昏脑，认为萧在蒋介石那里能够说话，只要跟萧拉在一起，前途就是大有可为的。萧振瀛看到冯治安在他的摆布下言听计从，更加趾高气扬，不可一世，认为他拒冯（玉祥）倒宋（哲元）的计划已经成功了。他正在得意忘形的时候，忽然得到宋有不日回军的消息，他做贼心虚，没有敢同宋见面，就溜回南京了。

宋于十月下旬回到总部以后，很想表现一番，于是根据各方的情报，对华北整个战局作了分析。当时的情况是：敌人自十月上旬即以大部兵力由晋北南下，企图进犯太原，由于蒋介石派了几个军的兵力前往增援，敌我双方就在太原以北展开了争夺忻口的战役。敌人为了策应对太原的进攻，把原来在石家庄一带的敌军也调进娘子关，直逼寿阳；原驻邢台一带的敌军，同时沿平汉路南下，进攻安阳。因此邢台敌军也有所减少，石家庄的兵力又很薄弱，而冀中广大平原尤为空虚，几乎成了真空地带。蒋介石适在这时命令宋哲元部侧击安阳东北，以解商震之围。宋即根据当时的情况，采取避实击虚、围魏救赵的办法，通过第一战区长官部给蒋介石打了一个电报，要求向邢台出击，在支援商震部的同时，策应山西方面之作战。这一电报发出之后，得蒋复电批准，同时还得到程潜的嘉许。

宋哲元为什么要出击呢？当时他的三个军位置很分散，他怕蒋介石乘机破坏第一集团军的建制，把第五十九、第六十八两个军分割使用，而如果组织一次出击，就可以尽快地把这两个军调集到一起。这可能是主动要求出击的一个原因。

当时的作战部署是：

以一部防守大名，抽出大部兵力，分进合击，限期向邢台疾进。具体布置如下。

一、调第一八一师石友三部即到大名东南接替第七十七军的防务，以第七十七军的第一七九师何基沣部在大名外围布防，以李殿林的骑兵旅驻守成安。

二、命第六十八军刘汝明部，经邯郸以东向邢台前进；命第五十九军李文田部黄维纲、刘振三等师次第南开；总司令宋哲元亲率第七十七军冯治安部的第三十七、第一三二两师，经威县、广宗直趋邢台。

三、命河北暂编第一师高树勋部（由河北省保安团队编成）在冀县、南宫一带负警戒掩护的任务。

按当时敌我兵力和表面形势来看，对我方是有利的。但是也有不利的因素，更主要的是，各军在新败之余，继之以长途行军，官兵疲惫，士气消沉，尚未休整补充就奉令出发，在物质上、精神上都没有准备，执行起来确有不少困难。而且有些将领都滋长着保存实力、避免牺牲的思想。其次是，敌人的空军占有优势，它每日四出侦察，一经发现目标，即出动多架飞机轰炸扫射，不仅使我军行动无法隐秘，而且在行进时也受到极大的阻碍与损失。宋对这些情况估计不足，只是一味地盲目乐观，在十一月一日开始行动的那天，他在途中曾对高级幕僚们说："我们这次出击，五天攻下邢台，八天拿下石家庄，狠狠地打他一下！"颇有必胜的信心。大家对他这种说法都觉得把握不大，但又不好泼冷水，只有随声附和而已。

当敌人侦知我方行动后，就由邯郸派出了约有一个混成旅团的兵力，配备了坦克多辆，直取大名。驻守成安的骑兵无力抵御，县城被攻陷，敌复继向大名进迫。

何基沣的第一七九师奉命防守大名，第三十七师吴振声旅亦临时归何指挥。其兵力部署与作战概略经过如下：

一、兵力部署

（一）第一七九师的柴建瑞旅，是老部队，战斗力较强，配置在城西一带；

（二）第一七九师的汤传声旅，是新由保安部队编成的，战斗力较差，配置在城内；

（三）吴振声旅，是老部队，战斗力较强，派守大名西北数十里的魏县镇。

二、作战概略经过

当敌人进攻魏县镇时，何基沣亲往指挥。敌人配合飞机大炮和多辆坦克作战，兵力与火力均占优势，激战一天，吴旅不支，逐次后撤。何基沣急返大名，指示柴、汤两旅准备战斗。在敌人逼近大名时，发现城内潜伏的土匪、汉奸很多，到处进行扰乱，多处起火。敌机轰炸时，有人代为指示目标。当命各部队协同地方警察，予以缉捕。敌人进攻柴旅阵地时，升起了几个气球，对我军阵地情况了如指掌，指示其飞机和炮兵猛轰。敌人坦克冲锋时，我军又无防坦克的武器，全凭步兵武器硬拼，以致伤亡很大。激战一天，城西阵地也被敌人突破，我军只好同守城垣。

城北有个高地，高地上有个外国教堂，我军原打算固守这个据点，因教堂的外国人声言中立，出具保证书，拒绝双方在那里作战，我军竟受其愚。迨敌人到达，竟首先占了这个制高点，我军北城阵地深受瞰制威胁。敌人的主力即由北面进攻，何基沣到北城指挥，激战一天。黄昏后，何拟召集几个旅长研究如何调整部署与敌作战，汤传声忽然不见了，柴建瑞也未找到，他们的队伍也都撤走了，只有吴振声还在南关。何赴南门视察，只见部队情况混乱，找不到指挥官。这时参谋长王橄鳌赶来报告："敌人已经进了城，我们的队伍全走了。我碰到汤旅的一个团，命他听候调遣，一转眼也溜走了。现在城里只有一个师部，仗还怎么打啊？"此时城内枪声四起，何乃指示师部带着个警卫连，向南撤退。

大名遂于十一月十日失守。

到漳河北岸时，浮桥已被拆掉。何问留在那里的工兵，说是汤旅长叫拆的，只得找了个小船渡过南岸。师部人员有的揪着马尾，有的弄几块木料抢渡，淹死的不少，第一七九师的副官长就是在那里淹死的。何于天明到达南乐，遂即以电报向宋哲元报告队伍不听指挥、大名失守的情况。派人四出寻找队伍，也均不知去向。此时何接到总部总参议张维藩（宋由大名出发时，命张在大名留守，在大名紧急时，张先期退出大名城）拍来的电报，责问何说：为什么退出大名？总司令知道了一定不答应，这个责任谁负？何基沣在万感交集情况下，愤而自戕，幸有副师长曾国佐在旁拉住他的右臂，未中头部，弹从左胸穿过，未致殒命。

此次大名失守以及何基沣自戕的原因，不外以下两点：一方面，是当时各部队均怀有保存实力的思想，与敌交战时均不肯牺牲，且彼此不相救援；另一方面，就是部队内部矛盾重重，不听何的指挥。原来西北军这个封建集团，一贯存在排斥军校学生带兵的习惯。当第三十七师扩编成军时，冯治安打算引用几个军校出身的人员，以加强部队的指挥，没想到竟引起了行伍出身人员的极大反感。前次津浦线作战时，第三十七师正面被敌突破，师长刘自珍（陆大出身）和旅长陈春荣（军校出身）都受到了攻击。再加上宋哲元与冯治安发生猜忌，行伍出身的人员便乘机造谣，说冯将利用军校学生自成派系。所以宋回来之后，即分别将刘自珍、陈春荣撤职查办。何基沣（军校出身）升任第一七九师师长时，柴建瑞和汤传声两个旅长全没把他放在眼里，此次在大名不但不听指挥，甚至把他撂在城内不管了。所以当何接到张维藩的电报时，他立即想起了这些情况，并听说张维藩和张振华等为了拉拢行伍人员，在宋面前替这些人说话，认为是非曲直无法弄清。于是他给鹿钟麟（鹿的执法队在南乐）和张维藩各写了一封信，信中"有职无才无德，失守名城，罪不容死"数语，决心自杀。不久宋哲元、冯治安回到濮阳，何的参谋长王橄鳌向冯治安汇报大名失守情况时，冯未置一言，王见到这种情况感到莫名其妙。不久冯治安称病离军，王才弄清个中原委。后来又看到柴建瑞竟升任第一七九师师长，王和参谋处处长连玉岗（均系军校同学）就一起脱离了第一集团军。

当宋哲元由大名北上行抵广宗时，以第六十八军和第五十九军的部队行动迟缓，未能按预定时间取得联系，以致推迟了进攻邢台的日期。正在电催各部前进的时候，忽接大名已被敌人攻陷的报告，后路受到很大威胁，遂经由临清、冠县撤回濮阳，原定出击计划全部失败。

自从宋哲元由泰山回到总部之后，冯治安态度消极，情绪低落，原因是宋曾多方查询萧振瀛在冯那里进行破坏活动的情况，冯治安已有所察觉。而宋对高级将领们讲话时，还公开地说："你们还听我的吗？你们是听萧的哟！"事后冯气愤地对人说："我再干，就不是姓冯的子孙！"宋对冯还查问过河北省财政收支情况（冯当时兼任河北省主席）。宋常常说，疑人不用，用人不疑。他过去对冯确实是深信不疑的。这次查询河北省的财政，显然是有意识地使冯难堪。冯不便同宋直接顶撞，只好把财政厅长贾玉璋找来作了交代。冯看到宋对他的情形，牢骚很大。当时因为正要出击，只好暂时忍耐下去。到了撤退到濮阳的时候，冯便借病向宋请假，前往开封疗养。直至次年宋调第一战区副司令长官，离开军队前往郑州，冯才回到他的部队。这是后话。

## 四

至十二月初，出击部队陆续撤回，大部集中在冀南、豫北。宋为了指挥便利，乃将总部移驻新乡。这一时期各部的部署情况是：高树勋部由南宫一带调至大名以南小滩、龙王庙、元村集之线，接替石友三部防务；石友三部撤至道口、滑县，担任这一地区既设国防工事的守备；抽出第七十七军进行整训；刘汝明部南调皖北后，复将石友三部改调汤阴，而以第七十七军接替石部防务；第五十九军略事整训后，亦陆续调至豫北。

约在十二月下旬，总部驻郑办事处处长傅正舜电话报告张自忠到了郑州。张是由南京乘火车转陇海路经郑州去汉口的。原来张自忠由北平化装逃到天津，又由天津乘船到了烟台，准备再由济南回到部队。宋哲元得到张抵济南的消息，立即派秦德纯前往济南，表示慰问，并且陪他一同到南京见了蒋介石。蒋介石鉴于当时的舆论，给了他一个军政部中将部附的名义留在南京。这次南京政府各机关都向汉口迁移，张也搭乘第一集团军驻京办事处的搬迁专车到了郑州。他所以没有立即随车赴汉而在郑州停下来，是希望回到部队。宋接到傅正舜的电话，立即派车把张接到新乡，随即将第五十九军内部人事情况面向程潜作了汇报（时程亦驻新乡）；并且强调第五十九军非张自忠不能带好，为了有利于抗战，希望能设法叫张尽快回到部队。程表示完全支持宋的意见。宋回到总部，马上给程上了一个签呈，程即据呈转电蒋介石，蒋复电准张自忠以部附代宋整训部队的名义回到第五十九军。不久蒋介石便把第五十九军全部调赴第五战区参加徐州会战。

约在一九三八年一月下旬，日军又开始由大名向南进攻，高树勋部采取了纵深配备，以南乐为据点，抵御敌人的南进，旋奉宋命转移至道口一带。此时，司令长官部已移至郑州，来电责宋何以不战而退，宋竟置不作复。参谋处向宋请示长官部来电如何处理，宋说："这次进攻之敌兵力很大，应力求避免与敌决战，以免部队作无谓的牺牲。"参谋处认为这样复法太不像话，只好另行编造了一些理由把事情掩饰过去。迨至滑县、道口之战，宋也没有命令他的部队认真抵抗，而是略一接触就下令西撤。秦德纯问宋："为什么不好好地打一打呢？"宋说："全军为上。"秦又笑着说："《孙子兵法》说的全军为上，指的是不战而屈人之兵，不是不打就走呀！这恐怕对长官部不好交代吧！"宋说："我们能战则战，不能战就走。"

宋把总部移到新乡，想把第一集团军集中起来摆在豫北。可是继刘汝明部南调之后，张自忠部又全部调走，这就使他的想法发生了根本的变化。于是他便想方设法要保全自己这点残余实力，能保存多少就保存多少。宋本人既然抱定了这个打算，下边的将领们似乎看透了他的心理（是否宋对他们有过所谓"全军为上"的指示，则不得而知），所以当宋命各部向西转移的时候，部队跑得都很快。除了少数部队走在他后边以外，大部分都争先恐后地向西撤去，他这个总司令反而跟在后头发号施令，造成了一个极不正常的混乱局面。当宋和他的总部人员乘火车从获嘉县西退时，如果不是铁路与公路岔开，几乎被敌人的装甲车追上，当了俘虏。宋率领总部人员到达沁阳时，敌人已追至沁水对岸，宋急命手枪队把一座木结构桥梁烧毁，敌人的装甲车才没能冲过来。尤其侥幸的是，高树勋师刚刚退到沁阳休息，看到敌人追来，急命部队沿河布防，与敌隔河对峙。但河水不深，敌人的骑兵已由沁阳东面过河，绕向沁阳东南。宋在城西一个小村里，左右均劝他快走，他却要王式九在这里写几封信。王还清楚地记得，在他写这几封信的时候，敌人的枪弹已经从上空嗖嗖地飞过。宋在获嘉时，因决定退往山西，为避免累赘，总部人员除留少数人随宋行动外，大部分送往孟津过河。这时宋又临时决定派张樾亭去武汉有所接洽（任务不明，信中只是说一切由张面陈），把信交给张樾亭，乘小汽车绕道赶往孟津渡口。这件事办完，宋还是不走，非要在这里吃饭不可，饭后又到河岸巡视一周，隔岸的敌人已能看得很清楚。一直迟延到天黑，得悉总部人员都已安全渡过黄河，宋才说我们可以走了。当时不明内情的人还以为宋很镇定，可是他自己却说了实话："在这种军心不固的时候，如果不是我走在后头，各部分队伍还不知道会拉到哪里去呢。"

离开沁阳走不多远，据报公路已被敌人骑兵所破坏，汽车无法通行，便在大车路上往西闯。夜过柏香，见到那里老百姓很张皇，说敌人的骑兵刚刚向南追去。宋没有敢休息，就叫继续往西行进，颠颠簸簸地闯了一夜，黎明时到了济源。停了一天，经封门口进入中条山，在王屋停留了几天。二月下旬，敌人向西追来，在邵原镇打了一仗，宋又命各部续向西撤。宋走到距垣曲县不远的一个小村庄，听说北面的敌人已到闻喜，其装甲部队正向垣曲方向移动，未敢停留，即连夜越过公路，径向西走，到了茅津渡。不料那里的渡口已被南岸的部队封锁，北岸的部队一律不准过河。宋不得已，乃命部队折回东北山区，总部则回到黄河北岸的老鸦石。宋以军队给养十分困难，乃派吴锡祺过河接洽给养的补给问题。吴以电话向郑州司令长官程潜报告部队行动情况，程命吴即到郑州一谈。吴到后，程说中央已调宋为第一战区副司令长官，希望即日来郑。当时还怕宋不肯来，程又派高参方贤为代表，备了一列专车，命方、吴过河表示欢迎。其实在吴去郑州的时候，宋已接到刘郁芬、门致中从武汉打来的电报，说武汉方面对宋的空气不大好，劝宋离开部队休息一时，再作打算。所以当方、吴向宋说明程的意思后，宋并不感到突然，随即过河到了郑州，时在三月中旬。宋到郑州后，第一集团军的番号撤销，命冯治安以第十九军团长的名义指挥第七十七军和石友三的第六十九军（石部改军后，高树勋之新六师归石指挥），在黄河北岸担任游击任务。不久，经宋哲元的建议，这两支队伍先后调往徐州方面同张自忠的第五十九军靠拢在一起。

宋在郑州没住多久，因患肝病，请假赴衡山休养。当时陪同他住在山上的有邓哲熙、秦德纯、王式九、陈继淹等。他同邓等闲谈的时候，总是发牢骚，特别使他不能忘怀的是，怕别人说华北的事是他搞糟的，怕日后追究责任。本来在他去南京见蒋的时候，蒋对他表示抚慰和信任，为什么现在又产生了这种顾虑呢？原因是：韩复榘的被处死，引起了他的极大震动；以后，蒋把他的军队拆散，最后又拿掉他的军权，给了一个副长官的空头衔，使他意识到蒋对他是不怀好意的。他怕蒋有一天会找他的麻烦，说不定落得像韩复榘那样下场。他曾经不止一次地说："华北的事究竟是谁的责任呢？是不是完全由我们来负这个责任？"大家总是向他说一些宽慰的话。可是过不了几天，他又谈起了此事，并且说："一个人，在台上的时候，谁都来恭维你，可是在你倒了霉的时候，那就会墙倒众人推，甚至落井下石。"王式九看到他那种难过的神情，忽然想起了一封信，便把信取出来给他看。他看罢信，马上显出了很高兴的样子，如获至宝地把信放在他的公事皮包里。这是封什么内容的信呢？原来在冀察政委会成立以后，蒋介石曾经给宋写过一封亲笔信，大意是：冀察的事完全由宋全权处理，一切由中央负责。蒋写此信的用意，无非是表示他对宋的信任和支持，好使宋成为他的忠实工具。当时宋对这封信很重视，所以王式九便把它带出来了。万万没有想到，在时隔两年多之久，这封信却是医治"心病"的一剂良药。一直到他病危的时候，还嘱咐他的家属把这封信编入他的传记。

本文曾请当时防守大名的师长何基沣提供资料，并访问过当时的暂编第一师师长高树勋、第一七九师参谋长王橄鳌、第三十七师副师长许长林和第一集团军总部参议张俊声等，并将此稿送请邓哲熙看过。经过他们的核对和补充，附此致谢。

# 七七事变前后大事记

## （一九三七年）

**六月一日**

△ 第二十九军集中训练北平，天津的高中和大学的一部分学生，随时准备对日军作战。

**四日**

△ 日本近卫文唐内阁成立，广田宏毅任外相。

**五日**

△ 日外相广田发表谈话称，对华三原则已不适用，将力使外交脱离军事。

**七日**

△ 日外相广田宣布外交方针，决从大处改善中日关系。

**九日**

△ 日关东军参谋长东条英机向日陆军中央呈报："如由日方主动谋亲善则徒然助长其排日、侮日态度，故毋宁说是有加以一击之必要。"

**十三日**

△ 日在华北秘密招募华工。

**十六日**

△ 日向东北增兵两万。

**二十五日**

△ 日本华北驻屯军开始在丰台、唐山等地举行大操演三天。

△ 日军华北驻屯军司令田代皖一郎到丰台阅军。

△ 日军在卢沟桥一带演习,并进行实弹射击。

**二十六日**

△ 丰台日军七百余人在宛平县境河套一带实弹演习,河边正三旅团长前往该地检阅。

△ 日军五百余人在丰台附近南大寺演习。

**二十九日**

△ 夜间日军以演习为名向我卢沟桥街里进行实弹射击。中国方面提出抗议。

**七月六日**

△ 日驻丰台部队携带重炮到卢沟桥演习。

△ 日军要求通过宛平县城到长辛店演习,我驻军不许,相持十余小时,日军退回。

**七日**

△ 夜,十九时三十分,丰台日驻军第一联队第三大队第八中队由中队长清水节郎率领,在龙王庙以卢沟桥作为假想攻击目标,进行演习。

△ 二十三时四十分,日军称有一人"失踪",欲入宛平城搜查,中国驻军第二十九军第三十七师第一一〇旅第二一九团坚决拒绝,日军遂开枪进攻,我军奋勇还击。是为七七卢沟桥事变。

**八日**

△ 昨夜卢沟桥中日两军发生冲突后,相持至今晨,历五小时之久。因北平中日当局进行谈判,战事暂告中辍。

△ 中日双方谈判时,日方要求我军于今日十一时先自卢沟桥撤退,我方拒绝,上午十一时许,战事复作。

△ 蒋介石电令冀察当局:"宛平城应固守勿退,并须全体动员,以备事态扩大。"

△ 七七事变发生后,平汉路交通已中断,平津间电话,今日亦两度不通。

△ 日本武官今井少佐向北平市市长秦德纯提出要求，完全撤退驻宛平之中国军队，秦提出反要求，主张日军应退至原驻之地。

△ 中国外交部以日军在卢沟桥挑衅酿成事变，今使向驻华日使馆提出口头抗议。

△ 中国共产党中央委员会发出通电，主张武装保卫华北，建立民族统一战线，国共合作，抵抗日军进攻。

△ 长辛店工人支援第二十九军作战。

△ 下午一时左右，大批日军增援部队开到卢沟桥附近，占领各重要路口及龙王庙、铁路桥。

△ 下午，中共领导的中华民族解放先锋队、华北各界救国联合会、北平各界救国联合会、北平市学生联合会等四团体，派代表到宛平前线，慰问抗日将士，并在城内开了追悼会，追悼为民族解放事业牺牲的军民。

△ 毛泽东、朱德等致电蒋介石、宋哲元，要求一致抗日。

△ 晚，日军又向宛平城攻击，连续三小时，遭到中国军队的英勇反击。

△ 日军占领丰台。

△ 日本驻华大使川越茂在青岛发表谈话："地方事件要由地方解决。"

△ 天津日军部派代表飞赴长春，商调关东军入关增援。

九日

△ 蒋介石电令宋哲元："和谈勿忘备战。"并令第二十六路军孙连仲部先以两个师向保定、石家庄铁运，归宋哲元指挥。

△ 晨四时，日本特务机关长松井提出"失踪"士兵已找到，可以和平解决。

△ 中日双方议定同时由卢沟桥撤兵，宛平由石友三之北平保安队接防。

△ 六时，日军河边正三旅团长率部向我宛平县城发炮七十余发，七时三十分始停。

△ 九时，中日双方派代表到卢沟桥一带监视撤兵换防。

△ 九时后，换防的保安队到卢沟桥，途经大井被日军所阻。

△ 下午三时，双方监视撤兵委员会到达宛平。

△ 下午六时，冀北保安队五十人到达宛平城接防。

△ 北平学生救国联合会携带物品，慰劳抗日将士。

△ 红十字会等二十六个团体组织大批救护队，到前方救护伤员。

△ 晚，日军不按协议撤退，仍隐藏于铁路涵洞等处。

△ 日本政府今晨举行四相紧急会议，以决对策。

十日

△ 晨二时，日军开枪射击，复图攻城，中国军队奋力反击。

△ 上午，王冷斋与中岛同秦德纯开联席会议，我方强调日军应遵照停战协议撤兵，日方则推辞说有日兵尸骸未觅得，留兵以便搜索。双方商定由“双方派人徒手搜索日军尸骸，时间以二十四小时为限……”正预备执行，日方借打电话为名竟不辞而别。

△ 日军已由天津、古北口、榆关等处陆续开来，且有火炮等部队向卢沟桥前进。

△ 下午三时，大批日军由五里店占领小井、大井一带，割断电线，检查行人，隔断平卢路。

△ 日方反悔由卢沟桥撤退之诺言，下午五时，日军向宛平、广安门猛攻，用重炮掩护百余人向卢沟桥进攻。

△ 晚九时，日军在坦克车和小钢炮的掩护下，再向卢沟桥宛平城一带冲击，中国守军迎头痛击。

△ 中国外交部向日本驻华大使馆提出书面抗议，声明卢沟桥事件责任应由日方担负。

**十一日**

△ 中日双方代表就停战问题进行了谈判，商定三项停战办法。

△ 下午七时，林耕宇、中岛等人赴卢沟桥前线监视撤兵。

△ 下午八时至十二时，日军未按协议撤兵，仍以炮火轰击宛平城及附近地区。晚，经秦德纯同意，由日华两军代表松井太久郎与张自忠签订协定三项。

△ 宋哲元由山东乐陵原籍回到天津。

△ 日本内阁会议决定：派关东军和朝鲜军增援华北，再由日本国内派兵开往华北，压迫中国向日本谢罪。

△ 日任命香月清司接替田代皖一郎（暴毙）任华北驻屯军司令。

**十二日**

△ 晨一时许，平西大井村日军向财神庙进犯，我军予以猛烈还击，约历半小时，日军不支而退。

△ 晚十点三十五分，宛平一带展开较前范围扩大之冲突，陷入激烈混战，战局从此更难收拾。

△ 蒋介石电示宋哲元，以不屈服、不扩大之方针，就地抵抗日军。并令中央军集中保定，在永定河与沧保线持久作战。

△ 日军占领天津东站。

△ 关东军佐藤师团从古北口向北平四郊推进。

△ 宋哲元召集冀察要人研究对策，并对日发表谈话。

**十三日**

△ 日兵陆续由榆关来津。

△ 午，中日军队在北平永定门外发生冲突。

△ 中共在延安召开紧急动员会议，毛泽东号召："每个共产党员与抗日革命者，应沉着地完成一切必须准备……"

**十四日**

△ 天津日军开往丰台助战，在落垡车站与我军冲突。

△ 香月清司召集华北日陆海军军官会议。

△ 香月清司派参谋青田向宋哲元提出十项要求。

△ 蒋介石派参谋次长熊斌北上，责令宋哲元移驻保定。

△ 宋哲元在天津英租界召集第二七九军与冀察要人张自忠、齐燮元等，讨论对日军的和平办法。

△ 国民党副总裁汪精卫散布投降失败论调。

△ 第二十九军旅长张凌云等，与日本方面的代表樱井、中岛等共赴卢沟桥前线监视双方撤兵。

△ 中共中央军委向全军下达了改编命令："以军为单位改组为国民革命军编制。"

十五日

△ 中共将《中国共产党为公布国共合作宣言》送交国民党。

△ 西北青年救国联合会为卢沟桥事件致电全国青年，号召全国青年奋起抗战。

十六日

△ 蒋介石在庐山召集各界知名人士谈话会，讨论中日局势，共策御侮图存大计。中共代表周恩来、博古、林伯渠等出席。

△ 宋哲元在天津与日方谈判。

△ 日调陆军十万来华。

△ 香月清司接到东京指示："应对宋哲元采取强硬态度。"

△ 日军第五、六、七、十二、二十六等五个师团移往前线，占据丰台，并进攻宛平。

△ 中国政府请英国大使许阁森向日方要求中日双方军队停止调动，被日本政府拒绝。

△ 北平教育界人士请第二十九军集中抗敌。

十七日

△ 东京五相会议决议，动员四十万日军侵华。

△ 香月清司限宋哲元于十九日以前承诺七项要求。

△ 何应钦电宋哲元等，日本大举出兵，准备攻占北平，望勿为政治谈判所误，应做军事准备，于北平、南苑、宛平集结兵力，构筑工事，作持久抵抗。

△ 蒋介石在庐山发表对日政策谈话，严正宣布卢沟桥事变为最后关头，我当坚持最低限度立场。

**十八日**

△ 第五十三军万福麟部一师进驻琉璃河，第三十二军商震部向石家庄集中。下午四时，日开炮轰我宛平城东北角。

△ 日机在回龙庙一带盘旋数分钟。

△ 蒋介石致电宋哲元和秦德纯说日人"不重信义……勿受其欺"。

△ 延安召开市民大会，一致声援抗战将士，并通过了致第二十九军将士电。

**十九日**

△ 日军集中火力向宛平县城进攻，城内房屋多被炸毁。

△ 日调五个师团来华，两个师团已全部集中平津。

△ 日本大使馆送一份相当于最后通牒的照会给中国外交部，推卸一切责任。

△ 中国外交部用照会严词驳复日本强词夺理、抹杀事实的论点。

△ 宋哲元与日谈判，再次达成协议。

△ 宋哲元回北平，下令把封锁的城门打开，撤去防御沙包，还下令驻西苑的第三十七师二十二日退到保定以南，原防改为第一三二师赵登禹部接代。

△ 张自忠同张允荣代表第二十九军根据日方提出的七项要求签订了细目协定。

**二十日**

△ 下午三时到二十一日晨，日军大举进攻，炮轰宛平城。

△　蒋介石从庐山回到南京。

**二十一日**

△　日军炮击我宛平城、长辛店一带守军。

△　日军飞机十一架到北平侦察。大批日军又开抵丰台。

△　中方派周思靖、周永业，日方派中岛、英村至前方监视撤兵。

△　卢沟桥、衙门口、龙王庙、八宝山等地我驻军后撤。

**二十二日**

△　日军用飞机五十架由日本运抵天津。

△　日军更猛烈炮击宛平城、长辛店等地。

**二十三日**

△　天津日军载重汽车四十辆运军火往丰台。

△　丰台日军百余人携带钢炮赴卢沟桥。

△　蒋介石召集军政大员开会讨论北平七月十一日与日方签订的协定。

**二十四日**

△　日军用物资陆续运平。

△　北平各大学全体教授发布对"卢沟桥事变宣言"。

**二十五日**

△　日军向我平津路廊坊驻军（第三十八师）挑衅。

△　日军在广安门与第二十九军发生冲突。

**二十六日**

△　东京参谋本部电令香月清司动用武力。

△　香月清司向宋哲元致最后通牒，限期撤退驻卢沟桥、八宝山及西苑之三十七师。

△　日军袭击广安门我驻军。

△　宋哲元任命赵登禹为南苑指挥官阻击日军。

△　晨，日飞机狂轰廊坊，我守军与敌激战，不支，廊坊失陷。

二十七日

△ 日军向我通县团河驻军进攻，并于当夜向南、北苑猛攻。

△ 宋哲元拒绝日最后通牒，发出自卫守土的通电，并报告南京政府。

二十八日

△ 晨一时，日军派特务机关长松井向宋提无理要求，限第二十九军立即撤出北平，宋当即拒绝。

△ 凌晨一时，驻守天津的第二十九军第三十八师副师长李文田率部袭击日军占据的东局子飞机场、天津东站、海光寺等地。

△ 晨三时，塘沽日军攻我大沽口驻军，我军奋勇抵抗。

△ 日军对第二十九军发动总攻击，切断南苑至北平公路。

△ 日军飞机连番在长辛店、公主坟等处轰炸扫射。

△ 第一三二师师长赵登禹、第二十九军副军长兼军官训练团团长佟麟阁在南苑战斗中牺牲。

△ 丰台、五里店、大井村一带守军打退日军猛攻。

△ 宋哲元偕秦德纯等离平至保定，手谕张自忠为北平冀察政务委员会委员长。

二十九日

△ 晨二时，日军大举进攻天津。

△ 晨八时，我大沽口驻军炮击大沽口海面日军舰。

△ 中午，日机轰炸天津市区。

△ 通县伪冀东保安队张庆余、张砚田两部反正。

△ 日军占领北平。

三十日

△ 日军占领天津、大沽口。

△ 第二十九军撤离平津。

△ 卢沟桥被日军占领。

△ 驻守天坛的保安队被迫缴械。

△　驻守平地泉的第十三军军长汤恩伯奉命迅速向张家口挺进。

三十一日

△　蒋介石发表《告抗战全军将士书》。

△　日军向平汉线推进，在长辛店与我军激战。

△　日军向平绥线推进，在沙河与我军冲突。

八月一日

△　蒋介石令派绥远主席傅作义为第七集团军总司令，汤恩伯为前敌总指挥，从绥远和山西向张家口增援。同时，军事委员会设立保定行营，任命徐永昌为主任，林蔚为参谋长，督巡河北省区之战事。

△　我沿平汉路北上之部队与南下之日军在琉璃河激战通宵。

二日

△　毛泽东在边区抗战动员大会上发表演讲，号召抗日。

△　平汉路日军，向保定仍取攻势，派战车掩护进击第二十九军。

△　津浦路我军在马厂集中，准备反攻。

三日

△　日军占领杨柳青。

△　我军在独流镇与日军激战。

四日

△　日机在南口一带轰炸。

△　青岛日军要求登陆被拒。

五日

△　第十三军第八十九师主力进入长城居庸关，到达南口。

六日

△　蒋介石任命宋哲元为第一集团军总司令，刘为第二集团军总司令，负责指挥津浦和平汉铁路北段作战。

△　日机在南口狂轰滥炸。

△　冯玉祥将军在广播中发表抗敌救国演说。

七日

△ 日军再增兵三师团至天津等地。

△ 日军开始攻南口。第十三军军长汤恩伯率部凭险抵抗。

△ 日本在华舰队齐聚扬子江下游，上海形势，更为险恶。

八日

△ 连日日军纷纷开拔来华。沙河、独流镇、静海、良乡各处，均有小接触。

九日

△ 日军在上海制造"虹口事件"。

△ 南口战事仍剧烈。

十日

△ 第一军同司令孙连仲指挥第二十七师在窦店和日军对峙。

十一日

△ 蒋介石令卫立煌率第十四集团军从石家庄开往易县，向南口迂回，支援汤恩伯部。又令孙连仲率第一军团向良乡、坨里的日军部攻施行局击。

△ 南口仍在血战中。

△ 日军进犯张家口西之柴沟堡。

十二日

△ 津浦路之独流镇、平汉路之良乡展开血战。平绥路南口战斗更为激烈，柴沟堡战火亦烈。

十三日

△ 日军进攻上海，守军进行上海防御战。

十四日

△ 国民政府发表自卫宣言。

△ 日以大批战车进犯南口，被我军击退。

十五日

△ 日本发布全国动员令，编组了上海派遣军和华北派遣军。

**十六日**

△ 日军增援的第五师团主力，进攻我军右翼怀来的横岭城。

**十七日**

△ 傅作义率一个师和三旅兵力从大同到怀来增援。

△ 第八十四师第二五一旅在长城外赤城县的井儿沟向日军进攻。

**十九日**

△ 日军攻陷外长城的神威台和汉诺坝。

△ 傅作义率两旅官兵赶到土木堡和下花园。

**二十日**

△ 傅作义部回援张家口，其一部到达镇边城、怀来城增援。

△ 第八十四师第二五一旅在赤城喜峰砦予敌重创。

**二十一日**

△ 横岭城和镇边城被日军突破。

△ 我军沿平汉、津浦两路向北挺进。平汉路进抵长辛店，将日军包围；丰台日军，前往援救，发生剧战。

△ 中苏签订互不侵犯条约。

**二十二日**

△ 国民政府军事委员会正式发布命令：红军主力部队改编为国民革命军第八路军，编入第二战区战斗序列，归阎锡山指挥，赴晋北作战，在平型关外遮断日军的后方联络线。

△ 张家口北之神威台，我守军与日军激战。

△ 南口战事仍烈。

**二十三日**

△ 我军在保定击落敌机三架。

△ 日军第五师团主力从镇边城向怀来突进。

**二十四日**

△ 张家口附近战事激烈。

**二十五日**

△ 日海军司令长谷川宣布封锁我沿海。

△ 南口、居庸关被日军占领。

△ 第一集团军以大名为根据地，用一部分兵力在津浦、平汉两铁路中间地区活动，牵制敌人。

**二十六日**

△ 汤恩伯奉令向桑干河右岸突围。

△ 察哈尔省政府主席刘汝明向洋河右岸撤退。

△ 日军猛攻张家口西之赐儿山。

△ 傅作义部反攻张家口失利，退守柴沟堡。

△ 中日两军仍在独流镇与静海间激战。

**二十七日**

△ 日军占领房山。

△ 刘汝明部撤离张家口，该市遂为敌占。

**二十八日**

△ 日本近卫首相在东京演说，谓"日本唯一目的在击至中国屈膝，使中国不复有抵抗能力"云云，于此日本对华侵略之野心，暴露无遗。

**二十九日**

△ 张家口附近中日军主力交战，张北与张垣间之猴儿山激战更烈。

**九月二日**

△ 中日两军仍在平绥路柴沟堡相持。在南口以北之我军，仍在固守八达岭阵地。

**四日**

△ 晨六时三十分，津浦路日军向唐官屯、马厂我军发动总攻。

**五日**

△ 津浦路战事剧烈。

**六日**

△ 唐官屯血战，失而复得者四次。

**七日**

△ 中国政府公布：在八月十四日至三十一日之间，苏浙皖境内被华军击落日机共六十一架，俘获日空军十一人。又称，在此期内日舰被中国空军炸毁者达十一艘。

**八日**

△ 平津近郊，中日军继续激战。

**九日**

△ 北平近郊及门头沟均在激战。

△ 日军攻陷晋北介于张家口及大同间的天镇要塞。

**十日**

△ 匪首刘桂堂反正，突在丰台向日军攻击，并纵火焚烧该处日军机场，毁日机七架。

**十一日**

△ 津浦路马厂附近，战况仍激烈。我军不支，致马厂陷落。

△ 军事委员会划津浦线为第六战区，冯玉祥为司令长官，辖宋哲元等部。

**十三日**

△ 大同失守。中国军队退守内长城。

**十四日**

△ 我军克复张家口，但不久又陷落。

**十五日**

△ 固安陷入敌手。

**十六日**

△ 津浦路我军反攻，沧州北十里，有激烈战事。

△ 日军攻占涿州。

**二十日**

△　敌第十六师团向大城进攻。

**二十一日**

△　敌第十师团向姚官屯攻击。

**二十二日**

△　蒋介石被迫发表国共合作宣言。

**二十三日**

△　蒋介石发表赞成国共合作的谈话。

△　日军迫进保定。

**二十四日**

△　保定失陷。我军退守石家庄。

△　我军死守沧州。

**二十五日**

△　八路军第一一五师首战平型关，歼灭日军一千余人。

△　沧州失守。

**二十八日**

△　八路军第一二〇师从陕西富平地区出发，到达晋北神池地区。

**十月一日**

△　冯治安部坚守固安。

**二日**

△　津浦路我军大举反攻，克复冯家沟及泊头镇。

△　中共中央与国民党谈判达成协议，将南方八省红军改编为陆军新编第四军。

**四日**

△　津浦路德州城外战斗激烈，日军前锋在桑园被我军包围。

**五日**

△　德州失陷，第四八五团几全部殉国。

六日

△ 美国发表声明，反对日本侵华。

△ 日军从保定南下。

△ 蒋介石命第一军团、第十四军团、第三军及第十七师先机向娘子关阵地转移，巩固晋东的门户，只留第三十二军在平汉线正面持久抵抗。

十日

△ 我正定守军与日军激战。

十一日

△ 石家庄北郊战事剧烈。

△ 八路军克复涞源。

十二日

△ 中国飞机轰炸大沽口之日军根据地，日军损失严重。

△ 敌陷平汉线之赵县、栢乡、元氏。

△ 第三十二军退守漳河南岸。第一战区的主力集结在汤阴、林县、辉县一带休整。

△ 汤恩伯升任第二十军团长，防守漳河阵地。

十三日

△ 敌攻陷平原。

△ 石家庄失守。

△ 归绥陷落。

十四日

△ 第五十三军第六九一团团长吕正操在河北省晋县小樵镇举行抗日誓师大会，改编为人民自卫军，旋即北上与中共地方党组织的河北游击队会合。

十五日

△ 第三集团军总司令韩复榘令第七十四师、第八十一师及第二十师之一部退徒骇河南岸，第一集团军则向津浦路以西临清、大名方向转移，于是撤销第六战区。第一集团军、第六十七军、骑兵第三军转隶第

一战区，津浦路北段改由韩复榘指挥，隶属第五战区。

**十七日**

△ 日军第一军团突破正太铁路线。

△ 蒋介石抽调第一战区两个军团到娘子关，由第二战区副司令长官黄绍竑指挥。

△ 日军第二十师团进到井陉附近，遇到抵抗。

△ 包头陷落。

**十八日**

△ 八路军第一一五师骑兵营深入冀西，克曲阳城。

△ 八路军第一二〇师一部占领雁门关和太和岭，截断敌人通往忻口的主要交通线。

**十九日**

△ 日军主力调往山西及上海，平汉线上两军在安阳和丰乐镇间对峙。

△ 日军强渡漳河被击退。

**二十二日**

△ 中国第一战区调整部署，守备安阳、汲县和新乡一带的阵地，同时派机动部队游击，骑兵向临漳和磁县游击。

**二十三日**

△ 我军越过漳河，向日军猛烈进攻。

△ 八路军第一一五师克灵丘。

△ 八路军第一二〇师在阳明堡西南王董堡伏击敌运输队，消灭日军多人。

△ 日军分三路大举南下，进攻禹城。

**二十四日**

△ 八路军第一一五师骑兵营收复唐县。

**二十五日**

△ 第一集团军以大名为根据地，用一部分兵力在津浦、平汉两铁

路中间地区活动，牵制敌人，派主力协同友军攻击从平汉路南下之敌，又向石家庄进击。

**二十六日**

△　娘子关失守，守军退守平定。

△　八路军第一一五师收复蔚县。

△　八路军第一一五师骑兵营收复清风店，旋即失。

**二十九日**

△　我军克复平汉线之正定。

**十一月四日**

△　我军从彭城渡漳河攻击邯郸，烧毁敌机场。

**五日**

△　安阳陷落。

△　日军在杭州湾登陆。

**六日**

△　我军克复沙河、任县，切断了平汉铁路。

△　日军从邯郸县反攻。

**九日**

△　日军占领上海。

**十一日**

△　日军攻占大名，守军退卫河南岸。

**十二日**

△　津浦路东的战事异常激烈，日军分多路猛犯临邑、商河、惠民、阳信等处的我军阵地；日军出动飞机多架，竟日在黄河沿岸一带轰炸。

**十三日**

△　日军攻占济阳。

△　韩复榘部逐次退黄河南岸，炸毁黄河铁桥。

**十七日**

△　津浦路我军已全部退守黄河南岸阵地。

**二十二日**

△　第一战区主力退守淇河之线，一部分守宝莲寺。

**图书在版编目（CIP）数据**

七七事变/ 戴守义，秦德纯等著. —北京：中国文
史出版社，2013.1

（正面战场：原国民党将领抗日战争亲历记）

ISBN 978 - 7 - 5034 - 3698 - 7

Ⅰ. ①七… Ⅱ. ①戴… ②秦… Ⅲ. ①七·七事变（
1937）- 史料 Ⅳ. ①K265.406

中国版本图书馆 CIP 数据核字（2012）第 286476 号

责任编辑：马合省　卢祥秋

出版发行：**中国文史出版社**

社　　址：北京市海淀区西八里庄 69 号院　邮编：100142

电　　话：010 - 81136606　81136602　81136603（发行部）

传　　真：010 - 81136655

印　　装：北京新华印刷有限公司

经　　销：全国新华书店

开　　本：720×1020　1/16

印　　张：23　　　　　字数：400 千字

版　　次：2013 年 1 月第 1 版

印　　次：2020 年 9 月第 4 次印刷

定　　价：83.00 元